Rolf Friedrich Schuett

Ist *philosophical correctness*
eine Kommunikationswissenschaft?

Versuch über moderne Versuchungen

ROLF FRIEDRICH SCHUETT

IST *PHILOSOPHICAL CORRECTNESS* EINE

KOMMUNIKATIONSWISSENSCHAFT?

VERSUCH ÜBER MODERNE VERSUCHUNGEN

Books on Demand

Bibliographische Information Der Deutschen Bibliothek:
Die Deutsche Bibliothek verzeichnet diese Publikation
in der Deutschen Nationalbibliographie; detaillierte
bibliographische Daten sind im Internet abrufbar über
http:// dnb.ddb.de

2. überarbeitete Auflage

Herstellung und Verlag :

BoD – Books on Demand, Norderstedt

Gedruckt auf alterungsbeständigem Papier
(holz- und säurefrei)

Umschlaggestaltung : E. L. Schmidt

Printed in Germany

ISBN 978-3-7386-3911-7

„Nimm einem Denker das Paradox weg, dann hast du einen Professor." *(Sören Kierkegaard, 1849)*

„Was liegt schon daran, was ich tue? Fragt mich lieber, was ich denke!" *(Jules Renard, Tagebuch 1890)*

"Wer unter einem Strohdach geboren wurde, muss kein Stroh im Kopf haben." *(Abraham a Santa Clara)*

"Denn die freien Menschen sind ja doch wohl die von der Gesellschaft freien Menschen. – " *(Max Horkheimer)*

"Kein einziges Wort im Alten oder Neuen Testament, das einen Bezug hätte zur Intelligenz, zur Wissenschaft oder zu den Künsten." *(Paul Valéry : „Cahier" 2, Theta, 1942)*

„Das einzig Sinnvolle ist es, Gott starrsinnig mit unseren Gebeten zu belästigen." – – „Der höchste Aristokrat ist nicht der Feudalherr auf seinem Schloß, sondern der kontemplative Mönch in seiner Zelle." „Philosophie ist die Hermeneutik der Gnade."
(N. Gómez Dávila)

„Allem entgehen durch Ideen!"
„Denken. Das heißt den Faden verlieren." *(Paul Valéry)*

Für meine Familie

Industrialismus und Freiheit

„Der Mensch rollt seinen Wagen, wohin es ihm beliebt, aber unter den Rädern dreht sich unmerklich die Kugel, die er befährt." *(Eduard Mörike, 1832)*

Mit der Industrialisierung waren einstmals sehr große Hoffnungen und Versprechungen verbunden. Die harten Knochenarbeiten und nervtötenden Routinearbeiten sollten schrittweise von leblosen Maschinen übernommen werden, so dass der Mensch und *jeder* Mensch endlich freigestellt würde für immer Schöneres und Besseres. Nun sind in den Industrienationen die schlimmsten Drecks- und Muskelarbeiten tatsächlich fast verschwunden, aber die Menschen arbeiten immer noch nicht weniger, sondern eher mehr als zu Zeiten der Ochsen und der Pferde. Die Produktivität der Arbeit ist durch maschinelle Rationalisierung so gesteigert worden, dass die Erwirtschaftung des Lebensnotwendigen nun immer weniger durchschnittliche Arbeitszeit erfordert. Aber statt die durchschnittliche Arbeitszeit daraufhin schrittweise zu drosseln, um endlich mehr leben als schuften zu können, wird sie eher erhöht und mit mehr Arbeit vollgepackt, um sich im Überfluss noch mehr Überflüssiges kaufen zu können. Je mehr und bessere Maschinen entwickelt werden, umso stärker wird gleichzeitig die menschliche Arbeitskraft beansprucht, um ihre Kaufkraft zu steigern. Besser als das Leben ist nur ein besseres Leben, und als besser gilt nun ein Leben, das sich immer mehr und Besseres leisten kann, je mehr es leistet.

Als der antike Sokrates auf einen Markt ging, soll er angesichts der Warenfülle gesagt haben: „Wie vieles gibt es doch, was ich nicht brauche." (Und wofür er also nicht schuften musste.) Der Weise von heute sagt: „Man tut seinen Job, den man hasst, um sich Dinge kaufen zu können, die man nicht braucht." Oder die man nicht brauchen sollte, wenn man nur zu leben verstünde. Das alte „Savoir-vivre" ist kaum noch eine französische Tugend, geschweige denn schon globalisierbar. Wer den lieben langen Tag, den Gott werden lässt, für Lebensmittel hart arbeitet, hat keine Zeit und Kraft mehr zum Leben selber. Die Mittel und Wege haben die

Zwecke und Ziele aufgefressen. Mit weniger Geld und mehr Zeit könnte man recht gut leben, mit mehr Geld aber nur weiterwerkeln für noch mehr Geld – und das aus purer Angst vor Hungertod, Inflation und Pennerdasein.

Aber wer mit viel mehr Freizeit nicht viel mehr anzufangen wüsste, der schlägt seine Zeit doch viel lieber mit Schuften tot als mit Billig-Bier vor Online-Pornos oder mit guten E-Büchern in Lese-Ecken. Das Schuften für Reichtümer wurde inzwischen ein hochgeistiges Armutszeugnis, aber man braucht schon einen recht veritablen materialistischen Idealismus, um sich tagtäglich dem *Wertgesetz* des von Menschen geschaffenen Kapitalgroßautomaten zu unterwerfen, statt mit bescheideneren Mitteln sein kurzes Leben zu genießen. Wem Zeit nicht mehr ist als Geld, schlägt sie am besten lebenslänglich mit Überstunden tot. Wenn viel Freiheit mit viel, viel Freizeit beginnt, endet sie schon in Büros und Fabriken. Aber *„wir verwirklichen uns selbst"* am Arbeitsplatz fern der Sonne, heißt es heute. Statt ganz neue Bedürfnisse nach immer anspruchsvollerem Leben zu entwickeln, lässt man sich zunehmend einwickeln von immer denselben Bedürfnissen nach immer alberneren Hochindustrieprodukten und kindischeren Prestigesymbolen, mit ressourcenvergeudenden Krach-Autos und überwachten PC.

Wer selbst in der Jugend kein Idealist war, sondern schon als Realist und Pragmatiker geboren wurde, wird seinen Brotberuf ja vor allem danach aussuchen, wie viel Wohlstand er verspricht und wie viel soziales Prestige er voraussichtlich abwerfen wird. Zu oft wird heute nicht Lehrer, wer eine pädagogische Ader hat, sondern wer Beamter werden will und für weniger Arbeitsstunden mehr Geld und Sozialprivilegien bekommt und inzwischen sogar noch zusätzlich ungestraft „bummelstreiken" darf. Man wird nicht Jurist, weil man schon als Jugendlicher den Erniedrigten und Beleidigten zu ihrem guten Recht verhelfen will, sondern weil das ein gutdotierter Akademikerposten ist mit erklecklichster Platzierung im Sozial-Ranking.

Das Akademikerkind studiert selten aus unbezähmbarem Interesse an den studierten Fächern. Man wird zu oft nicht Arzt, weil man erst einmal die unwiderstehliche Neigung und Eignung zum Helfen und zum Heilen hat, sondern weil schon Eltern und Großeltern Hochschulen absolviert haben und man an deren Lebensstandard inzwischen suchtgewöhnt ist.

Man sieht einen erheblichen Fortschritt darin, seit Luther nicht mehr der Meinung zu sein, dass Arbeit schändet, sondern der Überzeugung zu sein, dass selbst Industriearbeit adelt, wenn sie die Familie mehr als nur ernährt. Die Antike hielt sich Sklaven, weil sie der begründeten Ansicht war, dass Arbeit schändet. Die Antike irrte nicht, weil Arbeit in Wirklichkeit adelt, sondern weil die Sklavenhalterei eine uralte Schande der Menschheit ist. Sobald aber menschliche Arbeitssklaven durch seelenlose Maschinen mal ersetzbar waren, sollte Arbeit wieder schänden und das sein, was sie für Menschen seit allem Anbeginn der Zeiten gewesen ist, ein Fluch, vor allem Arbeit für Dinge, die über die alltägliche Notdurft und über „Gottes Luxus" weit hinausgehen. Für Essen und Trinken, für ein Dach über dem Kopf und für bescheidenen Komfort wie Waschmaschinen und Kühlschränke müsste niemand auf der Welt beim derzeitigen hochindustriellen Arbeitsproduktivitätsstand mehr als eine einzige Stunde täglich arbeiten müssen. Wer mehr arbeitet, tut das für seinen Luxus – oder eben für den Luxus seiner Ausbeuter. Wer sich mehr abrackern will, um sich lächerlichen Tand wie Eigenheime und Nobelrestauranttrips, hippe Smartphones und Swimmingpools, luftverpestende Mord-PKW und spritfressende Flugzeugreisen leisten zu können, sollte das tun dürfen, soweit er anderen damit nicht das Leben schwerer macht : Und das dürfte schwerfallen. Kurzum: Ist das Leben lang genug, um es mit stupidem Sex und Sport, Joggen und Yoga, Autofahren und Basteln, Reisen und Surfen zu verspielen?

Wer den Sinn seines Lebens darin findet, sich einen Posten in der arbeitsteiligen Hochleistungsgesellschaft zu suchen, hat sich kaum oft genug gefragt, ob er ein besonders sinnvolles Leben gewählt hat. Der Sinn eines Lebens als Autotechniker, Chiefconsultant, Kaufmann, Händler, Coach, Medienexperte, Werbegraphiker, Kulturbetriebsnudel etc. etc. etc. besteht darin, seine Kohle zu scheffeln, nicht in der Tätigkeit selbst, die meist völlig sinnfrei ist und deren Nutzen eher in ihrem Schaden liegt, also darin, Kapital irgendwo zu vernichten, um anderswo Kapital anzuhäufen. Wer nicht langsam aber sicher wieder ein unabweisbares Grundgefühl dafür entwickelt, dass es eine Schande sein sollte, sein Leben als „kreatives" Funktionsrädchen in einem arbeitsteiligen Gesamtgetriebe von Betrieben zu beschließen, der weiß gar nicht mehr, was Leben ist und schon einmal war, bevor es in Erwerbsarbeit ausartete, erst ins Umwühlen des von Gott verfluchten Ackers und dann ins immer arbeitsintensivere Bedienen immer ausgefuchsterer Maschinenparks. Als der Steinzeitmensch noch gemächlich seiner Herde folgte, noch kein einziger Getreidehalm angebaut war, noch niemand ein abgestecktes Stück Land dem Weltschöpfer geklaut und kriegstreibend für sich allein beansprucht hatte, als die Gesellschaft nicht viel größer war als ein freiwillig lockerer Verband von Großfamilien und Sippen in der Steppe, als die Machthierarchien nicht viel steiler waren als die zwischen Mann und Frau und Kind(eskind)ern, als der Unterschied von Mensch und Landschaft noch kein Unterschied von Stadt und Landwirtschaft war, nannte die Bibel diesen Zustand den Garten Eden, das Paradies, aus dem der Nomade sich selber vertrieb, als er vom *Baum der Erkenntnis* aß, der Erkenntnis nämlich, wie Gottes Schöpfung am besten erschöpfend zu missbrauchen wäre als bloßer Rohstoff für bessere Schöpfungen der sesshaften Übermenschen.

Wer im großen Ganzen funktioniert, ist ganz dessen kleiner Funktionär. Wenn es Arbeiten geben sollte, die *nicht* erniedrigen, wären es Tätigkeiten, die zu nichts gut sind, die um ihrer selbst willen ausgeübt werden, nichts einbringen und ihren Sinn in sich selber haben – vor allem intellektuelle und künstlerische.

Wissenschaft
Einem ist sie die hohe, die himmlische Göttin, dem andern
Eine tüchtige Kuh, die ihn mit Butter versorgt.
(Friedrich Schiller)

Lateinisch „industria" ist der deutsche „Fleiß": Die Industrie fordert und fördert noch immer einen Fleiß, den sie gar nicht ersetzt. Statt um sichere Arbeitsplätze zu kämpfen, kämpfte es sich aber weit edler um das Recht auf sichere Muße. Doch wer im Müßiggang aller Laster Anfang oder bloß seine innere Leere fürchtet, tut lieber alles, um nicht gar nichts tun zu müssen. Wenn sich von der Industrie den Wunsch nach idiotischen Statussymbolen genügend viele Dummköpfe einimpfen lassen, so dass sich teure Maschinen für den Massenkonsum erst rentieren, könnte der Verstand doch wohl zur Abwechslung auch einmal den viel schöneren Wunsch nach unbezahlbarer gebildeter Muße sich einreden lassen. Statt nach noch mehr Arbeitszeit zu gieren, um in „sozialen Netzwerken" weltweiten Schwachsinn auszutauschen, könnten intelligentere Sklaven nach viel mehr Freizeit rufen, um wirkliche Gedanken auszutauschen. Zeit ist nicht Geld. Wer viel Geld zu brauchen glaubt, hat keine Zeit zu genießen, was sich damit anschaffen lässt : Der Tagträumer könnte das viel besser als der Manager. Wer nun sein bisschen Verstand nur einsetzt, um seinen Wohlstand zu mehren, hat ihn schon verloren an die tolle Jagd danach. Das smarte „Kapitalverhältnis" zwischen den Menschen beherrscht sie wie ein Naturgesetz und ist doch von ihnen selber eingesetzt wie ein Strafgesetz.

In dieser schönen Zwickmühle hat sich der irre Neuzeitmensch selber verfangen und sich weisgemacht, dass alles andere schlimmer wäre oder ein Rückfall in uralte Barbarei. Aber der Fortschritt, wie Walter Benjamin wusste, ist selber die Katastrophe, die er verhindern oder reparieren will. Und das Paradies war schon einmal da auf Erden, lang ist es her, und liegt noch in jedem Augenblick überall „gleich nebenan".

Nicht die Industriearbeit schändet, aber der Glaube, sie biete dem kleinen Mann auf der Straße, wenn er nicht auf der Straße liegt, mehr Nutzen als Schaden. Die Nützlichkeit der allermeisten Arbeit heutzutage in den Hochindustrienationen, mehr noch als in feudalen Ackerbaukulturen, ist so völlig sinnlos wie die hergestellten Produkte selber, die man sich zwingen muss zu brauchen, um seinen werten Arbeitsplatz ja nicht zu verlieren. Jeder verbirgt vor sich und anderen, wie sehr er sich vergewaltigen muss, für Dinge zu schuften, die er doch gar nicht zu brauchen wüsste, wäre er innerlich frei, frei von der Angst, auf der Straße zu liegen, als Abfall der Gesellschaft. Aber im Müll der Konsumgesellschaft einfach ersticken lassen sollte der kleine Mann seine hohen Herrschaften – und einfach seiner Wege gehen, wie der Hirtennomade der Steinzeit mit seiner Großfamilie unter Gottes freiem Himmel, wie noch bis vor zehntausend Jahren, um nicht sesshaft „ackern" zu müssen.

„Arbeit macht frei" stand über dem KZ. Jeder wusste, dass es bedeutet: Arbeit vernichtet. Dieser Spruch könnte heute über jedem Firmentor stehen und in jeder Firmenbroschüre. Wenn totalitäre Regime wie die sozialistischen uns durch Arbeit vernichten, leben auch *freie Arbeitnehmer* heute in tendenziell totalitären Gesellschaften. Die Arbeitswelt heutzutage unterscheidet sich von der

Sklavenarbeit früherer Zeiten vor allem durch den „freien Arbeitsmarkt", also durch den blanken Hohn, zwischen Pest und Cholera ständig wählen zu müssen. Ein freier Mensch, der sich selber verkauft, arbeitet eben sehr viel besser als ein Sklave, der eingekauft wurde : Nur deshalb wurde er *befreit*.

Arbeitslosigkeit ist heute das Schreckbild der paradiesischen Muße, die die meisten Zeitgenossen als höllische Langeweile erleben und wohl keinen einzigen Monat lang ertragen würden, ohne mit allfälligen Depressionen zu Sozialarbeitern zu rennen. Solange Menschen mehr Angst *um* ihren Arbeitsplatz haben als *vor* ihrem Arbeitsplatz, der ihnen viel mehr Leben stiehlt als erhält, wird sich nichts Nennenswertes ändern an der „alten ökonomischen Scheiße" (Karl Marx). Wer sich freiwillig manipulieren lässt, hält sich für frei, und wer sich heute für frei hält, ist manipuliert. Selbsterhaltung durch Arbeit ist für den Normalverbraucher Selbstvernichtung durch Arbeit – und auch umgekehrt. Die heilige *Wettbewerbsfähigkeit* ist nur ein billiges Erpressungsmittel für „dressierte Arbeitstiere". Mancher glücksritterliche Arme ist nicht gescheitert im und am Konkurrenzkampf, sondern bestraft für seinen Unwillen, am Rattenrennen teilzunehmen.

Was wird aus der „Kritik der politischen Ökonomie"?

Eines schönen Tages werden es hoffentlich genügend viele Leute völlig unverständlich finden, dass es Sterbliche gegeben haben soll, die gern und freiwillig lebenslänglich zu Industrietechnikern oder Agrarökonomen sich machen ließen, um auch nur ihr täglich Brot verdient zu haben und nicht unter Brücken schlafen zu müssen. Wir arbeiten dummdreist begeistert für sinnlosen Unfug und hochgiftigen Krempel, für den auch nur den kleinen Finger zu rühren wir uns leider nicht zu schade sind und den ein freier oder stolzer Mensch nicht einmal geschenkt nehmen würde. Maschinen nehmen uns viele harte und öde Arbeit ab, aber mit der so gewonnenen Zeit wissen die allermeisten gar nichts Besseres anzufangen, als für noch Besseres noch mehr zu rackern, bis schon die Enkel es auf den Müll werfen.

Der Industrialismus weckt mehr neue teure Bedürfnisse, als dass er den alten Bedarf preiswert deckt. Eine Maschinenwelt aber, welche die durchschnittliche Höchstarbeitszeit des durchschnittlichen Arbeitnehmers nicht radikal auf eine einzige Stunde pro Tag reduziert, ist überflüssig bis volksschädlich. Der Bedarf von gestern produziert keine billige Massenware und Freizeit, sondern jede neue teure Ware produziert Konsumenten und neue Wünsche, die nur durch gleichbleibend hohe Arbeitszeit an immer raffinierteren Werkzeugen zu erfüllen sind.

Die unverkürzte Arbeitszeit wird mit jeder hochtechnischen Innovation nur immer produktiver und beansprucht die Nerven viel mehr als die Muskeln. Die Automaten schaffen leider keine ausreichend bezahlten und endlich „freigestellten" Arbeitslosen, sondern nur höherbezahlte Arbeitstiere. Die Wissenschaft macht wenige klüger und die Mehrheit immer noch dümmer. Die demokratische Gesellschaft heute heißt: Mit höchstem Tempo wird das Tempo zügig gezügelt. Kurzum : Gesellschaft und Individuum verhüten einander auch weiterhin.

Vor sozialem Tod schützen nur noch Übersättigung und Überarbeitung. Wir wollen mehr leisten, um uns mehr leisten zu können, statt weniger zu kaufen, um weniger schuften zu müssen – und uns gratis auf kultivierteren Jagden zu vergnügen statt auf teuren Yachten zu langweilen. Maschinen, die uns nicht für schwere nutzlose Geistesarbeit freistellen, sind nutzlos.

Freiheit ist nur noch Wahlfreiheit zwischen Konsumgütern, doch die Mehrheit will mehr Zeit für ihre Familien und nicht für „ihre" Firmen. Der allgemeingültige kategorische Sozialimperativ laute : Sei so frei und gönne dir nicht mehr, als *jedermann* auf Erden füglich beanspruchen dürfte! (Kein PKW für jeden Haushalt der Welt z.B. !) Und entwickle endlich Bedürfnisse, die nicht mehr zu befriedigen sind durch Roboten für einen „ökologischen Umbau" der Industriegesellschaft, denn „Nachhaltigkeit" hieße nur Elektronik der nächsten Generation, wieder nur ein profitables Projekt neuer Technologien. Das wäre lediglich dasselbe in Grün, ein endloses Malochen für den *schadstoffärmeren* Technologieschub der Zukunft – ad infinitum. Paul Watzlawick hat den modernen Fortschritt gut beschrieben : Immermehr vom Immergleichen.

Der Zeitgenosse ist ja nicht zu gierig, seine Gier ist eher zu anspruchslos und zu bescheiden. Er gibt sich klaglos zufrieden mit mehr *umweltfreundlichem* Geld aus *erneuerbaren Energien*, mit einem *nachhaltigen* Arbeitsplatz an der Sonne. Wenn der Ruf nach gleichem Lohn für alle eine närrische Utopie sein soll, wie wäre es dann mit dem revolutionären Ruf nach einer menschenwürdig dotierten Fünfstundenarbeitswoche für alle?

Muss man erst ganze Weltkriege verlieren, um *Lastenaus-gleichsgesetze* zu erlassen? Wer mehr arbeiten will, als er für das Leben braucht, sollte sich lieber ganze Kulturen als größere Reichtümer erarbeiten. Wie einst der Adel von den Bauern lebte, könnte einst jeder kleine Scheißer von den Maschinen leben, wenn die großbürgerliche *leisure class* nicht vom Hof- und Schwertadel zum quirligen Stumpfsinn von Managern degeneriert wäre, statt sich zum Geistesadel eines Larochefoucauld etwa zu verfeinern.

Die Firmenkultur einer so modernen Sklavenhalterklasse lädt ja nicht zur proletarischen Demokratisierung ein, nicht einmal zur „Enteignung", denn wer wollte sich mit diesem gefährlichen Ballast von Konzernen belasten? *Vergesellschaftung der Produktionsmittel* durch Betriebsangehörige wäre heute nicht viel mehr als eine Selbstverwaltung von Zuchthausinsassen.

Technik heißt: Der Arbeitslohn steigt schneller, als die Arbeitszeit fällt. Man bekommt schneller mehr Gehalt als mehr Freizeit − bestenfalls. Bei halbem Arbeitstag pro Woche bliebe natürlich kaum ein abschöpfbarer und abjagbarer *Mehrwert* übrig für die Enteigner, Unterdrücker und Ausbeuter, aber die Investitionen in teure Automaten für billige Massenartikel blieben immer noch rentabel genug. Dem Adel das Beste, dem Pöbel die Reste?

Niemand sollte über Kapitalismus reden dürfen, der nicht über Industrialismus reden will.

Wer am Konkurrenzkampf um Reichtümer nicht teilnehmen mag, sollte keinen Existenzkampf gegens Verhungern führen müssen. Die Industrialisierung ist die Opfer nicht wert, die sie kostete, kostet und noch kosten wird, aber wenn sie schon nicht mehr rückgängig zu machen ist, sollte sie nicht Übersättigung durch Überarbeitung bedeuten, sondern gleichbezahlte Arbeitslosigkeit aller. Bis heute muss man zu viel Geld verdienen, um nicht zu wenig zu verdienen.

Man will heute in Bildung viel mehr investieren, aber nur in Bildung, die nach mehr Profit ruft und nicht nach mehr Muße für jeden. Die Höheren Bildungsanstalten des Landes sind überfüllt mit proletarisierungsbedrohten Mittelstandskindern, die begabtere Arbeiterkinder verdrängt halten. Eine Demokratie aber, die „bildungsferne Bevölkerungsteile" unterfördert, ist eine von Expertokraten wissenschaftlich abgesegnete Elitendiktatur. Der Klassenkampf ist hier keiner „Sozialpartnerschaft" gewichen, er wird nur noch rücksichtslos von oben geführt, in Verteilungskämpfen um Zugangschancen zu nationalen Fleischtöpfen. Bert Brechts „Fragen eines lesenden Arbeiters" wären Fragen des *animal rationale*, des denkenden Arbeitstiers, nach Bildung, die nicht nur Ausbildung am Fließband für das Fließband wäre, sondern für erfülltere Emanzipation von jeder Fabrik. „Volksschulen" mutierten zu Volksverdummungsanstalten durch Popkultur von oben, und die Kirchen sind längst keine *Volkshochschulen* mehr.

Der Ausweg aus der Industriegesellschaft in eine Dienstleistungsgesellschaft schafft wieder bloße Diener, die Maschinen und deren Besitzer bedienen und eben nicht bedient sind.

Höhere „*Lebensqualität*"? Viel höhere Freizeitquantität.

„Die industrielle Tendenz hat uns aus dem Feudalismus befreit, und die ideelle Tendenz wird sich aus der industriellen allmählich entfalten."

(Mediziner *Ernst von Feuchtersleben*, Wien um 1850)

Es wäre machbar, wenn nur eine demokratische Mehrheit mehr Freizeit im Überfluß als mehr Kaufkraft für Überflüssiges wünschen würde. Der Sachverstand hat längst Computermodelle durchgerechnet, wie eine allgemeine Freizeitmaximierung sich auf die übrigen Wirtschaftsparameter auswirken würde beim derzeitigen Arbeitsproduktivitätsstand. Dieser Ansatz, der der Arbeitszeitminimierung für alle die Priorität einräumt, hätte den Vorzug, weder für privatwirtschaftliche Preisgestaltung noch für sozialistische Verstaatlichung einseitig plädieren zu müssen.

(Ein „bedingungsloses Grundeinkommen" auch für alle arbeitsfähigen Rechtssubjekte käme viel zu teuer und zu ungerecht gegenüber den Werktätigen, weil es nur einer Frühverrentung von Parasiten gleichkäme.) Also Beschränkung der Arbeitszeit und der Kaufkraft auf *vernünftige* Bedürfnisse oder Reduktion der Freizeit auf manipulierte Bedürfnisse nach Arbeitskraftreproduktion?

Man könnte erwidern, daß auch Gewerkschaften kürzere Wochenarbeitszeiten fordern – aber nur zu Zeiten geringer Arbeitskraftnachfrage. Sobald das Arbeitskraftangebot fällt, werden Gewerkschaften wieder flexibel weich und willfahren den Marktchancen. Sie sind unsichere Verbündete selbst kleiner Schritte zu allen radikalen Lösungen mit ausreichendem Erlös. Sie wollen im Zweifelsfall lieber weniger Arbeitslosigkeit als mehr Freizeit für jeden. Die gewerkschaftlich angepeilte moderate „Dreißigstun-

15

denwoche" will nur verknappte Arbeitsplätze auf mehr Arbeitslose verteilen; sobald wieder mehr Arbeitsplätze entstehen als Arbeitskräfte verfügbar sind, wird die Arbeitszeit – ob mit oder ohne Lohnausgleich – dann kampflos wieder erhöht. Auch Halbtagsjobs für alle wären da nur eine halbe Sache. Solange Gewerkschaften den Unternehmern freiwillige Lohnverzichte und un(ter)bezahlte Überstunden anbieten, um Arbeitsplätze zu retten, haben sie schon abgedankt. Maschinen, die uns die Sklavenarbeit nicht endlich abnehmen, sondern mit Luxusschrott und „Abwrackprämien" nur vergüten, können uns gestohlen bleiben. „Geplanter Verschleiß" der Waren tut sein Übriges.

Intellektuelle Arbeit kann nur ein Umdenken über die industrielle Arbeit anregen. Die Mehrheitsbeschaffer für solche Ideen sind nicht mehr die Intellektuellen, die Initialzünder und Spurenelemente sozialer Stoffwechselprozesse, sondern die Medien, der „Wesenskern der Gesellschaft" *(Adorno)*. Der Rest ist eine bloße Organisationstechnik von Experten, wenn die Zielvorgaben und Rahmenbedingungen erst demokratisch legitimiert wären.

„Heute ist der gesellschaftliche Reichtum so groß, dass bei einer vernünftigen und wirklich auf die Interessen aller gerichteten Organisation der Produktionskräfte die Überwindung der Armut in der Welt in wenigen Jahren möglich wäre … Niemand leugnet, selbst die konservativen bürgerlichen Ökonomen nicht, dass in den entwickelten Industrieländern heute die Arbeitszeit entscheidend reduziert werden könnte, ohne dass das kulturelle und materielle Lebensniveau sich verschlechtern müßte."
(„Gespräche mit Herbert Marcuse", Frankfurt/M. 1996, S. 98)

+ + +

16

Philosophie des ZEN-Buddhismus

Was ist ZEN? Schon die Frage zu stellen oder zu beantworten, gehe an ZEN vorbei, heißt es. Chinesisch *Ch'an*, sanskritisch *Dhyana*, japanisch *Zen* ist eine meditative Klosterkultur im Übergang vom indochinesischen Buddhisten zum japanischen Samurai-Krieger. Treibt hier nur ein Meister seinen Novizen mit Stockhieben das folgerichtige Denken und den gesunden Menschenverstand aus? Bodhidharma kam um 500 nach Chr. als erster Patriarch des Zen-Buddhismus von Indien nach China. Zwischen dem 6. und dem 9. nachchristlichen Jahrhundert erlebte die ZEN-Kultur unter der T'ang-Dynastie eine Hochblüte. Der Soto-Zen der ganz unpolitischen Dogen-Schule bevorzugte "Sazen", stummes Lotus-Sitzen, die Rinzai-Schule übte dann auch dialektische Dialoge zwischen Meister und Schüler, *Koans*, öffentliche Fälle. Kulturgeschichten wissen, daß die paramilitärische Samurai-Mentalität der Japaner ein ziemlich guter Nährboden für ZEN-Disziplin war. Der hochgeborene Gautama Buddha war ein Ketzer des traditionellen indischen Brahmanismus und Hinduismus gewesen. Ist ZEN eine buddhistische Häresie?

Was ist ZEN im Westen? Ein moderner Buddhist wie Dr. Suzuki hat mit Erfolg versucht, ZEN als eine anspruchsvolle Alternative zum europäischen Unbehagen an der europäischen Kultur populär zu machen. Ist diese strikte cartesianische Spaltung der Welt in Subjekt und Objekt nicht auch in gewissen mikrophysikalischen Befunden der neuzeitlichen Naturwissenschaft aufgehoben? Paul Watzlawick hat eine kommunikationstheoretische Ehrenrettung des ZEN versucht. Wenn ich von Mama dafür, daß ich sie liebe, nicht weniger bestraft werde wie dafür, daß ich sie nicht liebe, bin ich als Kind in einer Beziehungsfalle gefangen, die mich verrückt machen kann, wenn ich den *Dritten Weg* nicht finde, den Japan ZEN nennt und den China TAO zwischen weiblichem Yin und männlichem Yang nennt. Entsteht auf einer bestimmten Kommunikationsebene ein unauflösbarer Widerspruch, wird er aufgehoben, indem er nur verschoben wird auf den Widerspruch zwischen den verschiedenen Meta-Ebenen der Kommunikation. Ich löse ein aporetisches Problem, indem ich mich von der Problemstellung erlöse. Ein unlösbares Problem wird durch eine schöpferische Interpretationsleistung so umformuliert, daß es verschwindet, ohne aber verdrängt zu sein. Wenn sowohl eine Methode als auch die gegenteilige Methode zu keinem Ziel führen, sei es nicht ratsam, das Falsche quantitativ fortzusetzen, sondern qualitativ etwas „ganz anderes" zu versuchen. Watzlawick spricht von einer fälligen "Lösung zweiter Ordnung", wenn "immer mehr vom Gleichen " alles nur verschlimmere. Er sieht im ZEN eine historisch frühe geistige Technik zur Einübung in existenzielle Double-Bind-Lösungen *zweiter Ordnung*. Ändere ich die Welt, indem ich sie einfach anders sehe, indem ich etwas sage und es dann ganz anders verstehe?

Aber die spezifische ZEN-Erfahrung lässt sich in Ausdrücken europäischer Logik vielleicht auch ein bisschen anders formulieren. Wählen wir ein Beispiel für ein einfaches negatives Urteil: "Die Rose ist nicht rot." Und hier ein Beispiel für ein sogenanntes *negativ-unendliches Urteil*: " Der Tisch ist nicht tugendhaft ". Beide Urteile sind wahr, aber jeder sieht den Unterschied zwischen diesen beiden Arten von Verneinungen. In diesem besonderen Fall wird der Rose die Röte, aber nicht jede Farbe abgesprochen. Wenn sie nicht rot ist, mag sie zufällig gelb sein. Es gibt gelbe Rosen und auch rote Dinge, die keine Rosen sind. Tugend aber gehört nicht zu den möglichen Attributen eines Tisches. Tisch und Tugend zusammenzubringen, ist subjektiv und willkürlich, es kann keinen objektiven Grund in der Sache haben. "Der Verstand ist nicht dreieckig". Das Urteil ist nicht falsch, aber gar kein Urteil. Es ist ebenso wahr wie widersinnig. Hegel nannte solche Urteile "abgeschmackt". Ein Tisch ist so wenig tugendhaft, daß er **nicht** einmal **nicht** tugendhaft ist, könnte man sagen. Diese doppelte Verneinung der Tugend ist, wo es sich um so etwas wie einen Tisch handelt, auch keine einfache oder doppelte Bejahung der Tugend. Die Negation der Negation ist hier keine Synthese, um mit Hegels Dialektik zu sprechen. Wenn der Tisch weder tugendhaft noch lasterhaft ist, läßt sich ebenso gut sagen, er sei sowohl gut als auch böse. Meine Hypothese lautet, daß ZEN nichts weiter übt, als in jedem einfachen Urteil einfach ein unendliches Urteil zu sehen – und umgekehrt.

Unendliche Urteile sind Urteile, die keine sind. Ein Tisch ist ein Tisch, eine Tugend ist eine Tugend, aber ein Tisch ist keine Tugend und eine Tugend kein Tisch, basta. Das unendliche Urteil sagt einfach die Wahrheit über bejahende und verneinende Urteile. Rose ist Rose, rot ist rot, aber Rose ist keine Röte und die Röte etwas anderes als eine Rose, das ist alles. Der Unterschied zwischen Tisch und Tugend ist gleichsam so groß, daß nicht einmal die schlichte Negation ausreicht, ihre Beziehung zu bestimmen, und daß dieser übergroße Unterschied die Form des Urteils sprengt und aufhebt. Daß der Tisch nicht tugendhaft sei, ist ein wahres Urteil, das sich als Urteil selbst vernichtet. Das Ergebnis dieser Vernichtung nennt der genuine Buddhist NIRVANA und der ZEN-Buddhist "MU". Das 21. Koan der Sammlung des ZEN-Meisters Mumon aus dem 13. Jhdt. lautet zum Beispiel: Ein Mönch fragte Unmon: "Was ist Buddha?" Unmon antwortete: "Ein Scheißstock!" Andere Koans antworten: "Eine Eiche im Vorgarten" oder "Drei Pfund Flachs" oder etwas in der zufälligen Situation beliebig anderes. Natürlich ist der Buddha, ist TAO, ist ZEN weder ein Scheißstock noch kein Scheißstock, oder, was dasselbe ist, es ist ein Scheißstock, als wäre es keiner.

Ist ZEN ein reines Sein, kein Mein und Dein?

Meine These lautet, daß ZEN eine geistige Übung ist, die jedes Urteil in ein unendliches Urteil verwandelt und jedes unendliche Urteil auffaßt, als wäre es ein endliches Urteil – um mit der europäischen Logik zu sprechen. So wird jedes vermeintlich objektiv begründete Urteil zu einer subjektiv willkürlichen Aussage gemacht, in der Subjekt und Prädikat keine innere Beziehung zueinander haben, sondern völlig unabhängig voneinander bleiben. Nun sagt im Gegenteil der ZEN-Buddhist aber, er hebe das dualistisch "unterscheidende Bewußtsein" gerade auf, um die Einheit des Großen Ganzen zu erreichen. Sehen wir genauer hin, hebt sich dieser vermeintliche Widerspruch rasch auf, der auf einem Mißverständnis beruht. Der Unterschied zwischen Tisch und Tugend, um bei unserem Beispiel zu bleiben, ist gleichsam so unendlich groß, daß der Unterschied zwischen Tugend und Laster davor unendlich klein wird und gegen Null konvergiert, um mit den Infinitesimalmathematikern zu sprechen. Daß es für ZEN nur unendliche Urteile gibt, ist eine besondere Form dafür, daß es im ZEN überhaupt keine Urteile gibt und daß ein ZEN-Buddhist überhaupt nicht urteilt. Wenn er begreift, dann nur, um die Form jedes Begriffs ad absurdum zu führen. Jedes ZEN-Urteil ist also metatheoretisch ein Urteil darüber, daß es unmöglich ist und sich selbst durchstreicht in dem Augenblick, in dem es nur formuliert wird. ZEN ist ein freier Entschluß, jeden logischen Schluß zu einem bloßen Entschluß zu machen und alle Entschlüsse zu logischen Schlüssen. Tisch und Tugend, Buddha und Scheißstock, sind so vollendet unabhängig voneinander, daß das Prädikat Scheißstock dem Subjekt Buddha nicht einfach nur abgesprochen werden kann, sondern überhaupt keine mögliche Bestimmung dieses Subjekts darstellt. Das ist die skeptische 'Epoche', die sich jedes Urteils enthält, weil kein Urteil metatheoretisch das Urteil enthalte, es sei wahr oder falsch. Wenn ein Tisch weder ein Tisch noch kein Tisch ist, ist er sowohl ein Tisch als auch kein Tisch. ZEN ist die blitzhafte Intuition genau dieses Sowohl-als-auch-weder-noch. *SATORI* ist ein Evidenzerlebnis, aber nicht das natürliche „Licht der Vernunft". Die völlige gegenseitige Unangemessenheit von Tisch und Tugend ist eine andere Ausdrucksweise dafür, daß es im ZEN nur Substanzen und keine Akzidenzen gibt, nur Subjekte und keine Prädikate. Tisch und Tugend sind beides Substanzen, keins von beiden ist mögliches Prädikat des anderen. Wenn jedes Wort ein Name für eine eigene Substanz ist, dann sind alle Wesen der Welt radikal unabhängig voneinander, dann ist kein Wesen mit einem anderen vermittelt. ZEN segnet die Freiheit eines jeden Wesens von jedem anderen Wesen durchaus konsequenzlogisch ab. Wenn alles sich in Beziehung zu allem setzen läßt, steht nichts in wirklicher Beziehung zu etwas anderem. ZEN macht keine kleinen Unterschiede, weil es den übergroßen Unterschied zwischen allen Dingen macht. „SATORI" ist die absolute Negation jeder bestimmten Negation zwischen Subjekt und Objekt, zwischen Substanz und Akzidenz, zwischen Subjekt und Prädikat. Zen begreift, daß es nichts begreift, und begreift nicht, daß es alles begreift. Ist es ein Wahn, der sich als Wahrheit aufspielt und die Wahrheit nur Wahnsinn nennt?

Wenn ich sage, die Rose sei nicht rot, will ich nicht sagen, sie habe überhaupt keine Farbe. Wenn ich aber sage, ein Mensch sei tot, will ich nicht sagen, sein Herz sei gebrochen, sondern keine einzige seiner Leibesfunktionen sei mehr intakt. Hegel nennt Tod und Verbrechen objektive Beispiele für negativ unendliche Urteile. Der Kapitalverbrecher negiere keinen einzelnen Paragraphen des

Gesetzbuches, sondern das Recht als Recht, die ganze Sphäre der Rechtsordnung selbst, wie die Krankheit ein einzelnes Organ negiere, der Tod aber die Totalität aller Organe eines Leibes. Ein unendliches Urteil ist in gewissem Sinne das Gegenteil eines 'formellen Urteils', wie der Aufklärer Salomon Maimon sie verstand. "Jede Wirkung hat eine Ursache". Das ist ein bloß formelles Urteil, weil es keine Ursache ohne Wirkung und keine Wirkung ohne Ursache gibt. Die gegenseitige Abhängigkeit von Ursache und Wirkung ist ebenso groß wie die wechselseitige Unabhängigkeit von Tisch und Tugend. Anders gesagt, hebt ZEN nicht die Kausalität auf, sondern deren Widerspruch zur Akausalität.

In Hegels "Logik" ist das unendliche Urteil ein 'qualitatives' Urteil, das sich weigert, in „Reflexionsurteile" überzugehen, also in Urteile, die ein Subjekt über das Prädikat zu anderen Subjekten in Beziehung setzen, etwa durch Nutzen oder Einfluß etc. Logisch betrachtet, scheint ZEN die Kunst oder Technik zu sein, die Form eines Schlusses zu benutzen, um zu sagen, daß gar kein Schließen möglich sei. Fürchtet ZEN in jeder Be-urteilung eines Gegenstandes die implizite Ver-urteilung?

Die Meta-Ebene, auf die der ZEN-Buddhist springt, um der in jeder Bindung ans Leben liegenden Gefahr eines Double-Bind zu entgehen, ist die Ebene der unendlichen Urteile, die weder wahr noch falsch und beides zugleich sind, also die Urteilsenthaltung durch Urteile. Der Widerspruch zwischen Tugend und Untugend verschwindet vor dem Widerspruch zwischen Tisch und Tugend. ZEN 'er-findet' gleichsam zu jedem antithetischen Gegensatzpaar einen Gegenstand, auf den beide gegensätzlichen Bestimmungen nicht zutreffen können. Es zwingt Dinge zusammen, die gemeinhin nichts miteinander zu tun haben, indem es Dinge unendlich voneinander entfernt, die gewöhnlich als zusammengehörig behandelt werden. Was tut ZEN anderes als die *Poesie des Herzens*, die sich als *Prosa der Welt* ausgibt – oder umgekehrt?

Wenn zwei Dinge so wenig miteinander gemeinsam haben, daß sie nicht einmal im Widerspruch zueinander stehen können, geschweige denn bloße Differenzen miteinander austragen, dann ist ein *Koan* ein Satz von der Art eines Sprunges aus allen Sätzen und Gegensätzen heraus – aber wohin? Die „Beziehung völliger Beziehungslosigkeit" (Hegel) zwischen objektivem Subjekt und subjektivem Prädikat ist ein Zerfall der Welt in so viele Metastufen, wie es Dinge und Menschen auf der Welt gibt. Ist das der Sinn der Meta-Aussage, der Sinn eines ZEN-Koans sei das Schweigen und keine Aussage? A koan is a word to end all words, eine Rede zur Erzeugung von Schweigen, eine randvoll gefüllte Leere und eine bis auf den Grund entleerte Überfülle (Japanisch *Michi)*. Der logische Satz vom Widerspruch ist hier durch Suspension in Kraft gesetzt und umgekehrt, denn ZEN ist keine Theorie und keine Abhandlung, sondern eine Handlung und eine Behandlung. Ein überraschendes Ergebnis: ZEN spaltet die Welt viel tiefer auf, als der heute so verhaßte Rationalist Descartes das je vermocht hätte.

ZEN ist eine künstlich induzierte Schizophrenie, um einer drohenden Schizophrenie vorzubeugen, eine "paradoxe Symptomverschreibung", wie die Watzlawicks sagen würden, also ein Teufel, um Beelzebub auszutreiben. Im ZEN haben alle Wesen das Eine miteinander gemeinsam, daß sie rein gar nichts miteinander gemeinsam haben. Jedes Ding ist ein Autist und TAO die Symbiose der Autismen. Die Dinge dieser Welt haben so wenig miteinander zu schaffen, daß das eine nicht einmal die Negation des anderen ist, wie wir gesehen haben. "Die Rose ist nicht rot". ZEN behandelt jeden solcher Sätze wie den Satz: "Der Geist ist kein Elephant". Wenn es wahr ist, daß ZEN jedes endliche Urteil als ein unendliches Urteil fällt, um es nicht fällen zu müssen, dann ist es umgekehrt ebenso wahr, daß jeder unendliche Begriff wie ein endlicher Begriff ausgesprochen wird. Jedes Ding steht damit außerhalb der Klasse aller übrigen Dinge, durch den Abgrund einer Metastufe von ihnen getrennt. Alles verläuft so, als würde jedes Wesen alle übrigen Wesen ständig zu einer einzigen Klasse von Wesen zusammenschweißen, die zutiefst von der gemeinsamen Eigenschaft affiziert sind, nicht dieses eine Wesen zu sein. Natürlich kann ein Akt aufmerksamer Unaufmerksamkeit ("Samadhi") jedes Ding dazu privilegieren, exterritorial zum Rest des Weltalls zu stehen. Hier wird eine Totalität und ihr singuläres Jenseits erfahren. Ein Großes Ganzes aber, das auch nur ein einziges Atom als sein Jenseits hat, ist kein Ganzes mehr. Wenn kein Wesen von einem anderen abhängig ist, kann kein Wesen auf ein anderes einwirken und von ihm etwas erleiden, wie in der Monadologie des Leibniz. Ist das der logische Sinn dieser ebenso simplen wie extravaganten Exerzitien? Die Freiheit eines ZEN-Buddhisten ist nicht mehr wert als die logische Unabhängigkeit eines Tisches von Tugend und Untugend. Er sucht nicht die tiefe Verbrüderung aller Wesen, sondern *daß* Einheit und Verschiedenheit aller Dinge im Grunde ein und dasselbe sind. Die Kegon-Philosophie lehrte wie der Grieche Heraklit : Alles ist eins, eins ist alles. ZEN dagegen zeigt, es sei eins, *daß* alles eins und *daß* nichts eins sei. ZEN zeigt, was nicht zu lehren ist, Philosophie lehrt, was nicht zu zeigen ist. In einem "reellen Urteil" (Maimon) ist das Subjekt vom Prädikat, nicht aber das Prädikat vom Subjekt unabhängig. Zu sagen, ZEN erkenne nur unendliche Urteile an, heißt behaupten, es kenne keine reellen und keine formellen Urteile. Wenn kein Urteil möglich ist, dann ist jedes Urteil möglich und umgekehrt. Wenn nichts und niemand identifizierbar ist, entgeht es jedem Urteil. Eine lautlose und unsichtbare schizoide Spaltung in unendlich viele verschiedene Dinge hat sich hier der ganzen Welt bemächtigt. Einiges spricht dafür, daß ZEN radikaler ist, als die Watzlawicks glauben (machen). Es geht im „SATORI" nicht nur um einen befreienden Sprung auf die nächsthöhere Meta-Ebene des Diskurses, wenn auf einer Ebene des Lebens ein unlösbarer Widerspruch auftaucht, es geht um mehr als den Umschlag quantitativer Monotonie in neue Qualitäten. Die Risse gehen nicht mehr zwischen Subjekt und Objekt, sondern verlaufen quer durch beide, die in unendlich viele Teile zerspringen. Es läßt sich innerhalb der europäischen Logik durchaus formulieren, wodurch und wozu sie zen-buddhistisch suspendiert wird – ob der Mönch nun arbeitet oder bettelt.

Ist es Zufall, daß ZEN hinter Klostermauern entstanden ist und überlebt hat? Selbst wenn der Adept den gewöhnlichen Alltag nur verläßt, um teetrinkend zum gewöhnlichen Alltag zurückzukehren, selbst wenn sein SATORI die Dinge in ihrem mütterlichen Ursprung nur verschwinden läßt, um sie aus diesem Ursprung wie neugeboren wieder entspringen zu lassen, ist dieser gewöhnliche Alltag doch ursprünglich ein Klosteralltag und diese Geburt keine leibliche, sondern die geistige eines zölibatären Abstinenzlers. Auch ZEN will das leidvolle Rad der leiblichen Wiedergeburten dadurch zum Stillstand bringen, daß es das Rad der geistigen Wiedergeburten noch zu Lebzeiten in Gang setzt. Aber der Buddhismus ist eine Weltreligion von Eheleuten, die in ihren Familien wie ewige Junggesellen leben, und ZEN gilt historisch als mystische Sekte des Mahayana-Buddhismus. Wird Es im Zen von Ich und Über-Ich befreit? – ES ist eine originäre geistige Erfindung, so gut und so schlecht wie jede andere. Ob sie leistet, wozu sie erdacht wurde, mögen jene entscheiden, die ihr einen Gutteil des Lebens widmen und opfern. Ob gewisse Resultate der Quantenphysik zen-buddhistisch oder das SATORI umgekehrt quantenphysikalisch zu verstehen ist, dürfte mehr als fraglich sein. Das ist wohl nicht weniger albern, als einen gewissen subatomaren Indeterminismus für einen Beweis menschlicher Freiheit oder göttlicher Vorsehung zu halten. Daß ein Subjekt sein mikrokosmisches Objekt nicht untersuchen kann, ohne durch den wissenschaftlichen Messakt das zu messende Objekt zu verändern, gibt keinen Ideologen recht, die von der Überwindung des europäischen Subjekt-Objekt-Dualismus träumen und von universalen Gemeinschaftserlebnissen der Sozialatome. Gott und Freiheit, die solche Beweise nötig haben, können nicht viel wert sein. Im ZEN ist das NIRVANA nicht einfach das Nichts der absoluten Privation und die Nacht, in der alle Katzen grau sind, nicht nur die nächste Metastufe der Kommunikation, sondern das NICHT ("Mu") in dem Satz: "Der Tisch ist nicht böse". Wenn es heißt, es sei urbuddhistisches Mitleid mit der unter dem Schleier der Maya leidenden Kreatur, wenn der Meister den Schüler mit dem Stock traktiere, bis der das kapiert habe, müssen wir das glauben. Suzuki und andere Intellektuelle haben auf Analogien nicht nur zwischen SATORI und Quantenphysik oder Relativitätstheorie hingewiesen, sondern auch auf strukturelle Affinitäten zwischen ZEN-Meditation und Heideggers Seinsdenken. Sie haben die Heideggerei aufgewertet und dadurch nur ihr ZEN herabgesetzt.

Auch Heidegger wollte ja den cartesianischen Dualismus von Subjekt und Objekt überwinden durch neue "Weltentwürfe". Aber es dürfte ein Eigentor sein, ZEN-Bogenschützen und japanische Samurai in die Nähe von Heideggers Rechtsaußen zu rücken, Disziplin hin, ZEN-Stock her. Heisenberg und Heidegger sind fragwürdige Gewährsleute, um ZEN im Westen gesellschaftsfähig zu machen.

Wer nur europäische Anknüpfungspunkte sucht, muß nicht so weit gehen, er kann abwarten und Tee trinken. Das ZEN hat nicht nur eine eigene Klostergartenkultur und Malerei hervorgebracht, nicht nur den legendären Bogenschützen, der blind ins Schwarze trifft, sondern auch eine eigene Poesie und Prosa. Man muß nicht sehr übertreiben, um zu sagen, ZEN-Koans seien so etwas wie buddhistische Aphorismen und Aphorismen so etwas wie europäische Koans. Das ZEN ist eine Kunst und eine Lebenskunst. Auch Aphoristik ist eine Kunst, und Philologen sprechen oft von einer spezifisch "aphoristischen Existenzform". Aphorismen sind wie Koans Sätze, die in ein und demselben Satz aus einem System, das paradoxen Widersinn produziert, in ein anderes System springen, wo diese Widersprüche zwanglos verschwinden. Das erreichen die Aphorismen, indem sie nicht das sprachlich ganz Unwesentliche, sondern umgekehrt gerade das Wesentliche weglassen, das nun mehrdeutig ergänzbar wird. Es ist wie im berühmten Koan vom "Einhandklatschen", dem Anthony Burgess einen gleichnamigen Roman gewidmet hat. Jeder gute Aphorismus läßt etwas so Wesentliches weg wie dieser gute Koan eine ganze Hand. Jeder gute Aphorismus klatscht mit einer einzigen Hand, wenn wir ihm Beifall klatschen sollen. Die besten Koans und auch die besten Aphorismen bedienen sich verwandter Techniken des Witzes und der konzisen Paradoxe, der Übertreibung und Überrumpelung, der Antithesen und Aussparungen, des Rätsels und der düpierten Erwartungen. Rinzai, Mumon und Hakuin haben gute Aphorismen geschrieben, ohne es zu wissen. Larochefoucauld, Lichtenberg und Lec haben gute Koans erfunden, ohne es zu wollen. Kann das *Karma* guter Werke des aphoristischen ZEN den ewigen Kreislauf der Reinkarnationen durchbrechen? Die großen ZEN-Meister stimmen überein, daß die Koan-Traditionen den Schüler nur befähigen sollen, seine eigene Koans zu finden und sein eigenes ZEN. Ob er sie schriftlich fixiert oder nicht – ein Meditant, der nicht seine eigenen Koans erfindet und nicht anderen hilft, ihre eigenen Koans zu entdecken, bleibt ein Schüler seiner Meister und wird kein Meister seiner Schüler. Er bleibt auf sich sitzen. Die wenigen Koansammlungen haben so schmalen Umfang und gemischte Qualität wie Aphorismenbände. Gedichte schreiben sich leichter. Ein 'Teisho', das ein Koan erläutern muß, ähnelt einer Gedichtinterpretation, die das Gedicht verdrängt, und ein Aphorismus, der sich entweder von selbst versteht oder eben nicht von selbst versteht, ist nicht wert, aufgeschrieben zu werden.

Das Urteil, jedes Atom sei eine Welt für sich und jede Aussage verbinde einen Gegenstand und einen Begriff, die nichts verbinde als die beruhigende Tatsache, durch Welten voneinander getrennt zu sein, ist Frohsinn des Irrsinns oder leichtsinniger Blödsinn, auf jeden Fall ein altes Weltschmerz-Analgetikum. Wenn Schopenhauer unser Lachen als ein plötzliches Erlebnis der Inkongruenz zwischen anschaulichem Individuum und abstraktem Allgemeinbegriff begreift, dann wird das irre Gelächter des ZEN verständlich: Kein Individuum erfülle seinen eigenen Begriff, jeder Begriffsumfang sei eigentlich eine Null. Hier ist das von Adorno geforderte Bewußtsein der „Nichtidentität" von Sein und Bewußtsein kein Problembewußtsein mehr, sondern übergeneralisierte Alltagspraxis. Das reine Sein ist durch kein noch so klares Bewußtsein befleckt. Unbegreiflich wird, daß Begriffe den Täter ergreifen, und begriffen wird lediglich die Unbegreiflichkeit aller Dinge. Keine Allgemeinheit kastriert hier das Individuum mehr um sein unverwechselbar Eigentümliches. Die Übergriffe und Angriffe des Begriffs sind abgewehrt, niemand ist zu fassen und zu erfassen. "Erkennt es ein gewöhnlicher Mensch, ist er ein Weiser. Begreift es ein Weiser, ist er ein gewöhnlicher Mensch", sagt Mumon. "Ist ein Hund Buddha oder nicht?" Joshu erwidert "MU!" (beides zugleich und keins von beiden : entweder Nichthund oder Nichtbuddha.).

Der indische Buddhismus fand seinen chinesischen Nährboden weniger im populären Konfuzianismus als im esoterischen Taoismus. Nicht die Familienpietät des Kung-futse, sondern das Tao des Philosophen Chuang-tse kam der ZEN-Sekte entgegen. Tao ist der Weg von Yin nach Yang und zurück, die Bewegung zwischen Vater und Mutter, Tag und Nacht, Raum und Zeit, Ja und Nein, Himmel und Erde, Kraft und Stoff, Qualität und Quantität, fest und weich, gerade und ungerade, Einheit und Vielfalt, Stille und Veränderung.

Auch das fernöstliche Menschenkind leidet unter der Abnabelung von Mutter Erde. Ob der buddhistische Rückschritt hinter die Spaltung der Welt in Subjekt und Objekt eine symbolische Regression zu einer Mutter-Kind-Symbiose bedeutet, sei dahingestellt. Diese Mystifikation der Sehnsucht zurück ins Goldene Zeitalter hat ZEN mit der europäischen Mystik gemeinsam, aber darin erschöpft es sich nicht. ZEN mag Mystik sein, aber nicht jede Mystik ist ZEN. In einem berühmten Koan wird ein Mönch nach Eltern und Herkunft gefragt. Er 'antwortet' nur, er habe heute früh Reis gegessen und schon wieder Hunger. Die Kausalität vor allem der Geschlechter und Generationen ist aufgehoben. Die Mönche sind keine Eltern und haben keine Eltern, sondern Hunger. Viele waren Waisenkinder und Gescheiterte, denen die Klostermauern Nestwärme boten und Schutz vor dem Elend. Der Mönch löst die ZEN-Rätsel "wie ein Kind, das an seine Mutter denkt", heißt es in China.

Wer im Leben das Gefühl hat, er werde, was er auch anfange, in jedem Falle verurteilt, er könne nicht gewinnen, ob er nun das eine tue oder das Gegenteil, ob er einen Satz sage oder seinen Gegensatz – der mag auch und gerade im Westen von ZEN angesprochen sein. Wem stets ein Nein entgegenschlägt, ob er zu einer Situation nun Ja oder Nein sagt, ist in einer Klemme, aus der ZEN herauszuhelfen verspricht. Was die Philosophen Metaphysik, was Freud Meta-Psychologie, was Watzlawick Meta-Kommunikation nennt, erfährt ZEN so, daß Subjekt und Objekt eines unendlichen Urteils auf zwei verschiedenen Metastufen liegen. Ist die Erleuchtung des "Satori" wirklich eine Aufklärung, ist sie eine wertvolle Erfahrung oder eine bloße Einbildung? Die ZEN-Rose ist im selben Sinne nicht rot, wie der Tisch nicht böse ist. "Der Geist ist nicht gelb": ZEN fällt dieses unendliche Urteil wie das endliche Urteil: "Die Rose ist nicht rot", als könnte der menschliche Geist eine Farbe haben und diese sei nur zufällig gerade nicht gelb. Von dort ist es nur noch ein kleiner Schritt bis zur unaussprechlichen Aussage : "Der Geist ist so gelb, wie er nicht gelb ist, und er ist nicht so gelb, wie er gelb ist." Für Sartre ist die Rose genau das, was sie ist, und der Mensch sei das einzige Wesen, welches sagt: Ich bin, was ich nicht bin, und ich bin nicht, was ich bin. ZEN sagt von jedem Wesen, was der Existenzialist auf den Menschen beschränkt. Das wundert uns nicht, wenn wir hören, daß die Existenzphilosophie historisch aus der Opposition Kierkegaards gegen Hegels Vernunftmetaphysik entstanden war. Falls es wahr ist, daß ZEN das 'dualistisch unterscheidende Bewußtsein' aufhebt, dann primär darin, daß es den logischen Unterschied zwischen endlichen und unendlichen Urteilen so wenig gelten läßt wie den Unterschied zwischen möglichen und unmöglichen Prädikaten eines Subjekts. Alle gleich: Jeder anders anders als jeder andere. Urteile vereinigen stets Unvereinbares, verbinden Unverbindliches und vergleichen Unvergleichliches. Alle Weisheit ist hier eine Zurückweisung (Rejektion) aller Bestimmungen, die nur die Selbstbestimmung zurückweisen.

Wäre ein ZEN-Meister Philosoph, unterschriebe er sicherlich den mittelalterlichen Satz: *Individuum est ineffabile*. Lebt ZEN also von der Unaussprechlichkeit und Unvergleichlichkeit jeder Individualität? Entweder gibt es nur konkrete Individuen ohne abstrakte Allgemeinheit oder umgekehrt nur Gattungsbegriffe ohne Individualität. ZEN zeigt als extremer Nominalismus, daß beides *au fond* dasselbe sei, daß bewußtloses Sein und seinsloses Bewußtsein Kehrseiten derselben Münze sind. Für Adorno war es nur der Begriff, der begreifen kann, daß und was er nicht begreift – und dem Begriffenen antut. ZEN dagegen erwartet Selbstbesinnung nicht von reflexivem Selbstbewußtsein.

"Denke weder gut noch böse" (Mumon). Wer nicht reden und nicht schweigen darf, sage irgendetwas. Dann hat er nicht geschwiegen und doch nichts gesagt. Wenn die volle Spielregel lautet, einen Krug nicht Krug nennen zu dürfen und trotzdem nach seinem Namen zu fragen, darf er deshalb noch lange nicht Sandale genannt werden. Eine mögliche *Lösung zweiter Ordnung* dieses typischen Dilemmas : Wer den Krug mit dem Fuß umstößt, hat einen Krug zerbrochen, der keiner ist, und keinen Krug umgestoßen, der einer ist. Der Meister fragt: Wie schwer ist dieser Stein? Der Schüler nennt sein eigenes Gewicht. Entweder ist das Pseudo-Zen oder schlechtes Zen. Der Meister sagt: „Der Himmel ist eine Trommel. Wer kann sie schlagen?" Richtige Antwort: Eine kaputte Trommel läßt sich nicht schlagen. Meister Basho sagt zu den Mönchen: "Habt ihr einen Stock, werde ich euch einen geben. Habt ihr keinen, werde ich ihn euch wegnehmen." Der Meister fragt, warum ein guter Schütze nicht ins Zentrum der Zielscheibe trifft. Antwort: Der Freie ist so frei, das Ziel zu verfehlen, er läßt sich nicht zwingen, ins Schwarze zu treffen. Wer das Richtige tun muß, ist unfrei.

"ZEN unter einem Lehrer zu studieren, ist eine leere Täuschung" (Hakuin). Der Schüler muß sich von seinem Meister lösen, indem er Meister wird. Meister wird er, indem er nicht nur wie jeder Priester in drei Jahren die Auswege aus etwa 300 von 2000 tradierten Koan-Fallen auswendig lernt, sondern anderen in zehn Jahren etwa ebenso viele neuartig eigene Koan-Fallen stellt. Diese Herausforderung ist ein gutes Korrektiv gegen Schablonen und gegen depressiv abstürzende Allmachtsphantasien der Meditanten zugleich. "Es gibt nichts, was ich nicht vermag", schwadronierte Rinzai ironisch. "Er wird sich nicht durch irgendeine Objektivität versklaven lassen", sagte Shibayama vom Buddhisten und ließ sich dann durch seine verabsolutierte Subjektivität versklaven. Dagegen helfen nur Stockhiebe.

Wenn ZEN in den Westen kommt, verliert es leicht die Unschuld, die es im Osten gehabt haben mag. Im Osten mag das provinzielle ZEN die Maske höherer Vernunft sein, im Westen ist es zu oft nur Deckname für blanken Irrationalismus. Diese Kultur gezielter Widersinnigkeiten gewinnt hierzulande leicht den Hintersinn, für den vermeintlich höheren Sinn totalitären Irrsinns empfänglich zu machen. Was ist hier ein ZEN, das nicht einfach nur vom Nachdenken ablenkt? Was tut ein westlicher ZEN-Fan, der sich zwischen Totalitarismus und Antitotalitarismus entscheiden soll: In welcher höheren Einheit kann der kleine Unterschied zwischen Rechts und Links verschwinden? Selbst ein so raffinierter Dialektiker wie Kierkegaard sprach nur von *Entweder-Oder*, als er von Ethik und Ästhetik sprach. Eine Rose ist entweder rot oder nicht rot, *tertium non datur*, sie kann also nicht zugleich rot und auch nicht rot sein. Der menschliche Geist ist ebenso gelb wie nicht gelb, denn er ist weder gelb noch nicht gelb. Man sieht, daß unendliche Urteile den Satz des Widerspruchs nicht (aner)kennen.

Die Qualität seines *Satori* ist an der Qualität der Koan-Erfindungen eines Adepten zu überprüfen, nicht aber umgekehrt die Qualität seines Koans an der Qualität seines *Sazen*. Um ein berühmtes Wort von Kant über Begriffe und Anschauungen zu variieren: Ein Koan ohne eigenes Satori ist blind, ein Sazen ohne eigenes Koan ist leer. Die vielen formelstarren von den wenigen originellen Koans zu unterscheiden, ist nicht allein deshalb schwierig, weil ZEN das *unterscheidende Bewußtsein* verabschiedet. Wer eine vernünftige Frage dadurch ad absurdum geführt haben will, daß er sie durch eine ebenso bedeutungsschwere wie nichtssagend stummdumme Handbewegung *beantwortet,* ist ein Meisterdenker oder ein Kretin oder auch beides. Angeblich bedeuten demonstrativ nonverbale Gesten immer unendlich viel mehr als das bloße Gequassel, das sie derb abschneiden. Aber diese 'deiktischen' Gesten leisten zu oft nicht, was ihnen an ebenso hoher wie hohler Prätention aufgebürdet ist. "Ein Schnitt, und alles ist durchschnitten", sagen die Aufschneider. Solche Ansprüche werden zu oft nicht erfüllt, zu viele Schecks bleiben ungedeckt, zu wenige Wechsel des Meisters auf seinen guten Ruf sind eingelöst. Mancher fällt genau so weit hinter den perhorreszierten Menschenverstand zurück, wie er ihn überwunden haben will. Viele dieser schweigenden Pantomimen blamieren eher den Darsteller als unseren Intellekt. Auch hier gilt ja, daß die wahren Gegner des Intellektuellen die Intellektuellen sind und Nichtintellektuelle an ihnen nur ihre Ressentiments austoben. Zu oft ist das ZEN sein eigenes Pseudo ('Fuchs-Zen'), eine leere Anmaßung von Wichtigtuern. In die vieldeutig leere ZEN-Geste läßt sich leicht mehr *Lösung zweiter Ordnung* hineingeheimnissen als in dunkle Lyrik. Sie will ganze Argumentationsketten in und außer Kraft setzen, und das geht nicht immer ohne Gewalt und Willkür ab. Es gibt eine kleine Ratio und eine größere, das ist wahr. Um Erfahrungen zu erweitern, geht die „höhere Vernunft" Risiken ein, die die kleinere gerade zu vermeiden sucht. Aber die höhere Vernunft darf auch nicht nur rationalisieren, daß sie nicht einmal die kleine Zweckrationalität der Selbsterhaltung erreicht. ZEN darf wie jedermann aus der Not eine Tugend machen, aber nicht Schwäche als Stärke verkaufen wollen.

Man könnte auch sagen, „Sazen" ohne eigene Koan-Erfindungen sei so tot wie der christliche Glaube ohne gute Werke. Wenn 'Stumm-Zen' mehr als Stumpfsinn sein soll, muß es der geometrische Ort sein, an dem neuartige Koan-'Mondos' geboren werden, damit das ZEN schöpferisch lebendig bleibt und nicht wie in der Sung-Dynastie formalistisch verknöchert. Es ist wie in der Liebe: Das Ziel jedes Koans ist nicht nur simple Erleuchtung, sondern auch das komplexere *Nanto-Koan*. ZEN ist ein ritterliches Duell von Samurai-Mönchen, allerdings nicht um eine schöne Nonne, sondern um eine unschöne Wahrheit. Jeder geistige Lanzenstich, jeder durchdringende Pfeil will sich selbst aus jenem üblen 'Double-Bind' befreien, auf den er die Kombattanten festnagelt. Nach Watzlawick ist ZEN wie jede Interaktion ein ewiger Kampf von *double-bind* und *Lösung zweiter Ordnung*. Die Eleganz dieses Kinderspiels für Erwachsene besteht darin, daß der Ausweg, den ich finde aus der Falle, in die der andere mich lockt, die Falle ist, in die dieser andere sich verfängt. Die Falle wird zum Ausweg aus einem Ausweg, und der Ausweg zur Falle, die die Falle legt.

Aufgelistet sind hier außer Depressionen und Halluzinationen einige Gefahren, die bevorzugt den westlichen Anhängern einer Lebensform drohen, die keine bloße Denkform sein will und keine patriarchalische Schriftkultur. Manche meditative Selbstversenkung führt nur zu einem menschlichen Wrack, das vom Grund des Meeres nie mehr zu bergen ist. Nur wenige schaffen den großen Sprung. "Manche freilich kehren nie zurück" vom 'psychotischen Trip', sagte Anti-Psychiater Ronald D. Laing. Dieser Essay ist kein Plädoyer gegen ZEN, sondern gegen jedes 'Fuchs-Zen', das *nach Zen riechen* will und damit jede Meditation in den Geruch der Scharlatanerie bringt.

ZEN sollte etwas mehr sein, als der Unwissenheit ein gutes Gewissen zu verschaffen. Gewiß, gesucht wird das *wahre Selbst* hinter dem kleinen Ich und doch oft genug nur das alte Ego der Selbstgefälligen zum 'trans-zen-dental-ko(s)mischen Bewußtsein' hochtrabend aufgedonnert. Wer die alte Trennung von Subjekt und Objekt aufhebt, der vereinigt sie nicht nur dauerhaft im Großen und Ganzen, der verwechselt sie auch dauernd wie Mein und Dein. Kein Menschenverstand ohne Abstand vom Gegenstand, und kein Abstand ohne Abnabelung. 97 % aller 'spirituellen Erfahrung' ist leider wohl nur spiritistische Sitzung oder Nabelschau als Weltanschauung.

Erfüllt ZEN Pascals christliches Soll, die Hochmütigen zu demütigen und die Demütigen zu erheben? Es ist davon auszugehen, daß 'Erleuchtung' mehr ist als große LMA-Wurstigkeit, die Ungeheuerlichkeiten einfach nur ungerührt einsteckt und austeilt. Habe ich aber die Welt verändert, die ich nur anders sehe? Der Stoiker Epiktet sagte, über die Dinge habe er keine Macht, wohl aber über seine Sicht der Dinge. Magie, die phantasierte 'Allmacht der Gedanken', ist narzißtischer Infantilismus, der nicht mehr zwischen Subjekt und Objekt unterscheidet, sondern beide verwechselt, der die Wirklichkeit Wahn nennt und seine Einbildung höhere Realität. Authentischer ZEN ist ein subjektiver Idealismus, der sich objektiver Realismus nennt, ein 'oceanisches Gefühl' (Freud), kaum einen Millimeter von freiwilliger Psychose entfernt.

Das Große TAO ist torlos.

Es führen viele tausend Wege zu ihm.

Wenn du diese Schranke durchschreitest,

Kannst du dich frei im Weltall bewegen.

(Zen-Meister Mumon, 1183-1260)

"TAO brachte Eins hervor; Eins brachte Zwei hervor; Zwei brachte Drei hervor; Drei brachte die 10000 Wesen hervor ... Mutter der 10000 Wesen, Mutter der Welt ... Die Gottheit des Tals stirbt nicht, es ist das dunkle Weibchen ... Das Tor des dunklen Weibchens, dies ist der Ursprung des Himmels und der Erde..." ("Tao-te-king", Lao-tse)

Wird der Irrsinn des ZEN gerügt, lobe ich den Sinn im Unsinn. Wird aber ZENs Höhere Vernunft gepriesen, warne ich vor einer Spielart des Irrationalismus. Buddhismus ist eine wissenschaftliche Hypothese, die Bibel eine andere. Seit vielen Jahrhunderten werden beide um die Wette getestet. Die Versuchsreihen laufen noch. Hoffentlich drückt dieses 'Teisho' meine Sympathien für ZEN klar genug aus. Der ferne Osten hat so viel Verstand, daß etwas mehr Unvernunft ganz vernünftig ist. Der freie Westen ist so irrational, daß noch mehr Unsinn ganz widersinnig wäre.

Stanislav Grof : "Topographie des Unbewussten"

Das Buch läßt sich nutzen als gute phänomenologisch-deskriptive Bestandsaufnahme dessen, was in Freuds Referenzsystem als *präödipale* Problematik sich immer wieder diskriminiert fühlt von postödipaler Reife. Gut herausgearbeitet ist die Dialektik im ambivalenten Ur-Dialog von Mutter und Kind, in den schrittweisen Phasen der Befreiung voneinander, die 'Geburt' genannt wird, obwohl sie die Lebensdauer des Menschen hat. Die vier Stadien der 'perinatalen Matrix' scheinen glücklich gewählt, und die Korrespondenzen zwischen den physiologischen Geburtsvorgängen und ihren seelisch-geistigen Symbol-Äquivalenzen überzeugen.

Bis hierher bietet Grof weniger eine Differenz zu Freud als eine Differenzierung innerhalb von Freuds Begriff des 'Präödipalen', dem sich das psychologische Interesse seither verdächtig stark zuneigt. Grof und Freud stehen an dieser Stelle nicht im Verhältnis von gegenseitiger Abgrenzung, Überwindung, Widerlegung oder auch nur von Ergänzung und Korrektur, sondern Freud fängt ganz einfach erst dort richtig an, wo Grof aufhört, und Grof erhebt den Anspruch, genau das in Bezug auf Freud ebenfalls zu tun, obwohl ich diesen Anspruch für unbegründet halte. Freud hat die von Grof und anderen (Melanie Klein z.B.) bevorzugt untersuchte Welt des 'Perinatalen' nicht etwa nur übersehen oder unterschätzt, sondern lediglich vom lebensgeschichtlich späteren und reiferen 'Ödipus' aus betrachtet und 'bewertet', und diese abwertende Bewertung des Unreiferen vom Reiferen aus ist ihm bis heute zum Vorwurf gemacht worden – von denen, die ihre Unreife als Überreife bewertet wissen wollen. Aber nach Freud fällt nur vom genetisch Späteren aus Licht auf diese Sphäre der 'Primärprozesse'.

Da Freud den Wunsch des Erwachsenen zurück zum Vorödipalen als Regress bewertet, möchten seine Gegner oder Korrekteure in den Forderungen, die vom Ödipus an den Ante-Ödipus ausgehen, nur Repression sehen können. Der 'Anti-Ödipus' (Deleuze/Guattari) ist ein Ante-Ödipus, der es nicht zum Post-Ödipus bringen möchte, weil er sich das nicht zutraut und genau dieses nicht verraten will – würde Freud sagen.

Grof beschränkt Freuds Zuständigkeit auf den bloß psychodynamischen Aspekt, um den Löwenanteil für seinen Gewährsmann C. G. Jung frei zu halten : das 'Transpersonale', Religiöse, Mythische, Kosmische, Spiritistische, Spirituelle, Mediale, Archetypische, Planetarische, Galaktische und weiß der Teufel was noch. Durch diese Strategie des wohlwollenden Divide-Impera ist der Großteil des durch LSD und andere Psycho-Wahrheitsdrogen freigesetzten psychischen Materials erst einmal vor Freuds kritischem Blick in wissenschaftliche Sicherheit gebracht bei C. G. Jung, dem abtrünnigen Schüler, dessen 'Analytische Psychologie' alles Mögliche ist, nur nicht (psycho-)analytisch.

Grofs *Phase IV* ähnelt im übrigen viel zu sehr seiner *Phase I,* um nicht Verdacht zu erregen, hier sei die Geburt nicht als Licht der Welt gesehen, sondern als Rückkehr in einen anderen Mutterleib, in den größeren der 'Mutter Natur' etwa. Werden wir wirklich aus dem Mutterleib in einen anderen und größeren Mutterleib hineingeboren, um hübsch behütet zu bleiben unser Leben lang? Grofs Strategie, wissenschaftstheoretisch in Bezug auf Freud, scheint mir unter Widerstandsrationalisierung zu fallen. Schon hier steuert bei Grof alles aufs NEW AGE des Wassermanns zu.

Grofs neue Psycho-Kategorie "COEX" scheint theoretisch keinen Fortschritt zu bringen. Sie ist überflüssig, wo sie nicht schädlich ist, und sie ist schädlich, wo sie nicht überflüssig ist. Als

Terminus ist das Ding ganz entbehrlich, weil weitgehend identisch mit dem guten alten "Komplex". Was COEX mehr enthält als den Komplex, ist die implizite Aufwertung des Negativen zu einer positiven und nicht therapiebedürftigen Freundlichkeit, gut positivistisch drapiert. Dieses Umwertungssystem ist durch Grofs ganzes Werk hindurch spürbar: Das Repressive wird als progressiv verkauft und die Imperative der Reife als repressiv. Der 'Komplex' wird nicht aufgelöst, sondern als elementar behandelt. Wer den Komplex auflösen und analysieren will, gilt als komplexbehaftet: Die Umwertung aller Werte wird als neue Wertfreiheit bewertet. In den Dienst der Psychotherapie treten LSD und andere halluzinogene Regressionshilfen, weil die Träume und freien Assoziationen angeblich nicht tief genug sind. Nicht mehr im Wein liegt hier Wahrheit, sondern im Opium des Volkes, und dieses Opium wird Religion. Ist die Droge nun nur 'Katalysator' dessen, was im Analysanden ohnehin drinsteckt, oder verändert sie das Bewußtsein, bis das Sein Sein eines anderen ist? Wieviel im LSD-Erlebnis kommt vom LSD und wieviel von dem Patienten? Grof und sein Patient sind überrascht, was alles drin steckt in ihnen, wenigstens in ihren Untiefen, die sonst nie ans Licht kommen. Rationale Analyse wird erst ergänzt und dann ersetzt durch chemische Katalyse. Der alte Adam wird befreit und sieht sich entfesselt: Mit dem Kopf durch die Wand ins Nachbargefängnis.

Auch Freud begann bekanntlich mit Kokain, Hypnose und anderen suggestiven Methoden, ehe er sie ausdrücklich verwarf. Grof endet auch in diesem Punkt dort, wo Freud anfing, und will nicht wahrhaben, daß chemisch erzwungene Regressionen nur ziemlich unfreie Assoziationen und Dissoziationen liefern. Aber das 'Transpersonale' ist leider nur das Präpersonale, das es zur Individualität nicht bringen kann und diese Impotenz als wohlerwogene Entscheidung, die Schwäche also als Stärke verkauft. Auch Jungs 'Individuation' hatte mit allem Möglichen zu tun, nur nicht mit der Individualität: Es war ein Komplex, der sich vor der Analyse drückte, ein Knäuel bloßer Rationalisierungen. Grof spricht sogar von 'rassischer Transpersonalität'. Spätestens hier ist der Weg frei zu Jungs Ideologie mit allen "Ahnenerfahrungen" bis zurück ins tausendste Glied. Auf Seite 163 der deutschen Fassung wird, symptomatisch für das ganze Projekt, die "Beschneidung" wie fast überall in moderner Literatur gezielt fehlinterpretiert. Ein Schritt

34

weiter und die Beschneidung steht wieder da als symbolische Kastration, vor der wir unsere Kinder natürlich bewahren müssen, denn die Zirkumzision eines Christen wäre die Vorstufe des alten Ritualmords.

"Reinkarnationen" wollen eine ewige Kindheit konservieren und wiederholen, statt nur in eigenen leiblichen oder geistigen Kindern überleben zu wollen. Diese Religionen halten nicht viel von Fortpflanzung, weil sie das Individuum mumifizieren und die Gattung als das Immergleiche verleumden. Sie wollen Wiedergeburt in eigener Person, nicht in eigenen Kindern: Das Nichts wird zum Januskopf von Mutterschoß und Grabeshöhle. Diese heute so geschätzten Religionen haben es nie zur familiären Vernunft gebracht und zum Heiligen Geist menschlicher Verhältnisse. Ist dieser Gedanke 3000 Jahre zu alt, um wahr zu sein? Was Robert Musil den 'anderen Zustand' nannte, ist hier in Grofs 'perinataler Matrix' angesiedelt, topographisch, psycho-topologisch. Wer nicht mit Grof über ihn hinausgeht, fällt hinter Freud zurück, statt ihn zu überwinden.

Grofs 'Transpersonalität' ist im Übrigen kaum zu unterscheiden von bloß pathischer Projektion: Innere Welten bestimmter seelischer Unterentwicklungsphasen werden erlebt als objektiv 'kosmische Realität' und krude äußere Naturobjekte umgekehrt kurzerhand durchspiritualisiert. Es fehlt vermittelnde Reflexion. Ich weiß nicht, ob Grof seinen Patienten in die Falle geht, aber in jedem Fall gehen die Patienten diesem Therapeuten in die Falle, weil er ihnen nach dem Munde redet, statt sie sauber zu analysieren. Wenn Grof berühmt wird, dann deshalb, weil er den Patienten aller Länder schmeichelt und sie in dem bestätigt, was sie selbst von ihren Macken halten. Wer die Defekte so schön umschminken kann zu privilegierten Offenbarungsweisen, findet zu leicht sein geneigtes Publikum, um lange verkannt zu sein. Hier werden Träume nicht gedeutet, bis der Patient schamrot wird, hier werden Träume gezielt mißverstanden als Informationen über höhere Welten und reinere Sphären, zu denen das pure Medium angeblich Zugang hat. Die Lebensuntüchtigen werden hofiert als Vorreiter neuer Geistigkeit und die Kranken als Hohepriester neuer Religionen. So wird der psychisch Kranke völlig größenwahnsinnig und in seinen Defiziten bestärkt. Narzißtische Zufuhr mit Therapie zu verwechseln, ist Erkennungszeichen aller Scharlatane. Das COEX-

Erleben einer Einheit von Ich und All, von Ahriman und Brahman im TAT TWAM ASI etwa, ist ein freudiges Ereignis im Ich, keine Information über das All oder über 'höhere Welten'.

Immer wieder mal wird aus der Not, nicht analysieren zu können und nicht analysiert werden zu wollen, eine höhere Tugend gemacht, die aber nur ein glänzendes Laster ist. Das macht Kranke zu Perversen. Die Unfähigkeit, mit lebenden Menschen differenziert zu verkehren, wird umgedeutet in die Fähigkeit zur lebendigen Kommunikation mit Toten und mit Totem und anderen Totems. Narzißtische Zumutung, die Freuds Psychoanalyse für den Patienten bedeutet, wird zu oft abgewehrt und unterlaufen. Das 'Transpersonale' wird nicht als das Unpersönliche und Vormenschliche analysiert, sondern *taken for granted*. Die antidepressive Wirkung solcher Interpretationen dürfte nicht länger anhalten als die jeder größenwahnsinnigen Manie.

Durchweg zweideutig bei Grof bleibt die verstimmende Absicht der therapeutischen Wiederbelebung von Geburts- und Vorgeburtserlebnissen: Wird unter LSD rekapituliert, um die psychische Geburt endlich nachzuholen und zu einem verspätet guten Ende zu bringen, oder eher um der schönen Regressionen willen zurück zu einem *Vor-Ichlichen*? Kurz: Macht Grofs Patient und Klientel nun einen Schritt zurück, um zwei Schritte voran tun zu können ans Licht der Welt und der Vernunft, oder geht er einfach drei Schritt zurück auf Nimmerwiedersehen, weil es da unten und dahinten gar so schön (warm) ist – "vor aller Verantwortung und Leistungsmoral", der kapitalistischen, versteht sich. Dieser Bereich unterhalb des zu Leistungen verpflichtenden erwachsenen Genital-Primats, aus dem das Ich geboren wird, heißt bei Freud das 'Polymorph-Perverse der Partialtriebe'.

Und diese Perversität muß flugs in eine neue Tugend verwandelt werden, damit dem Patienten nicht mehr klar wird, eine Wegetappe für das Endziel zu halten, sondern er frei wird, das Endziel der Entwicklung als bloße Durchgangsphase auf dem Holzweg zurück ins Startloch zu erleben.

Wird unter LSD-Hilfe nur das falsche, das neurotische oder psychotische Selbst aufgelöst, um ein weniger verfälschtes Ich aus seinen vielen präindividuellen Bestandteilen neu zu bilden und 'wiedergeboren' sein zu lassen? Oder geht es nicht um ein gelungeneres, widerstandsfähigeres Ich, sondern um dessen Verleumdung als Repressionsinstrument? — Die Widerstandskraft des Patienten gegen solche Umdeutungsmanöver wird als Ichschwäche mystifiziert und die gute alte 'Ichstärke' als Pseudo-Selbst demontiert.

Freud schrieb: "Wo Es war, soll Ich werden." Jung und Grof und zu viele andere fordern: "Wo Ich und (väterliches) Überich ist, soll wieder (mütterliches) Es werden." Unter dem Deckmantel eines Kreuzzugs gegens 'Falsche Selbst' geht es gegen das starke Ich überhaupt. Als wären im reifen, postödipalen Ich die Es-Impulse verdrängt und verleugnet und nicht *gut aufgehoben*: als infantile untergegangen, als Triebenergien aufbewahrt und erhoben zu Rohstoffen und Werkzeugen komplexerer (Über-)Ichleistungen zugleich.

Wie in den allermeisten psychologischen Arbeiten unserer Zeit, die dadurch schon fast in ihrer Tiefensignatur bezeichnet ist, werden auch bei Grof wieder Mutter und Kind miteinander allein gelassen, als wäre die psychische Geburt des Menschen ohne väterlichen Geburtshelfer zu Ende zu bringen. Das *Prinzip Vater* scheint nur in der transpersonalen Person des Therapeuten in verstümmelter und verstümmelnder Form auf. Mit LSD etc. feiert die 'Vaterlose Gesellschaft', die Mitscherlich diagnostiziert hatte, ihre Orgien, als hohe Mysterienkulte getarnt. Handelt es sich also bei Grof um ein Plädoyer für 'Regressionen im Dienste des Ich', eines neuen, anderen und besseren Ichs, oder um eine Rücknahme des Individuums im Dienste der Regression selbst? Es ist, als müßte während dieser Operation das 'Über-Ich' (oder der Rest davon) mit LSD betäubt werden. Über-Ich-Amputation und Zwangsregression unter Narkose: Die neue Ästhetik als pure Anästhesie?

Freud läßt auf die 'perinatale Matrix' von Grof einiges Licht fallen von einer postödipalen *Patrix* aus, wenn man so will. Die Geburt à la Grof kann und soll nicht gelingen, weil die Rückkehr in den Mutterleib und seine Symbole verkauft wird als freudiges Ereignis einer glücklichen Geburt und die Abnabelung als Kastrationsakt gebrandmarkt wird, die Entwöhnung von der Mutterbrust als Heimatvertreibung.

Sprechen also Buddhismus, Konfuzianismus, Hinduismus, Lamaismus von ewigen Wiedergeburten, um die Geburt ewig zu verzögern und zu hintertreiben und gar rückgängig zu machen?

Maimons Weg von der Aufklärung zum Idealismus

Der „Grundsatz der Bestimmbarkeit" (SdB) ist für Maimon ursprünglicher als die logischen Grundsätze der Identität und des Widerspruchs: A ist B oder Nicht-B, aber vielleicht weder B noch Nicht-B, sondern eher C, was vorher zu prüfen ist. Reell ist für Maimon ein Denken, das dem SdB gehorcht: das bestimmbare Subjekt kann auch ohne die prädikative Bestimmung, nicht aber die Bestimmung ohne das Bestimmbare vorgestellt werden. Maimon wählt das Beispiel des runden Tellers: Rundheit ist eine Bestimmung des Raumes und nicht des Porzellans; es gibt einen Raum ohne runde Form, aber keine runde Form ohne Raum. Der Raum ist die Gattung, die runde Figur ist die spezifische Differenz bis hinunter zum Differential. Nur als Mathematiker denken wir wie Gott, als Naturforscher aber wie Menschen. Die Differentialtheorie verliert beim späten Maimon umso mehr an Bedeutung, je mehr er den Glauben an den Übergang von mathematischen Objekten zu Erfahrungsgegenständen verliert. Subjekt und Substanz sind Subjekt und Substanz mit oder ohne Prädikat und Akzidenzen; Raum und Zeit sind denkbar ohne mathematische Objekte, aber mathematische Objekte niemals ohne Raum und Zeit. Weil die Dinge verschieden sind, sind sie raumzeitlich 'außereinander', aber sie sind nicht verschieden, weil sie nebeneinander oder nacheinander existieren. Maimon sagt: Die Gattung existiert ohne die Art, das Besondere aber nie ohne das Allgemeine. Bestimmung ist nur Spezifikation und Differenzierung einer Allgemeinheit, die besondere Formung eines allgemeinen Stoffes/ z.B. eine Zeichnung auf Papier. Das Bewußtsein sei eine Gattung, die alle Arten in sich enthält und aus sich produziert, aber nicht die Individuen aus den Arten entwickelt und ableitet. Wenn ein Subjekt ohne Prädikat denkbar ist, kann es kein wesentliches Prädikat sein, sondern nur eine zufällige Bestimmung. Wenn Bestimmbares und Bestimmung beide ohne einander oder beide nur zusammen möglich sind, handele es sich um bloß *formelle Objekte*. Die Kluft zwischen Erscheinung und Ding an sich bei Kant ist auch nicht tiefer als der Graben zwischen empirischem und reellem Objekt bei Maimon. Bei Kant herrscht Synthesis zwischen Denken und Anschauung, bei Maimon nicht. Das Besondere ist durch das Allgemeine nicht erkennbar und bestimmbar. Sinnlichkeit ist für Maimon ein Denken, in dem wir unsere eigene Aktivität nicht wiederfinden, Denken sei jene Sinnlichkeit, die wir uns selbst geben. Nur das *bestimmte* Objekt existiert real und ist wirklich. Stoff ohne Form: Raum und Zeit sind denkbar auch ohne mathematisches Denken, aber nicht vice versa. Bei Kant drückt die allgemeine Form ihr Petschaftssiegel auf die besondere Materie, bei Maimon füllt die allgemeine Materie (Raum und Zeit) die besonderen Gefäße der mathematischen Formen. Rundheit ist dann eine besondere Form des Raumes und nicht des Porzellans, wenn wir einen runden Teller sehen. Logik hat unbestimmte Objekte überhaupt, Mathematik bestimmt und erzeugt reelle Objekte apriori. Reelles Denken ist Bestimmung von Raum und Zeit, also reine Mathematik: die Synthesis einer Mannigfaltigkeit, die ihren objektiven Grund in der Mannigfaltigkeit hat. Zeitraum (Subjekt) wird so mit mathematischer Form (Prädikat) verbunden, daß Raum ohne Form und Form nicht ohne Raum möglich ist. Auch Identität sei Synthese : A=A : Ich betrachte A von sich selbst verschieden und verbinde es mit sich selbst.

1) Willkürliches Denken : A ist weder B noch Nicht-B (Der Kreis ist bitter.) **2)** Formelles Denken (Logik) : A ist B oder Nicht-B (Der Kreis ist rund oder nicht rund) **3)** Reelles Denken (Mathematik) : A ist B und nicht C, aber A ist A mit oder auch ohne B, doch B ist ohne A nicht denkbar. (Die Linie ist gerade)

Kausalität ist Einheit in der Mannigfaltigkeit: A ist Ursache von B, wenn beide einander folgende Akzidenzen derselben Substanz sind, wobei die Einheit der Substanz größer sein muß als die Verschiedenheit der Akzidenzen. Maximum an Identität und Minimum an Differenz (Verschiedenheit statt Widerspruch) ergibt für Maimon die Kausalität, wenn Einheit substantiell und Wechsel akzidentell ist.

Der ontologische Gottesbeweis ist auch für Maimon hinfällig; er ist unzulässig, weil er ein „unendliches Urteil" sei. Von Gott läßt sich weder sagen, daß er existiert noch daß er nicht existiert, wie ein Kreis weder süß noch sauer ist. Aber Maimon ist kein Atheist, weil er die Existenz Gottes wie Maimonides weder für beweisbar noch für widerlegbar noch für beweisenswert oder widerlegungswürdig hält. "Der Weise und Tugendhafte genießt schon zu Lebzeiten Unsterblichkeit und Einheit mit Gott."

Maimons Moral: „vitam impendere vero".

Der frühere Maimon von 1790 kennt das Unendliche als Objekt des unendlichen Verstandes, der spätere Maimon von 1794 nur noch als Objekt einer menschlichen Einbildungskraft, die sich bei Fichte die Potenz des unendlichen Verstandes anmaßt. Kants vermeintlicher Widerspruch der Vernunft mit sich selbst wird bei Maimon zum Widerspruch von Vernunft und Poesie. Die Idee des unendlichen Ganzen sei eine bloß pragmati(sti)sche Forschungs-Fiktion und kein Gegenstand sinnlicher Erfahrung. Hegels Dialektik findet bei Maimon nur Eingang als Humes Skepsis. Wie Hegel sieht auch er die Antinomien nicht beschränkt auf Kants kosmologische Ideen, sondern kennt auch mathematische und "physische Antinomien". Die Summe aller Zahlen ist eine Zahl und doch keine, die Ruhe ist unendlich kleine Bewegung und doch keine Bewegung, die Bewegung ist keine Ruhe und doch nur relativ, der Kreis hat keine Ecken und ist doch ein unendliches Polygon usw. Was für den Menschen eine bloße Idee ist, sei für Gott ein reelles Objekt. (Vergisst Maimon, daß der unendliche Verstand Gottes aber selbst nur eine unendliche Idee ist, für welche die Ideen reelle Objekte sind?) Fichte, Schelling und Hegel machen keinen Unterschied mehr zwischen Einbildungskraft und göttlicher Vernunft. Für Gott aber ist die Idee Realität und für uns Menschen umgekehrt die Realität im Ganzen nur eine Idee und nützliche Erfindung. Der Widerspruch verschwindet nur in Gott oder in der Imagination. Das Ganze sinnlicher Gegenstände ist nach Kant selbst kein sinnlicher Gegenstand, aber die Sinnlichkeit ist nach Leibniz und Maimon nur ein auf Erfahrungsobjekte eingeschränkter Verstand. Der Mensch imaginiert das Ganze, das Gott erschafft und erkennt. Ideen sind Objekte der Vernunft, und jedes Objekt ist eine Idee der Vernunft. Wir bilden uns nur ein, das Ganze sei unser Gegenstand, wie es Gegenstand Gottes sein mag. Maimon ebnet die Kluft zwischen menschlicher und göttlicher Vernunft nicht protestantisch ein. Wenn jede endliche Strecke A-B vom Verstand unendlich teilbar ist, dann ist das Unendliche als Endliches anzuschauen. Hegel ist sich sicher, daß jedes Ding unendlich teilbar *und* zugleich aus endlich vielen Atomen zusammengesetzt sei. Maimon dagegen läßt unentschieden, ob es aus Atomen zusammengesetzt oder unendlich teilbar sei. "Das Ganze" ist für Adorno das Unwah-

40

re und für Maimon eine schöpferische Phantasie. Die Vernunft sei geregelter (Fort-)Schritt von Detail zu Detail, die Imagination erst gehe aufs Ganze. Vernunft sei das Vermögen, von einem auf anderes zu schließen, "(produktive) Einbildungskraft" das Vermögen, auf die Idee zu kommen, die Welt abzuschließen. Imagination nimmt die Ideen von Dingen als Dinge selbst, Vernunft umgekehrt die Dinge als Ideen ihrer selbst.

Sobald meine Imagination die Verstandeskategorien auf mich, Gott und die Welt anwendet, verwickle ich mich in reine Widersprüche. Maimon behält seinen Vernunftbegriff frei von dem, was materialistische und negative Dialektiker später am Wahnsystem der deutschen Vernunft kritisierten. Was Adorno Wahn nennt, heißt bei Maimon "(produktive) Einbildung". Wenn die materialistische Kritik der Vernunft nur eine Kritik an der zur Vernunft aufgeworfenen Einbildungskraft ist, dann wird die Vernunft vom Vorwurf gereinigt, nur irrer Machtwille zu sein. Kant grenzt Vernunft von Über-Sinnlichkeit ab und Maimon von bloßer Einbildung. Die "Träume eines Geistersehers" sieht Maimon in einer Vernunft, die auf Ideen kommen und aufs Ganze gehen will. Die Imagination greife alle Begründungszusammenhänge samt grundlosem Urgrund zusammen.

Der Abgrund zwischen dem regressus in infinitum und dem absoluten Unbedingten wird von der „mystischen" Magie des aphoristischen Witzes übersprungen. Hier wird die Totalität der Bedingungen ein Ding u.a. und die Totalität der Gründe sein eigener Grund. Das romantische Fragment und der Aphorismus packen potentiell unendlich viele Sätze in einen einzigen Satz zusammen, wie das potentiell unendlich große Ganze seiner Objekte in ihren Inbegriff und potentiell unendlich viele Urteile in einer Schlußfolgerung vereinigt sind. Kants Antinomien sehen aus wie Widersprüche und sind gar keine, aber manches ist ein wirklicher Widerspruch und sieht gar nicht danach aus.

Literarischer und philosophischer Stil

"Als Autor habe ich Lenin nie geschätzt – knochentrocken, pedantisch, wissenschaftlich im schlechten Sinne, langweilig." *(W. Pohrt)*

Eine einfache nackte Wahrheit leidet nicht darunter, daß sie in eine literarisch schlechte Form verpackt wird. Wenn sie nur klar und unmißverständlich formuliert ist, kann sie auch in beliebig andere Ausdrucksweisen übersetzt und zurückübersetzt werden, ohne Schaden zu nehmen. Es ist geradezu ein Kriterium ihrer wissenschaftlichen Gediegenheit, daß sie nicht aufhört, wahr zu sein, wenn sie nicht gut ausgedrückt wird. Die Philosophen haben das Ideal einer gegen ihre rhetorische Darstellung gleichgültigen Allgemeingültigkeit von Wahrheiten übernommen, um wissenschaftlich und nicht literarisch beurteilt zu werden. Die Philosophen haben einem Nietzsche immer den Titel Philosoph abgesprochen; sie nannten ihn einen bloßen Rhetoriker, weil er es gewagt hatte, in jeder Philosophie eine bloße Rhetorik zu sehen. Ein Denker, der so gutes Deutsch schreibt wie Schopenhauer, hört in Deutschland schon dadurch auf, ein wissenschaftlicher Philosoph zu sein, und bringt es höchstens zum 'philosophischen Schriftsteller', obwohl natürlich nicht jeder rhetorisch Gewandte im rhetorischen Gewande eine Wahrheit versteckt hält. Nicht jeder flache Stil verrät tiefe Gedanken, zugegeben, und nicht jeder glänzende Stil, daß diese Gedanken nur durch Abwesenheit glänzen. Am sichersten ist noch die Auskunft: Gut geschrieben ist alles, was wahr ist; Irrtümer, Irrsinn und Irreführungen lassen sich nur in schlechtem Stil ausdrücken. Leider ist einem Satz und einem Aufsatz leichter anzusehen, ob er gut geschrieben ist, als was ihn von einer Lüge unterscheidet. Wer mit der Sprache ringt wie ein Schlamm-Catcher, muß deshalb noch keine klaren Gedanken haben, die der Rede wert wären, und der stilistische Schmuck muß nicht schon immer Gedankenlosigkeit verkleiden, wie in Deutschland unterstellt wird. Stets werfen die Rhetoriker den Rhetorikern vor, nur rhetorisch zu sein, statt sachlich zu argumentieren, aber wer mich einen Sophisten schimpft, hat sich dadurch allein noch nicht als ernster Philosoph ausgewiesen, er kann auch noch so etwas wie ein guter *Philosophist* sein.

Allzu viele Essays sind lediglich schlechte wissenschaftliche Abhandlungen, d.h. nur Ersatzhandlungen von Schreibtischlern, und zu viele wissenschaftliche Werke sind nur mißglückte Essays von Leuten, die nicht schreiben können. Was ist der wissenschaftliche Anspruch oft mehr als nur der Anspruch, Halbwahrheiten auch schlecht ausdrücken zu dürfen, ohne daß sie dadurch kompletter Blödsinn werden. Der Wissenschaftler sagt sich : Ist es auch schlecht geschrieben, so ist es doch umso wahrer. Der Schriftsteller sagt : Ist es blanke Lüge, so doch glänzender formuliert als jede langweilige Wahrheit. Wenn nach Hannah Arendt das Böse auf Deutsch banal ist, dann kann nicht schlecht sein, was nicht trivial ist.

Vielleicht wird eine Wahrheit kein Irrtum, wenn sie geschickter in Worte gekleidet werden könnte, aber ein Unsinn wird sicher nicht größer, wenn er in wohlgesetzter Rede geäußert wird. Im Übrigen werden meist zu wenige Gedanken in zu viele Bücher gepackt, statt einmal zu viele Ideen auf zu wenige Seiten zu verteilen. Spätestens seit Marx und Nietzsche ist ein Intellektueller verpflichtet, sich kurz zu fassen, d.h. sich nicht vor der beschämenden Entdeckung zu fürchten, daß dann auf dem Papier nicht genug da steht, um Staat damit zu machen. Aber was nützt es mir, Unwichtiges wegzulassen, damit das Entscheidende hervortritt, wenn ich nicht die Kunst beherrsche, im Gegenteil gerade den Kern der Sache auszusparen, damit er aus den köstlich gestalteten Schalen sicherer erraten wird?

Engländer nicht anders als Franzosen haben für Geist und Witz das gleiche Wort. Auch Deutsche haben in ihrer Sprache die etymologische Verwandtschaft von Witz und Wissen, aber sie machen selten Gebrauch davon. Im Deutschen ist der Erfahrene nicht der Gewitz(ig)te, sondern ein alter Trottel, und wer im Geiste die Zukunft kurz vorwegnimmt, gilt als so vorwitzig, daß ihm ein 'ek-statisches Sich-vorweg-sein' (Heidegger) bescheinigt wird und ein 'Vorschein von Möglichkeit' (Bloch). Hier ist die Wissenschaft so witzlos, daß fast alles Witzlose schon als wissenschaftlich passieren darf, und der Geist ist nur eine kuriose Spielart von Unwissenschaftlichkeit. Will man der Wissenschaft hierzuvaterlande glauben, lassen sich über Paradoxe wissenschaftliche Wahrheiten finden, nicht jedoch die wissenschaftliche Wahrheit in Paradoxien ausdrücken, ohne sogleich wissenschaftliche Unwahrheit oder unwissenschaftliche Wahrheit zu werden. Nun gibt es inzwischen schon eine „Kritische Wissenschaft", und wer will heute nicht kritisch sein? Kritisch denken heißt, das Wahre vom Falschen scheiden und schneiden. Die kritische Unterscheidung und das unkritische Scherzen haben die gleiche etymologische Wurzel, das saubere Trennen, Sondern und kastrierende Abschneiden. Der kritische

Scherz ist als ehrloser Ehrabschneider verpönt. Man macht keine Witze über ernste Dinge, und ernsthaft sprechen läßt sich heuer nur über witzlose Dinge.

In Wirklichkeit und in Wahrheit ist es damit natürlich so genau umgekehrt, dass zwar alle Intellektuellen gegen die Orthodoxie gleich welchen Lebensbereiches sind, aber die allermeisten ebenso fähig sind, Paradoxes mißzuverstehen und zu verurteilen, wie sie unfähig sind, nun ihre Ketzerei in Paradoxien glaubhaft zum Ausdruck zu bringen. Wenn Dialektik die Fähigkeit ist, eine paradoxe Realität angemessen wiederzugeben, ist dieses Talent fast so selten wie Genie.

Die allermeisten Bücher, die hier erscheinen, sind zu homöopathischen Dosen verdünnte Schwefelsäure, hinter der nur Apfelsäure steckt. Ein einziger halbverstandener Gedanke wird zu mindestens einem ganzen Buch, statt daß ein Buch, wenn es schon nicht hundert Gedanken enthält, wenigstens auf hundert andere Gedanken bringt, als im Buch drinstehen.

In Deutschland sind es ja nicht Romane, die fehlen, denn "die Dichter lügen zu viel" (Plato). Was in Deutschland schmerzlich fehlt, sind Essays, die die Wahrheit sagen, und noch schmerzlicher als die Essays fehlen die Leser solcher Essays. Wenn nach Essays keine Nachfrage besteht, durch die ein Angebot erzeugt wird, dann muß es eben ein Angebot von Essays geben, durch die eine Nachfrage produziert werden kann. Statt an Menschen zu appellieren, endlich die Bücher zu lesen, die es nicht gibt, müßte an die Schriftsteller appelliert werden, diese Bücher und ihre Leser zu schaffen. Solange es nur Bücher gibt, auf deren Seiten der Blick wie auf einen Fernsehschirm fällt, gibt es in Deutschland keine intellektuelle Auseinandersetzung mehr, und die Diskussion darüber hat noch gar nicht begonnen. Begonnen hat ja nicht einmal die klare Feststellung, daß sie noch gar nicht begonnen hat – Sinn im Widersinn.

Auf hundert eindimensionale Autoren kommt kaum ein einziger Intellektueller, der dialektisch denken und in Paradoxa die Orthodoxien angreifen kann. Nicht jeder Witz ist ein Paradox, aber wirkliche Dialektik ist eine Form des Witzes: Erwartungen werden geweckt, um sie leerlaufen zu lassen. Die dabei ersparte Energie steht für Revolutionen oder Gelächter zur freien Verfügung, ob es sich um Gefühle, Vorstellungen oder Hemmungsaufwände anderer

Art handelt.

In der Bewegung ein und desselben Satzes müßten gängige Erwartungen aufgebaut und durchkreuzt werden und als Einwände gegenstandslos verpuffen. Man sollte Bücher boykottieren, in denen nicht jeder Satz ein Sprung hinaus ist aus dem Gegensatz der Sätze auf eine Ebene, wo der Widerspruch verschwindet und zugleich als ein neuer „dummer Spruch" wiederauftaucht. Nietzsches 'Fröhliche Wissenschaft' hat heute so verdächtig viele Kenner im Lande, weil sie so wenige Könner hat. Zu viele Leute machen aus der Not, zum wissenschaftlichen Establishment nicht zugelassen zu sein, die eher zweifelhafte Tugend, Nietzsches 'menschlich-allzumenschliche' Rhetorik nur zu bewundern, statt sie zu beherrschen. Ein Zeitungsartikel, der kein Scherzartikel ist, läßt sich nicht ernstnehmen, und ein Buch, das nicht mit dem Entsetzen Scherz treibt, ist entsetzlich witzlos, weil es durch den Überfluß seiner seriösen Feierlichkeit überflüssig wird. Dialektik ist der Witz an der Sache und bei der Ur(ur)sache.

Das Wissenschaftlichkeitsritual setzt stets ein ernstes Gesicht auf, wenn die methodische Zurüstung des verhandelten Themas als eine zwangsneurotische Pedanterie sich lächerlich machen will. Die umständliche Betulichkeit und Schwerfälligkeit der permanenten Absicherung nach allen Seiten kommt nie zur Sache und nennt genau das ihre Sachlichkeit. Aus der Not, nicht schreiben zu können, ist die Tugend schmuckloser Nüchternheit gemacht, die sich durch kein Blendwerk beirren läßt. Der wissenschaftliche Wachsabdruck der Wirklichkeit ist das Wachs in den Ohren des Wissenschaftlers gegen die Sirenenklänge der Kunst, und damit ist die Unsachlichkeit erfolgreich verwechselt mit einem brillanten Feuerwerk funkelnder Paradoxe. *Anything goes*? Paul Feyerabend ist nur der ernste Programmatiker einer fröhlichen Wissenschaft und nicht der elegant scherzende Praktiker seiner einen gelehrten Vision. Er beherrscht nur die eine Methode, keine ernsthafte Methode auszuschließen, und ist nur der würdevolle Prediger einer ihm unzugänglichen gelehrten Frivolität. Wir reden mit grotesker Feierlichkeit dauernd von Dingen, die ohne jede Bedeutung sind wie Friedensbewegungen und Alternativkulturen, aber mit den schwerwiegendsten und entsetzlichsten Dinge der Welt treiben wir ständig unseren größten Spott wie mit Ehe, Kinderkriegen und AIDS-Tod.

45

Zum Lachen ist nur die Feierlichkeit der Experten und der Prediger, während es auf der Welt nichts Ernsteres gibt als die Leichtfertigkeit eines erzdialektischen Taschenspielerkunststücks. Worüber soll man lachen? Worüber soll man am lautesten lachen, wenn nicht über die ernstesten Dinge. Wie anders sollen die tiefsten sozialen Probleme des gemeinen Volkes denn gelöst werden als durch frivolste Scherzrätselfragen, und was soll man ernster nehmen als den Witz, mit dem Egon Friedell seine umfassend profunde Kulturgeschichte Griechenlands und der europäischen Neuzeit erzählt hat auf 2000 Seiten. *Docere et delectare*: Friedell unterhält nicht glänzend, *obwohl* er belehrt, sondern *weil* man mehr weiß, wenn man ihn gelesen hat, und er bringt dem Leser nichts Neues bei, obwohl er ständig scherzt, sondern weil er dauernd geistreich spielt mit den blutigsten Fürchterlichkeiten der Weltgeschichte und die lächerlichsten Nichtigkeiten aller Epochen studiert, als ginge es um Leben und Tod. Es gibt gar kein besseres Geschichtsbuch für den, der nicht so beliebig viel Zeit für das lustige Studium wenig lustiger Zeiten hat wie ein Historiker vom Fach.

Friedrich Schiller : Sentenzen zwischen Kant und Goethe

Früher waren die Deutschen noch Philosophen genug, seine Gedankenlyrik auswendig zu deklamieren, heute ist sie zusammen mit Goethes Erlebnislyrik vergessen. Goethe wurde sich selber untreu, und die Welt nannte das seine Universalität. Schiller blieb sich immer treu, und das wird heute als Pathos verübelt. Wilhelm Meister bringt es auf über 1000 Seiten nur vom Mimen zum Chirurgen, Wilhelm Teil schießt auf knapp 100 Seiten ein ganzes Land frei, und wenn ihr Land vom Ausland verleumdet und bedroht wird, lesen Deutsche noch lange nicht den "Teil". Tell ist nur Widerstandskämpfer, aber Goetz ist ein Prachtkerl. "Dichtung und Wahrheit" macht die Dichtung zur Lüge und die Wahrheit zu einer Fassade, die mehr Fragen aufwirft, als sie dann auch beantworten will. Diese Autobiographie ist so recht nach dem Geschmack der

Leser, die auch nur an allen Dingen herumnippen wollen, ohne den Dingen allzu gründlich auf den Grund zu gehen, ohne Schwung und Feuer, so recht behäbig breit gemalt, wie ein Schankwirt sein Bier trinkt. Lieber ein Goethe ohne Prinzipien als ein Schiller ohne Volksliedschmelz, sagen die Deutschen. Die Engländer und die Franzosen, die weder einen Goethe noch einen Schiller haben, verstehen beide nicht, sondern lesen lieber ihre Alexandre Dumas oder Walter Scott.

Goethe bewundern wir, weil er sein langes Leben so vertändelte wie wir, und in Schiller verachten wir den gefiederten Pfeil in die fernste Zukunft. Schiller mutet jedem zu, den Hintern hochzukriegen, statt ihn lecken zu lassen. Goethe war ein genialer Lahmarsch, sein guter Leser ist ein untalentierter Lahmarsch, das ist der ganze Unterschied. Schiller war eine blendende Rakete, die den Leser in den Himmel trägt; mit Goethe stieren wir in den schillernden Erdenrest.

Hofmann Antonio und Sensibilissimus Tasso sind auch in des Lesers Hühnerbrust vereinigt, der Leser als verkanntes Genie und unbekannter Weltmann zugleich, ein Bild für die Götter. Aber wenn schon Freiheitsdurst, dann doch lieber löschen mit Marquis Posa als mit Graf Egmont, und wenn schon naturburschenherrliche Manneskraftmeierei, dann doch lieber Mundräuber Schiller als Goetz Goethe. Zeitgenossen wußten, warum sie Schillers Räubern zujubelten und nicht Goethes farbloser Farbenlehre. Karl Moor hat seine Schuldigkeit getan, und Franz Moor muß vergehen: Sterben für Lotte oder für Weimar? Damit Goethe nicht für Lili sterben mußte, starb Werther für Lotte und die halbe gebildete Welt ihm feierlich nach, um nicht für Besseres leben zu müssen. Farbenlehrer Goethe hat gegen Newton verloren, aber der Historiker Schiller nicht gegen Ranke und Golo Mann. Ein übergroßer Geschichtenerzähler war Schiller nur als Geschichtsschreiber, und Geschichte machte er nicht nur mit seinem "Wallenstein".

Goethe erkannte seine erste Frau erst mit 38 Jahren, und in dem Alter, als Schiller schon gestorben war, hatte er erst den dummen "Reineke Fuchs" fertig. Der Jüngere machte Geschichte, während der Ältere die grüne Natur anbetete. Ist Goethe größer als Schiller, weil Kant bedeutender war als Spinoza? Wir Trantüten lieben in Goethe das Genie, das unsere Trantütigkeit verklärt, und der verhaßte Schiller kratzt Goethes Blattgold von unser aller Indolenz. Schiller ist der Dichter der Selbstbestimmung, Goethe ist nur der Dichter der Stimmungen; Goethe sieht uralte Phänomene, Schiller hat brandneue Ideen.

Kant starb 1804 mit 80, sein Schüler Schiller ein Jahr später mit 45 Jahren. Das war der Anfang vom Ende der deutschen Geistesgeschichte. Es gibt noch Ausnahmen, die die Regel bestätigen, aber sie können nicht mehr verhindern, daß die Lage sich seither verwirrte. Was klar und fest gewesen war, wurde verworren und aufgeweicht. Wer nicht ganz so hart, aber doch urteilen will, läßt den deutschen Geist mit Hegels statt mit Kants Tod enden. Nach 1830 beginnt das göttliche Wesen zu verwesen, werden die Deutschen dem biblischen Gott untreu und Gott den auserwählten Deutschen. Ihre Philosophen begründen sich endgültig selber als Atheisten und ihre Atheisten als Philosophen. Goethe oder Schiller, wer der Größte war, ist entschieden. Die Zeitgenossen hatten Schiller die Krone aufgesetzt, vor 100 Jahren wurde sie auf Goethe übertragen, und heute liegen beide auf dem Müll. Wilhelm Meister wäre heute ein Prof. Hackethal mit "Eubios"-Klinik, und Faust ist ein Umweltschädling und Naturschänder, Frauenfeind und Techno-Freak; heute wäre er AKW-Manager, der den Öko-GAU vertuscht. Ist "Hermann und Dorothea" von 1797 lediglich die Spießeridylle auf der Hexameter-Flucht vor einem deutschen 1789?

An Kant scheiterte ein Kleist ebenso, wie Schiller daran wuchs. Das göttliche Gesetz in mir und der gestirnte Himmel über mir, wer darin keinen Ersatz finden kann für die unerkennbare Wahrheit Gottes, verliert sich so im gedankenlosen Gefühl, wie Schiller sich nie im gefühllosen Gedanken verloren hatte. Der eine verzweifelt am unerkennbaren Gott, der andere erkennt Gott, indem er Recht und Gesetz anerkennt. Deshalb nimmt Tell sich sein göttliches Recht, deshalb verrennt Kohlhaas sich nur in Rechthaberei. Werther stirbt wegen der gesunden Lotte, der Preuße Kleist stirbt mit der kranken Henriette. Schillers römisches Pathos lebt in der Rhetorik Büchners wieder auf, aber der helle Freiheitsdurst von 1793 endet im schwarzen Fatalismus von 1835. Wallensteins Tod oder Dantons Tod? Ein Kaiser ist linker als viele Fürsten. Grimmelshausens Simplizissimus war kein Simpel und auch kein tumber Parzival. Diesseitsfreude in der Jenseitsangst oder Lebensangst im Jenseitstrost – oder nur derbdeutsches Barock? Lest den Geschichtenerzähler Grimmelshausen und den Geschichtsschreiber

Schiller über dieselbe religiöse Epoche: Nur eine religionslose Gegenwart, die nur Weltkriege kennt, wirft Schiller vor, hier zu viel Religionskrieg und zu wenig Ideologie gesehen zu haben. Was von Schiller übrig bleibt, wenn Gott tot ist, läßt sich an Sartre lernen. Die feministische "Jungfrau von Orleans" erinnert unser Zeitalter an den vergessenen Gott der Geschichte, den Herr der Heerscharen, der das Kriegsglück wendet und machiavellistisch die unschuldig schuldigen menschlichen Werkzeuge nach getaner Arbeit wegwirft, das biblische Muster der Tragödien.

"Aber flüchtet aus der Sinne Schranken
In die Freiheit der Gedanken,
Und die Furchterscheinung ist entflohn,
Und der ewge Abgrund wird sich füllen;
Nehmt die Gottheit auf in euren Willen,
Und sie steigt von ihrem Weltenthron.
Des Gesetzes strenge Fessel bindet
Nur den Sklavensinn, der es verschmäht,
Mit des Menschen Widerstand verschwindet
Auch des Gottes Majestät." *(Das Ideal und das Leben)*

Schiller ließ sich von Goethe leider ein bißchen auf die "Götter Griechenlands" zurückführen, blieb aber Kants biblischem Denken zum Glück immer treu genug. Kein Paradox: Schiller war objektiver als Goethe, weil er Kantianer war. Schillers moralische Irrenanstalt enthielt alles:

"Die Räuber" (1781) waren auch ein ästhetischer Ausbruch aus der humanistischen Stuttgarter Karlsschule, die eine harmonische Ausbildung aller Talente wollte und doch als militärisches Zuchthaus erlebt wurde. Das Stück des 22-jährigen verknüpft eine vorrevolutionäre Rebellion bürgerlicher Intellektueller gegen den aufgeklärten Absolutismus mit einem expressionistischen Vater-Sohn-Konflikt. Es geht nicht nur um den "Adlerflug" des Genies über dem "Schneckengang der Gesetze" in der deutschen Kleinstaatenmisere des Dreißigjährigen Krieges, sondern auch darum, daß revolutionäre Motive egoistische Motive verbergen können. Schiller benutzt die private Intrige als Bild der gesellschaftlichen Realität, aber Gewalt geschieht nicht aus politischem Kalkül, sondern als Eruption der gekränkten Ohnmacht. Zwei deformierte Söhne halten sich von ihrem Vater oder von der Natur für benachteilig und explodieren. Karl Moor wird durch eine Intrige seines neidischen Bruders vom Vater verstoßen und zum Räuberhauptmann. Er fühlt sich tief beleidigt und ernennt sich zum Rächer aller Beleidigten. Räuber Karl will das Recht mit Gewalt, Nihilist Franz das Unrecht mit List durchsetzen. Nur Benno v. Wiese erkannte den religiösen Charakter des Stücks: Der 5. Akt wird zum Jüngsten Gericht. Karl Moor stilisiert sich blasphemisch zum politischen Messias und liefert sich wie Christus an eine korrupte Justiz aus. Er resigniert an der Einsicht, daß er seinem Bruder immer ähnlicher wird, weil gute Zwecke böse Mittel fordern. Der gute Abel gibt auf, als er sieht, daß er wie der böse Kain wird : Jede Praxis frißt ihre schönen Ziele. Der edle Räuber opfert sich, als er sich in seinem feindlichen Bruder wiedererkennt, dessen Opfer er wurde. Die unbewußten Motive, das bewußte Wollen und die historischen Rebellionsmöglichkeiten klaffen noch so weit auseinander, daß Hoffnung sich vertagt: Die Idealisten sind tot, es lebe das Ideal!

Der bessere, aber erfolglosere "Fiesco von Genua" des 24-jährigen arbeitet ganz modern damit, daß die Vorsehung sich verkleidet in die Notwendigkeit der Kollision subjektiver Pläne und objektiver Tatfolgen. Niemand ist Opfer des Schicksals, sondern Gefangener eigener Entscheidungen : Ein republikanischer Verschwörer erliegt selber der Macht, die er gerade stürzen will. In der Maske des feudalen Lebemanns treibt Fiesco bürgerliche Politik. Sein Gegenspieler ist der Tugendterrorist Verrina, ein unbestechlicher Robbespierre, der der realen Republik seine Gesinnungsreinheit vorzieht, die eigene Tochter dafür opfert und sich selber nur bestraft, um andere bestrafen zu dürfen. Fiesco entdeckt sich Stück für Stück mehr als Objekt der von ihm geschaffenen objektiven Tatbestände, als Marionette seiner eigenen Taktik, der seine ureigenen Pläne widerwillig in einer feindlichen Umgebung wiedererkennen muß, im vermeintlichen Todfeind seine geliebte Frau tötet und schließlich von seinem treuesten Anhänger im Namen der eigenen Prinzipien ermordet wird. Dieser Maskenspieler wird Opfer des Scheins, den er selbst verbreitet, nicht Opfer eines absurden Zufalls, des Unrechts oder der Nemesis.

1783 : Mätressenwirtschaft, finanziert durch Verkauf von Landeskindern nach Amerika, natürlich ist "Kabale und Liebe" auch ein antifeudales Kampfstück. Aber wäre die Liebe der Luise Miller und ihres Ferdinand nur an der Klassendifferenz gescheitert, würde das "bürgerliche Trauerspiel" heute nicht mehr aufgeführt, doch sie scheitert auch an innerbürgerlichen Konflikten zwischen der weiblichen Vorstellung von Kommerzehe und des Mannes hoh(l)er Gefühlsreligion. Damit war Schiller, der bürgerliche Ehen beobachtete, seiner Zeit weit voraus. Die romansüchtige Bürgertochter ist die Realistin, der antifeudale Adlige der Illusionist. Und die Moral von der Geschichte: Gegen den fiesen Adel kann die Bürgerliche sich wehren, gegen den siegreichen Bürger nicht, und wenn die äußeren Schranken fallen, fangen die inneren erst an. "Seligkeit zerstören ist auch Seligkeit."

1787 – Ein Freiheitsdrama wird verpackt in das "Gemälde einer Freundschaft" und ein ödipales Familiendrama : Ein Vater nimmt seinem Sohn die Geliebte weg. Marquis Posa humanisiert die Politik, indem er das ganze Herrscherhaus familiär nimmt. Das ödipale bestimmt das politische Drama, und das Geschichtstribunal gelingt nur als eine bloße Familienszene. Die alte Ordnung soll nicht durch Revolution gestürzt werden, sondern durch Rhetorik, die den Feudalismus langsam verbürgerlicht. Aber Schiller personalisiert nicht einfach die Geschichte, sondern zeigt die Instrumentalisierung einer Privatsphäre für politische Zwecke. Ein Posa-Schiller scheitert, weil er historisch viel zu früh kommt oder Deutschland zurückgeblieben ist, und gibt die große Hoffnung auf eine konstitutionelle Monarchie an die Zukunft weiter. "Können Sie in Ihrer Schöpfung fremde Schöpfer dulden?" "Werden Sie von Millionen Königen ein König!" – "Sagen Sie ihm, daß er für die Träume seiner Jugend soll Achtung tragen, wenn er Mann sein wird ..." "Dreiundzwanzig Jahre, und nichts für die Unsterblichkeit getan!" ("Don Carlos")

"Ist das ein guter Krieg, den du dem Kaiser / Bereitest mit des Kaisers eignem Heer?" Rächt er sich für frühere Zurücksetzungen, vollzieht er nur fatalistisch das Schicksal, will nur sein Ehrgeiz die Königskrone ergaunern, muß er nur die Wünsche seines Heerlagers erfüllen, verrät er den Kaiser für den Frieden? Kants Völkerrechts-Traktat "Zum ewigen Frieden" (1795) bildet den Hintergrund. "Wallensteins Lager": Der Herr ist von seinen eigenen Knechten abhängig, die Massen sind das astrologische Schicksal; Wallenstein wird ein Gefangener ihrer von ihm geweckten Erwartungen. Der Idealist Max will die Friedensutopie und nicht sehen, daß sie mit dem alten Katholizismus nicht zu realisieren ist.

Realist Wallenstein will den europäischen Frieden, der nur durch uneigennützigen Verrat am Kaiser zu haben ist. W. führt für den Frieden Krieg mit dem eigenen Lager, aber seine Feinde im eigenen Lager unterstellen ihm nur eigennützige Motive. Der Monolog (11,2/4) belegt den Doppelsinn aller Taten: "In meiner Brust war meine Tat noch mein : / Einmal entlassen aus dem sichern Winkel / Des Herzens, ihrem mütterlichen Boden, / Hinausgegeben in des Lebens Fremde, / Gehört sie jenen tück'schen Mächten, / Die keines Menschen Kunst vertraulich macht." Beide verfolgen die Idee eines ewigen Euro-Friedens und der deutschen Einheit, Wallenstein mit realistischen Mitteln, die den Zweck gerade vernichten, sein Gewissen Max Piccolomini mit utopischen Mitteln, die sie Utopie bleiben lassen. Die Idee vertritt bei Schiller ein fiktiver "Piccolomini", bei Goethe der historische Egmont. W. macht sich zum Objekt der von ihm gewollten Objektivitäten : Nicht seine geglaubten Schicksalssterne, sondern allein die objektiven Kehrseiten seiner subjektiven Absichten vernichten Wallenstein, der für die ungewollten Folgen seines eigenen Willens die Verantwortung ungezwungen übernimmt.

"Maria Stuart" (1800) ist Schillers kunstgerechtestes Stück. Die Bühne wird zum Tribunal, das Weltgericht zur Weltgeschichte. Die Angeklagte, die schöne katholische Schottenkönigin Maria Stuart, wird zur Richterin ihrer Richterin, und die Richterin, die illegitime englische Königin Elisabeth, zur Angeklagten ihrer Angeklagten. Elisabeth entlarvt sich durch die Art, wie sie sich vor sich und ihrer Feindin rechtfertigen kann; ihre weibliche Rivalin befreit sich durch die Art, wie sie sich frei zu den ungewollten Folgen ihres eigenen Willens bekennt.

"Die Jungfrau von Orleans" (1801), ein Mysterienspiel als Revolutionsphilosophie, wurde oft als Märchen parodiert, obwohl es die Mythenfabrikation entlarvt. Die Herren wenden die Religion, von der sie bedroht sind, gegen die Knechte. Die Franzosen, von England besiegt, warten nur noch auf ein Wunder, und das Naturkind Johanna spielt diese Rolle. Nur die ästhetische Fiktion verbessert die Welt; Johanna verliert ihre Geschichtsmacht, wo die reale Frau sich in den realen Mann verliebt. Sie stirbt Christi Opfertod nach, aber nicht für das feudale Frankreich, sondern für die messianische Gottesreichs-Utopie. Das Naturkind übernimmt von Gott eine blutige politische Rolle, um das Naturparadies des goldenen Zeitalters wiederherzustellen.

"Das Leben ist der Güter höchstes nicht, / Der Übel höchstes aber ist die Schuld." Die antike Tragödie wird durch eine antike Tragödie klassizistisch aufgehoben und modernisiert, der mythische Schicksalsbann zergeht. Niemand ist nur das Opfer eines blinden Geschicks, jedermann ist der Täter der Tatsachen, die ihn (unt)erdrücken. Jede freie Tat erzeugt Verhängnisse, die auf die Tat zurückwirken und ihren Sinn verkehren. Die Mutter zieht den Geschlechterfluch des Traumorakels auf ihr Königshaus gerade durch den Versuch, ihn davon abzuwenden. Zwei Brüder lieben dasselbe Mädchen, und alle drei wissen nicht, daß sie Geschwister sind. Kain erschlägt Abel wegen der "Braut von Messina" (1803), die ihre Schwester ist, und hebt den Fluch auf, indem er sich in seiner freien Tat wiedererkennt. Die wahre Kunst, sagt Schillers Vorwort, habe "den Menschen nicht nur in einen augenblicklichen Traum von Freiheit zu versetzen, sondern wirklich und in der Tat frei zu machen, und dieses dadurch, daß sie eine Kraft in ihm erweckt, übt und ausbildet, die sinnliche Welt, die sonst nur ... als eine blinde Macht auf uns drückt, in eine objektive Ferne zu rücken, in ein freies Werk unseres Geistes zu verwandeln und das Materielle durch Ideen zu beherrschen". Der Materialismus ist ihm da zu Recht eine bloße Ideologie.

Im Volksstück "Wilhelm Tell" (1804) ist die Freiheit keine *regulative Idee*, sondern ein wirksamer Theaterschluß. Nicht der historische Stauffacher, nicht eine Masse befreit das Land, sondern die Sagengestalt eines einsamen Jägers macht reale Geschichte wie die heilige Johanna. Die Rettung des Verfolgten, der Apfelschuß und der Tyrannenmord sind "Wunder Gottes", vollbracht von einem Selbsthelfer, einem Freiheitskämpfer auf eigene Faust. "So ... steht der Tell selbst ziemlich für sich in dem Stück, seine Sache ist seine Privatsache, und bleibt es, bis sie am Schluß mit der öffentlich Sache zusammengreift", sagt Schiller. Der Schluß soll zeigen, daß es kein feiger Meuchelmord am Fronvogt war, sondern gerechte Notwehr. Keine politische Elite entscheidet den Befreiungskampf, sondern der edle Wilde der Volkssage, der nur einen historischen Moment lang mit dem Willen der Mehrheit eins ist und ihn so vollstreckt, um dann wieder im Mythos zu verschwinden. Keine Avantgarde führt die Massen, sondern ein religiöses Wunschbild leuchtet als latente Tendenz der Geschichte voran. Tell, "unserer

Freiheit Stifter", muß nicht erst entmythologisiert werden, reale Geschichte erweist sich als Heilsgeschichte. "Es ist gewiß von keinem sterblichen Menschen kein größeres Wort gesprochen worden, als dieses Kantsche, was zugleich der Inhalt seiner ganzen Philosophie ist: Bestimme dich aus dir selbst! so wie das in der theoretischen Philosophie: die Natur steht unter dem Verstandesgesetze. Diese große Idee der Selbstbestimmung strahlt uns aus gewissen Erscheinungen der Natur zurück, und diese nennen wir Schönheit", faßt Schiller seine Ästhetik zusammen in einem Brief an seinen Freund Körner und spricht von sinnlicher "Neigung zur Pflicht, dem Siegel der vollendeten Menschheit".

Würde des Menschen

"Nichts mehr davon, ich bitt euch. Zu essen gebt ihm, zu wohnen, Habt ihr die Blöße bedeckt, gibt sich die Würde von selbst."

Wer nicht dort wieder anknüpft, läuft weiter in die Irre und führt andere weiter irre. Nietzsche verkündet nur das Ende eines Gottes, der schon seit Schillers Tod totgesagt war. Seither wird der Leichnam der Schöpfung seziert, und die Anatomen machen immer absurdere Funde. Die Kultur nach dem 'deutschen Idealismus' ist Abfall von diesem Höhepunkt und also Müll, der nur geistesökologisch entsorgt gehört. Die letzten zwei Jahrhunderte dürfen und müssen getrost übersprungen werden, sie halten höchsten Maßstäben nicht stand und wären gehörig zu 'dekonstruieren'. Alle handgreiflichen Leute, die den *deutschen Idealismus* als vermeintliche Ideologie abtun, die ihren Unterbau verschweige, oder ihn nur beerben für entgegengesetzte Zwecke, stehen inzwischen selber als die einzigen wirklichen Ideologen da.

In den Jenaer Frühromantikern, deren Lob sich Goethe gern gefallen ließ, wehrte Schiller instinktsicher eine aller Objektivität "entfremdete Subjektivität" *(Hermann Schmitz)* ab, die in Hegels Dialektik gegen sich selbst gekehrt wurde, um nur, wie Marx monierte, eine Scheinobjektivität zu erreichen. So stark Schillers poetische Einbildungskraft war, Kants fundamentalistische Aufklärung über menschliche Selbstgesetzgebung verriet er nicht an Fichtes und Kierkegaards, Schlegels und Hegels Subjektivismus der freien Einbildungskraft, die sich aller objektiven "Stellung des Menschen im Kosmos" (Max Scheler) entbunden wähnte.

Auch die westlichen Gesellschaften sind aus den Fugen, jeder weiß das. Die Liste der Verbrechen und Versäumnisse ist lang, und jeder kennt sie. Wenn die Demokratie, auf die wir zu Recht stolz sind, eines Tages unter ihrem A(nti)theismus zusammenbrechen wird, sind die Menschen zurückgeworfen auf das Elementare und nicht mehr geborgen im Schoß der Gesellschaft, sondern nur noch eingebettet in die Ordnung des Kosmos. Unsere Demokratien sind ebenso großartig wie auf Sand gebaut. Schon Ungeborenen werden die vielbeschworenen Menschenrechte mörderisch verweigert. Wenn eines Tages der europäische Rechtsstaat zerfallen sein wird unter der Wühlarbeit der linken und der rechten Antidemokraten, wenn die gottverlassenen Bürger in ihren „rechtsfreien Räumen" den totalitären Chaoten ausgeliefert sein werden, dann trifft nur noch Tells Geschoß : "Nein, eine Grenze hat Tyrannenmacht : Wenn der Gedrückte nirgends Recht kann finden, Wenn unerträglich wird die Last – greift er hinauf getrosten Mutes in den Himmel und holt herunter seine ew'gen Rechte, die droben hangen unveräußerlich und unzerbrechlich, wie die Sterne selbst." (2. Aufzug, 2. Szene) Dieser Himmel gehört nur noch Astronomen, und die Sterne sind auch danach.

Lessing: Dieser preußische Protestant ist der erste einzige deutsche Schriftsteller, der das aufgeklärte Konkurrenzkampfbündnis aller monotheistischen Religionen gegen die gottverlassene Welt forderte. Hier begnügt sich die Aufklärung nicht damit, den Priesterbetrug am Volk antiklerikal aufzudecken, hier wird die Aufklärung in der Religion entdeckt und die aufgeklärte Religion gegen den unaufgeklärten Atheismus scharfgemacht. "Schillers größtes dramaturgisches Verdienst war zweifellos die Bearbeitung von Lessings "Nathan der Weise". An dieses Stück, das klarste Zeugnis deutscher Humanität, hatte sich nach dem eklatanten Durchfall in Berlin im Jahre 1783 keine Bühne mehr gewagt." (*Friedrich Burschell*: "Schiller", Hamburg 1993, S. 152)

"Sein grenzenloser Idealismus wurde nur dann zur Gefahr, wenn er sich von seinem religiösen Erlebnishintergrunde löste", schrieb Fritz Martini zu Recht. Das war der tiefere Grund seines einstigen Ruhms und ist der letzte Grund seiner heutigen Unpopularität, bei Nationalisten wie Sozialdemokraten zugleich. Es spricht nicht gegen dieses Volk, daß Schiller stets volkstümlicher war als Staatsminister Goethe, aber besteht Gefahr, daß der volkstümlichs-

te deutsche Autor seiner Zeit das noch einmal wieder werden könnte in unserem "Kastratenjahrhundert"? Schiller war der letzte deutsche Schriftsteller, der noch religiöser Fundamentalist der Aufklärung ist. Seine Ästhetik war eine Verbindung von republikanischer
Rhetorik und idealistischem Vorschein reinster Gesetze im sperri-
gen Stoff. Der fulminante Geschichtsbeschleuniger war eine ein-
zigartige Verbindung von Vernunft-Messianismus und Kolportage-
Dramaturgie. Deutsche Literatur seit Schiller ist Abfall, Abfall von
klassischer Aufklärung, die in Kant kulminierte und die biblische
Theorie nur ins Subjektive übersetzte. Wer darüber hinauswill, fällt
dahinter nur zurück.

Den Kirchgängern zu heidnisch und den Pop-Atheisten zu
bigott, ist er heute *meta-out*. Aber der Grund, der ihn heillos obso-
let aussehen läßt, ist genau der Grund, der ihn vielversprechender
macht als alle falschen Propheten und Tageszelebritäten heute. Er
ist so wenig aktuell wie alles Zukunftsträchtige und sollte nicht nur
pedantisch aus seiner Zeit verstanden oder gewaltsam bloß für
aktuelle Zwecke instrumentalisiert werden. Niemand kennt ihn
mehr auswendig. Kein Spießer berauscht sich mehr an seiner groß-
gearteten Rhetorik; Schiller gewinnt dadurch, daß niemand mehr
nach ihm fragt. Wir tun uns viel darauf zugute, ernüchterte Realisten zu sein, die auf dieses hohl dröhnende Papier-Pathos eines
überspannten Workaholic nicht mehr hereinfallen. Der scheinheili-
ge Bildungsbürger-Idealismus ist ideologiekritisch enttarnt, und die
längst abgedroschenen Edel-Sentenzen verfaulen im "Büchner".
Warum sollte man einen von Lehrer-Generationen totparodierten
Schul-Schiller reanimieren? In Schiller-Kategorien hat unser
"Kastratenjahrhundert" nur eine "naive Dichtung" der faulen In-
ventaristen oder Traum-Videologien. Die wenigen "sentimentali-
schen" Dichter sind als Illusionisten oder Desillusionisten abgetan.
Der Idealismus ist tot, niemand hat mehr zündende Ideen, die triste
Realität wird nur noch belletristisch reproduziert. Ein "Idealist" ist
heute ein utopistischer Bauernfänger oder Traumtänzer, der die
Realitätsprüfung nicht besteht oder seine häßlichen Interessen mit
schönen Worten verbrämt. Prinzipien gelten als Propaganda. Auch
Beamten-Sozialisten waren oftmals Idealisten, und heute opfert der
Umwelt-Idealist seine und meine kleine menschliche Natur für die
große grüne Natur neuer Industrien.

Schillers erhabene sittliche Grundsätze sind keine betrüge-
rischen Phantasmen, sondern Schlußfolgerungen aus ehernen Naturgesetzen. Seine Vernunft handelt naturunmittelbar, und seine
menschliche Natur nimmt zwanglos eine Vernunft an, die mit dem
Gesetz Gottes zusammenfällt. Der Mensch braucht rationale Ideen,
wo er die reine Schöpfungsunmittelbarkeit verloren hat, welche
eine kunstvoll hochgespannte Wachstumskultur aber neu erwarten
darf: Die höchste Kunst ist für Schiller nicht die Tragödie oder
Satire, sondern die unbiedermeierliche Idylle, in der Jean Paul nur
sein "Schulmeisterlein Wutz" ansiedelte. Wo die niedere Rationali-
tät um der Selbsterhaltung willen oft die menschliche Natur be-
zwingen muß, hat die höhere Vernunft, um der Natur folgen zu
können, schon den gesellschaftlichen Rollenspieler samt Kollektiv
aufs Spiel gesetzt. Aber treten wir altgewordenen Verräter zurück
und geben ihm das Wort.

> Der Mensch ist frei geschaffen, ist frei,
> Und würd er in Ketten geboren ...
> Und die Tugend, sie ist kein leerer Schall,
> Der Mensch kann sie üben im Leben ...
> Und ein Gott ist, ein heiliger Wille lebt,
> Wie auch der menschliche wanke ...
> *(Die Worte des Glaubens)*

Sohn eines arm aufgewachsenen Autodidakten und einer
pietistischen Mutter – betrieb der „Moral-Trompeter" (Nietzsche)
nur eine „Vertauschung der platten mit der überschwenglichen
Misere" (Friedr. Engels)? Thomas Mann verteidigte den modernen
Artisten gegen eine Germanistik, die Schiller auf die deutsche Na-
tionalbühne reduzierte, obwohl er eher die Selbstbefreiung der
Franzosen, Holländer, Schweizer oder Genueser gestaltet hatte.
Heute wird der Idealist überhaupt nicht gespielt, weil der National-
dichter immer gespielt wurde. In der Französischen Revolution sah
er nicht anders als Goethe und Lichtenberg das Problem, für dessen
Lösung sie sich hielt; das wird ihm heute verübelt. Weimar contra
Paris: Der arbeitsteilig zerstückelte moderne Mensch, der einzelne
Glieder verabsolutiert, werde wieder ein Ganzes durch ästhetische
Geschmackskultur von Gebildeten aller Stände, nicht durch jako-
binischen Tugendterror. Den "ästhetischen Staat" der Zukunft werde man wohl nur "in einigen wenigen auserlesenen Zirkeln finden",
wo jeder Intellektuelle "weder nötig hat, fremde Freiheit zu krän-

ken, um die seinige zu behaupten, noch seine Würde wegzuwerfen, um Anmut zu zeigen", schließt die "Ästhetische Erziehung des Menschen". Schiller fing ganz unreaktionär damit an, "für die Verfassung Bürger zu schaffen, ehe man den Bürgern eine Verfassung geben kann." Der Schöpfer des deutschen Essays leistete eine Selbstkritik der Aufklärung, ohne deshalb der Gegenaufklärung zu verfallen. Die Aufhebung ideologischer Täuschungskünste sei noch keine wahre Kunst, keine ästhetische Vorwegnahme geschichtlicher Versöhnung von Stoff- und Formtrieb : Der tumbe deutsche Prinz des einzigen Romans "Der Geisterseher" wird durch Aufklärung über jesuitische Intrigen erst fähig zu kultivierteren Verbrechen.

Schiller geht weiter: "Der Dichter ... ist entweder Natur, oder er wird sie suchen", "nur für das Ideal darf er die Natur verlassen", und die kunstvoll wiedergefundene Natur stehe höher als die bloß verlassene. Der Lehrer Hegels, der Medienexperte als Geschichtstheologe, weitete schon die Dialektik von der Rhetorik auf die Geschichte aus, indem er reißerische Mantel- und Degen-Plots als Vehikel einer klassizistischen Formvollendung benutzte. Seine Dramen sind Geschichtsphilosophien und seine Geschichtswerke hochdramatische Geschichtenerzählungen. Sein inniger Stil ist antithetisch und sentenziös zugespitzt, gedrängte Kürze und wendige Eleganz, mit Schwungkraft auf engstem Raum. Der Mediziner Schiller war wie Nietzsche zeitlebens nie gesund. Sein Werk — ein 'sekundärer Krankheitsgewinn' für ihn und für uns, aber durch ein Äußerstes an Geist vor seinem körperlichen Verfall in Sicherheit gebracht. Kunst war ihm auch Heil-Kunst, hyperaktive Distanzierung und Transzendierung des leidenden Körpers eines chronisch Kranken durch ästhetische Formung. "Bei allem Pathos muß also der Sinn durch Leiden, der Geist durch Freiheit interessiert sein", "weil nie das Leiden an sich, nur der Widerstand gegen das Leiden pathetisch und der Darstellung würdig ist." Das Erhabene erhebt und hebt auf : "Wir wollen können, was die Triebe verabscheuen, und verwerfen, was sie begehren." – "Es gibt kein anderes Mittel, der Macht der Natur zu widerstehen, als ihr zuvorzukommen ... und sich moralisch zu entleiben." Schiller versucht, "dem gefesselten Geist seine ganze Schnellkraft auf einmal zurückzugeben." "Daß es aber überhaupt eine Freiheit des Willens gibt, ... dies ist eine Gunst der Natur ..." – "Der Wille ist der Ge-

58

schlechtscharakter des Menschen ... Vernünftig handelt die ganze Natur ... Alle Dinge müssen; der Mensch ist das Wesen, das will." "Das Gemüt in Freiheit zu setzen, erzielen beide; die Komödie leistet es aber durch moralische Indifferenz, die Tragödie durch Autonomie." Schiller sieht auch die Gefahren: "Man wird die Freiheit der Phantasie durch moralische Gesetzmäßigkeit fesseln und die Notwendigkeit der Vernunft durch die Willkür der Einbildungskraft zerstören." – "In einer schönen Seele ist es also, wo Sinnlichkeit und Vernunft, Pflicht und Neigung harmonieren, und Grazie ist ihr Ausdruck in der Erscheinung" : "... weil es die Schönheit ist, durch welche man zur Freiheit wandert." "Gern dien ich dem Freunde, doch tu ich es leider mit Neigung,/ Und so wurmt es mich oft, daß ich nicht tugendhaft bin", sagt eine "Xenie", doch Kant stimmte hier zu.

Schiller hat mit Kant jedem Individuum schöpferische Auswege gezeigt aus dem, was historische Entwicklungen und gesellschaftliche Verhältnisse, ökonomische Zwänge, was psychische Konditionierungen und biochemische Mitgift aus ihm machen und was im positivistischen Jahrhundert nach Schiller dann wieder übermächtig geworden ist. Seither entstanden Ideologien wie die, daß der Mensch ein gesellschaftliches Wesen sei, das sich aus kollektiven Fallen nur kollektiv befreien könne, oder Ideologien vom *homo oeconomicus*, der von soziohistorischen Produktivkräften und seinem materiellen Unterbau unentrinnbar definiert sei. Nach Schillers Tod war der Mensch wieder ein Wesen, das an unterirdisch übermächtige Triebe versklavt sei, obwohl Freud mit Schiller im rosigen Lichte des vollen Bewußtseins atmen wollte. Was die Dinge aus uns machen, das seien nicht nur unsere Grenzen, sondern auch Mittel unserer Selbstbestimmung, denn jeder Mensch, auch der letzte Scheißer, gebe sich selber sein eigenes Gesetz, und es sei das Gesetz, das der Schöpfer dem Menschen gab, also die objektiven Regeln und Prinzipien, nach denen jedes Geschöpf sein subjektives Spiel spielen könne. Jeder schaffe das Gesetz Gottes in sich selber nach, um es neu zu besiegeln ; so folge jeder, ohne sich mit Gott zu verwechseln, nur sich selbst, wo er dessen Geboten folge, den unsterblichen Tipps des „ollen Jotts".

Der "ästhetische Zustand" der Einbildungskraft war für Fichteaner Schlegel eine Freiheit *vom* und für den Kantianer Schiller eine Freiheit *zum* (und durch das) Gesetz Gottes. Schillerenthusiast Novalis emanzipierte sich *von* und Kantianer Schiller *für* Wahrheit und absolut verbindliche Normen, die für alle Menschen und für alle Zeiten gelten. Zwischen Idee und Realität gab es bei Schiller ästhetische Vermittlung und bei Hegel nur philosophische Synthese. Schillers ästhetische "Freiheit in der Erscheinung" wurde bei Hegel ein "sinnliches Scheinen der Idee", und Hegel hatte von Schillers Kritik an Kants Dualismus gelernt, wie man die frühromantische Emanzipation der objekt-"entfremdeten Subjektivität" dialektisch abfängt: Schillers "Einbildungskraft" wurde bei Hegel und Schlegel zur Willkür des freien Willens, der nichts Bestimmtes wollen muß und jede Bestimmung wollen kann. Hegel fand in seiner "Rechtsphilosophie" (§ 4) die radikalste Formulierung für das, was jedermann könne und nicht mehr nur eine avantgardistische Elite wie bei Fichte: "Jeder wird zunächst in sich finden, von allem, was es sei, abstrahieren zu können und ebenso sich selbst bestimmen, jeden Inhalt durch sich in sich setzen zu können ... "

Das genau war Schillers "ästhetischer Zustand" des Spiel-Raums, und sein "Spieltrieb" wurde drei Jahre später zur "romantischen Ironie", die mit allem nur unverbindlich spielte und über allem schwebte. Bei Novalis aber wurde zur Endstation, was bei Schiller nur notwendige Entwicklungs- und Durchgangsphase auf dem Weg zum Gesetz Gottes war. Die Kunst war für Schiller die Möglichkeit, unabhängig zu werden, und für Nietzsche die Möglichkeit, amoralisch zu bleiben. Die Einbildungskraft übte bei den Idealisten und ersetzte bei den Romantikern die Urteils- und Willenskraft. Die romantische Ironie machte gerade selbständig genug, die Abhängigkeit von äußeren Dingen aufzuheben, aber nicht so erwachsen, das Vernunftgesetz Gottes als transzendent(al)e Bedingung der Möglichkeit jeder Selbstbefreiung zu begrüßen. Wie Schelling das Ich über den ästhetischen "Indifferenzpunkt" zwischen Realem und Idealem hinausbringen wolle, konnte Kantianer Schiller nicht erkennen, bei dem die Würde über die Anmut wie das streng Erhabene über das weichlich Schöne siegte. Modern gesprochen: Ein Stück Unabhängigkeit von materiellen Dingen gebe nicht der reale Konsum, sondern nur der ästhetische Schein von realen Dingen, um nicht vom Besitz besessen zu sein. Das letzte Wort hat bei Schiller nicht die goethische Anmut des Schönen, sondern die kantische Würde des Pathetisch-Erhabenen, nicht die labile Neigung für das Gesetz Gottes, sondern der objektive

60

Vorrang dieses Schöpfungsgesetzes. Schiller fing die Frühromantik, die Einbildungskraft für Vernunft ausgab, mit Kants Kritizismus besser ab als Hegel mit der Dialektik. "Ich habe nur einen Maßstab der Moralität ... : Ist die Tat, die ich begehe, von guten oder schlimmen Folgen für die Welt – wenn sie allgemein ist?" (1787) Schiller war schon Kantianer, bevor er Kant gelesen hatte, ging aber mit Kant über den Dualisten Kant hinaus, und der Geschichtsphilosoph Hegel schätzte ihn als seinen Vorläufer: "Es muß Schillern das große Verdienst zugestanden werden, die Kantische Subjektivität und Abstraktion des Denkens durchbrochen und den Versuch gewagt zu haben, über sie hinaus die Einheit und Versöhnung denkend als das Wahre zu fassen und künstlerisch zu verwirklichen. Denn Schiller hat ... sein Interesse des Kunstschönen mit den philosophischen Prinzipien verglichen und ist von diesen aus und mit diesen in die tiefere Natur und den Begriff des Schönen eingedrungen." ("Ästhetik", Berlin 1984, Bd. l, S. 69) Goethe fand Schillers Kunst durch Philosophie fast verdorben, während er in Wirklichkeit Schillers Denken beinahe selber verdorben hätte.

Schiller ergänzte Kants System fast um eine Kritik der historischen Vernunft. "Eigentlich sollten Kirchengeschichte, Geschichte der Philosophie, Geschichte der Kunst, der Sitten und Geschichte des Handels mit der politischen in eins gefaßt werden und dies erst kann Universalgeschichte sein", die ihn heilte von der "übertriebenen Bewunderung" für die griechische Antike und ihre Götter. Von der Gegenwart als Nutznießerin der Opfer aller verflossenen Jahrhunderte sagte er: "Die ganze Weltgeschichte würde wenigstens nötig sein, dieses einzige Moment zu erklären", sie sei keine Willkür, "denn ihr weitreichender Blick entdeckt schon von ferne, wo die regellos schweifende Freiheit am Bande der Notwendigkeit geleitet wird", und sie "führt das Individuum unvermerkt in die Gattung hinüber", weil dessen Güter "durch die schwere Arbeit so vieler Jahrhunderte haben errungen werden müssen!" Diese akkumulierte Kollektivarbeit der Vergangenheit wollte Marx dann für die Arbeitssklaven aller Länder selbst gerettet wissen.

Gegen seinen Bewunderer Hegel behielt Schiller das Recht dessen, der die Versöhnung von Ideen und Realität nicht in der geschichtlichen Realität, sondern nur wie Adorno im ästhetischen Vorschein sehen konnte. Die Hervorhebung der erhabenen göttlichen Würde macht den Abstand der Vernunftprinzipien von den Dingen zum Abbild des Abgrunds zwischen Gott und Mensch, eine Kluft, die Schiller anders als Lutheraner Hegel nicht christlich überbrückt sah, sondern mit Kant festhielt und aushielt. Der 'sentimentalische Dichter' suchte die verlorene Naturunmittelbarkeit der Nomaden-Idylle nur dort, wo sie nicht die menschliche Autonomie opfert. Der kritische Idealismus ist eine andere 'Verinnerlichung' der biblischen Theorie als das Christentum. Das Sub-jekt, das dem Gesetz Gottes Unter-worfene, schafft sich sein eigenes Gesetz, das als allgemeingültiges das Grundgesetz Gottes im Menschen neu ratifiziert, während die "rezeptive Neigung" zu den Sachen nur eine heteronome Verneigung vor den Sachzwängen sei. Jeder Mensch bringe in seiner eigenen Subjektivität das Gesetz Gottes neu hervor. Und was ist das einzig Wahre?

> „Es ist nicht draußen, da sucht es der Tor,
> Es ist in dir, du bringst es ewig hervor."
> *(Die Worte des Wahns)*

Daß die Maximen eines Menschen seinen Taten und mehr oder weniger bewußten Absichten (selbst)betrügerisch widersprechen können, ist Gegenstand von eigenen Maximen, die Aphorismen heißen und auch in Schillers scharfen Sentenzen leben.

Kant sagt über den Scheich der "arabischen Beduinen" er sei "keineswegs Herr über sie, und kann nach seinem Kopfe keine Gewalt an ihnen ausüben. Denn in einem Hirtenvolke, da niemand liegendes Eigentum hat, welches er zurücklassen müßte, kann jede Familie, der es da mißfällt, sich sehr leicht vom Stamme absondern, um einen andern zu verstärken." Die Natur als Ganzes, die der "sentimentalische Dichter" Schiller durch die Allgemeingültigkeit seiner Autonomie sucht, ist seit Kant eine *regulative Idee* und keine Summe von Einzelobjekten. Da die Natur des Menschen darin bestehe, über die Natur hinauszugehen, ist er nicht erst durch die Paradiesvertreibung, sondern schon in Eden vor den Tieren ausgezeichnet : "Und Gott schuf den Menschen ihm zum Bilde... und sprach zu ihnen : ... füllet die Erde und machet sie euch untertan..." (Genesis 1, 27-28) "Kultur" meint ursprünglich Ackerbaukultur, doch die Nomaden sind nicht selber die Tiere, die sie weiden, sondern durchaus gotteskundig.

Das Genie habe "die Natur zu erweitern, ohne über sie hinauszugehen." "Die Natur macht ihn mit sich eins, die Kunst trennt und entzweiet ihn, durch das Ideal kehrt er zur Einheit zurück", weil "das Ziel, zu welchem der Mensch durch Kultur strebt, demjenigen, welches er durch Natur erreicht, unendlich vorzuziehen ist" durch seine allgemeingültige Selbstgesetzgebung, die Goethe vernachlässige. Autonome Nomaden haben sentimentalische Dichter wie Schiller, Städter ohne Autonomie haben naive Dichter wie Goethe. Schiller macht sich kein Bildnis von der Schöpfung, sondern entwickelt eine nomadische Autonomie-Kultur jenseits des verfluchten "Ackerns" für jedes Babylon der Weltgeschichte.

In einem Brief an seinen Freund Körner vom 29. 8. 1787 zeigte sich Schiller durch Kants "Idee über eine allgemeine Geschichte außerordentlich befriedigt." Wirkungsgeschichtlich wurde die Schrift bedeutsam als Beginn von Schillers Kant-Studien. "Die Natur hat gewollt daß der Mensch alles, was über die mechanische Anordnung seines tierischen Daseins geht, gänzlich aus sich selbst herausbringe, und keiner anderen Glückseligkeit, oder Vollkommenheit teilhaftig werde, als die er sich selbst, frei von Instinkt, durch eigene Vernunft, verschafft habe." (3. Satz) "Sogar die Gutartigkeit seines Willens sollte(n) gänzlich sein eigen Werk sein." Sigmund Freud hat nichts anderes gesagt : "Es scheint aber der Natur darum gar nicht zu tun gewesen zu sein, daß er wohl lebe, sondern, daß er sich soweit hervorarbeite, um sich, durch sein Verhalten, des Lebens und des Wohlbefindens würdig zu machen." "Der Mensch hat aber auch eine Neigung, sich zu vereinzeln (isolieren) ... getrieben durch Ehrsucht, Herrschsucht und Habsucht, sich einen Rang unter seinen Mitgenossen zu verschaffen, die er nicht wohl leiden, von denen er aber auch nicht lassen kann." "Die Menschen, gutartig wie die Schafe, die sie weiden, würden ihrem Dasein kaum einen größern Wert verschaffen, als dieses ihr Hausvieh hat" ohne die "ungesellige Ungeselligkeit" : "Dank sei also der Natur für die Unvertragsamkeit, für die mißgünstig wetteifernde Eitelkeit ... Der Mensch will Eintracht; aber die Natur weiß besser, was für seine Gattung gut ist: sie will Zwietracht" (4. Satz) wie Gott. 1784 : "Alle Kultur und Kunst... die schönste gesellschaftliche Ordnung, sind Früchte der Ungeselligkeit, die durch sich selbst genötigt wird, sich zu disziplinieren, und so, durch abgedrungene Kunst, die Keime der Natur vollständig zu entwi-

ckeln." (5. Satz) "Die Rolle des Menschen ist also sehr künstlich...
nur die Gattung kann dies hoffen." Aber die Bäume werden nicht
in den Himmel wachsen: "Aus so krummem Holz, als woraus der
Mensch gemacht ist, kann nichts ganz Gerades gezimmert werden." "Rousseau hatte so Unrecht nicht, wenn er den Zustand des
Wilden vorzog, so bald man nämlich diese letzte Stufe, die unsere
Gattung noch zu ersteigen hat, wegläßt" (7. Satz), den "weltbürger-
lichen Zustand der öffentlichen Staatssicherheit" aller Republiken.
Kant: "Man sieht: die Philosophie könne auch ihren Chiliasmus
haben", der nicht schwärmerisch sei. Diese apriorische "Idee der
Weltgeschichte" (1784) war es, die Schiller bewog, Geschichte von
ihrem kosmopolitischen Beitrag für die jeweilige Gegenwart her zu
schreiben.

Der Kieler Phänomenologe Hermann Schmitz zeigte 1992
in seinem Buch über "Die entfremdete Subjektivität", wie die Jenaer Frühromantiker aus Fichtes "Wissenschaftslehre" von 1794
nicht den vordergründig prominent gewordenen politpraktischen
Hyperaktivismus übernahmen, sondern nur drei Phänomene, den
unabschließbaren "transzendentalen Zirkel" zwischen Ich und
Nicht-Ich, den Vorrang der freischwebenden "Einbildungskraft"
und das "absolute Abstraktionsvermögen" des Ich, sich grenzenlos
geschmeidig aus allen nur beschränkten Einzelsetzungen "rezessiv"
zurücknehmen und in jede beschränkte Einzelbestimmung auch
wieder "produktiv" hineinentfremden zu können. Die nach Schmitz
von allen Objekten und Affekten "entfremdete Subjektivität" des
jeweiligen Individuums sei von Novalis und Schlegel nur weiter-
entwickelt worden zur schrankenlosen Wendigkeit der "romantischen Ironie" – bis hin zur Selbstparodie. Die "Spätlinge der
Frühromantik" seien Nietzsche und sogar der Dandy Wittgenstein
gewesen, wie H. Schmitz in "Selbstdarstellung als Philosophie"
(1995) ausführte. Es mag mit seiner Aversion gegen den Rationa-
lismus Kants zusammenhängen, daß Schmitz den Weg von Fichte
zum Schillerianer Novalis, aber nicht zum Kantianer Schiller nach-
zeichnet. Fichte hat beide Ästhetiken beeinflußt, die frühromantische wie die idealistische, aber Fr. Schlegel hat er von Kant ab-
wendig gemacht, Schiller hingegen nicht. Bei den Frühromantikern
wurde zum existenziellen Selbstzweck, was bei Schiller nicht nur
ein privilegiertes Mittel blieb, sich von versklavenden Objekten
und übermächtigen Affekten zu emanzipieren, sondern auch ein

Königsweg, um schließlich Kants Vernunft- und Gottesgesetz erfüllen zu können. Schlegel wollte cool bleiben und sowohl über seinen eigenen Gefühlen wie über der Moral schweben, Schiller aber wollte sich Leidenschaften aussetzen, um Besonnenheit zu lernen. "Die ästhetische Erziehung des Menschen" (1793) entstand nach Lektüre Kants und Fichtes. Der Mensch "muß also, um Leiden mit Selbsttätigkeit, um eine passive Bestimmung mit einer aktiven zu vertauschen, augenblicklich von aller Bestimmung frei sein und einen Zustand der bloßen Bestimmbarkeit durchlaufen ... Die Bestimmung, als durch Sensation empfangen, muß also festgehalten werden, weil er die Realität nicht verlieren darf; zugleich aber muß sie, insofern sie Begrenzung ist, aufgehoben werden, weil eine unbegrenzte Bestimmbarkeit stattfinden soll. Die Aufgabe ist also, die Determination des Zustands zugleich zu vernichten und beizubehalten" (20. Brief), was später Hegels dialektische "Aufhebung" lösen wird. Die "freie Stimmung", "in welcher das Gemüt weder physisch noch moralisch genötigt und doch auf beide Weise Art tätig ist", nennt Schiller den "ästhetischen Zustand" des "Spieltriebs". Das leere Unendliche sei "ohne Schranken, weil es ohne Realität ist", das "erfüllte Unendliche" der "ästhetischen Bestimmbarkeit", die aus dem Vollen schöpft, "hat keine Schranken, weil es alle Realität vereinigt" (21. Brief), "frei von allem Zwang, aber keineswegs frei von Gesetzen". "Im ästhetischen Zustand ist der Mensch also Null, ... denn die Schönheit gibt schlechterdings kein einzelnes Resultat weder für den Verstand noch für den Willen, sie führt keinen Zweck, weder intellektuellen, noch moralischen Zweck aus, sie findet keine Wahrheit, ... gleich ungeschickt, den Charakter zu gründen und den Kopf aufzuklären", außer "daß es ihm nunmehr von Natur wegen möglich gemacht ist, aus sich selbst zu machen, was er will", also Sartres Existenzialist zu sein. Schiller nennt die "Schönheit unsere zweite Schöpferin", die wie die Natur die Möglichkeit zu jeder Selbstbestimmung erst eröffne. Also hält er den "ästhetischen Zustand für den fruchtbarsten in Rücksicht auf Erkenntnis und Moral", weil er frei von ihnen sei und frei für sie mache. "... alle anderen Übungen geben dem Gemüt irgend ein besonderes Geschick, aber setzen ihm dafür auch eine besondere Grenze; die ästhetische allein führt zum Unbegrenzten. Jeder andere Zustand, in den wir kommen können, weist uns auf einen vorhergehenden zurück und bedarf zu seiner Auflösung eines folgenden; nur der ästhetische ist ein Ganzes für sich, da er alle Bedingungen seines Ursprungs und seiner Fortdauer in sich vereinigt. Hier allein fühlen wir uns wie aus der Zeit gerissen..." (22. Brief)

Schillers Fundamente lagen nicht nur in den „ästhetischen Ideen" aus Kants „Kritik der Urteilskraft". Soll ich meinen Nächsten nun lieben aus Pflicht oder aus Neigung? In einer Fußnote der 2. Auflage von „Die Religion innerhalb der Grenzen der bloßen Vernunft" ging Kant 1794 auf kritische Bedenken Schillers ein und konnte, worüber der Dichter sich sehr freute, auch dort keinen wesentlichen Dissens zwischen ihnen beiden erkennen. (Siehe das Kapitel „Religionslehre erstes Stück", Anmerkung)

Immanuel Kant:
Die Religion innerhalb der Grenzen der bloßen Vernunft

„Diesem Bedürfnisse der praktischen Vernunft gemäß ist nun der allgemeine wahre Religionsglaube der Glaube an Gott 1) als den allmächtigen Schöpfer Himmels und der Erden, d.i. moralisch als *heiligen* Gesetzgeber, 2) an ihn, den Erhalter des menschlichen Geschlechts, als *gütigen* Regierer und moralischen Versorger desselben, 3) an ihn, den Verwalter seines eignen heiligen Gesetzes, d.i. als *gerechten* Richter … Er liegt in dem Begriffe eines Volkes, als eines gemeinen Wesens, worin eine solche dreifache obere Gewalt (pouvoir) jederzeit gedacht werden muß, nur daß dieses hier als ethisch vorgestellt wird, daher diese dreifache Qualität des moralischen Oberhaupts des menschlichen Geschlechts in einem und demselben Wesen vereinigt gedacht werden kann, die in einem juridischbürgerlichen Staate notwendig unter drei verschiedenen Subjekten verteilt sein müßte.
(Gewaltenteilung und Dreifaltigkeit, R.F.S.)
In der heiligen Weissagungsgeschichte der letzten Dinge wird der *Weltrichter* … nicht als Gott, sondern als Menschensohn vorgestellt und genannt. Das scheint anzuzeigen, daß die *Menschheit selbst* ihrer Einschränkung und Gebrechlichkeit sich bewußt, in dieser Auswahl den Ausspruch tun werde; welches eine Gütig-

keit ist, die doch der Gerechtigkeit nicht Abbruch tut. – Dagegen kann der Richter der Menschen in seiner Gottheit, d.i. wie er unserm Gewissen nach dem heiligen von uns anerkannten Gesetze und unserer eignen Zurechnung spricht, vorgestellt, (der heilige Geist), nur als nach der Strenge des Gesetzes richtend gedacht werden, weil wir selbst … bloß unsere Übertretung mit dem Bewußtsein unserer Freiheit und der gänzlich uns zu Schulden kommenden Verletzung der Pflicht vor Augen haben, und so keinen Grund haben, in dem Richterspruche über uns Gütigkeit anzunehmen." (Erstveröffentlichung **1794** / Ausgabe Stuttgart 1987, S. 186) – (A.a.O., S. 194) :

    „Das höchste, für Menschen nie völlig erreichbare, Ziel der moralischen Vollkommenheit endlicher Geschöpfe ist aber die Liebe des Gesetzes. Dieser Idee gemäß würde es in der Religion ein Glaubensprinzip sein: „Gott ist die Liebe"; in ihm kann man den Liebenden (mit der Liebe des moralischen Wohlgefallens an Menschen, so fern sie seinem heiligen Gesetz adäquat sind), den *Vater*; ferner, in ihm, so fern er sich in seiner alles erhaltenden Idee, dem von ihm selbst gezeugten und geliebten Urbild der Menschheit, darstellt, seinen *Sohn*: endlich auch, so fern er dieses Wohlgefallen auf die Bedingung der Übereinstimmung der Menschen mit der Bedingung jener Liebe des Wohlgefallens einschränkt, und dadurch als auf Weisheit gegründete Liebe beweist, den *heiligen Geist verehren*; …"

Prekäre Proletarität heute

    Die Bürger haben den Mehrwert der proletarischen Arbeit für sich abgeschöpft? Die Arbeiter sollten die Enteigner enteignen, indem sie erst einmal den Mehrwert der geistigen Arbeit für sich abschöpfen, den diese Bürger leisten, während die Proleten für sie schuften. Die im Kapital aufgespeicherte Arbeit von Generationen ist kein Sack voll Geld, sondern ein akkumuliertes Produktionspotential, etwas Beliebiges herzustellen, ohne etwas Besonderes herstellen zu müssen. Das Kapital ist das, was die Mehrheit mit Hilfe der Technik erarbeitet hat über das fürs Überleben unmittelbar Notwendige hinaus, das nicht für den prompten Verzehr Bestimmte, gleichsam das gesellschaftliche Luxusdepot. Wer es einfach als Geld nur finanziell verteilt auf alle Köpfe, handelt höchst ungerecht gegen die, welche es erschuftet haben. Kapital ist zu schade, um als bloße Kaufkraft an die Armen nur verteilt zu werden, da hatte Marx Recht. Gerechtigkeit bestünde nicht darin, es als Geld gleichmäßig auszuteilen, sondern als universelles Knowhow allen auf gleiche Weise zu gute kommen zu lassen um den Preis, es ihnen nicht direkt zugänglich zu machen. Kapital ist kein besonderer Gebrauchswert, sondern das Potential, beliebige Gebrauchswerte schaffen zu können, ohne nun spezielle Gebrauchswerte schaffen zu müssen. Daß es so abstrakt ist, ist gerade seine potentiell humane Qualität, die vernichtet wird, wo es verteilt würde. Wäre Kapital konkret wie ein Sack Kartoffeln, müßten die Menschen bis ans Ende aller Zeiten den lieben langen Tag die Erde nach diesen Kartoffeln umgraben im Schweiße ihrer guten Miene zum bösen Spiel, um gerade die Zeit zu gewinnen, sie aufzuessen, bevor sie wieder erneut aufs Kartoffelfeld hinaus müßten. Der Marxismus wartet auf Kapitalverwertungkrisen, zufällige wie konstitutionellere, um sie als "historische Chancen" des Volkes zu nutzen, aber die Ohnmacht des einzelnen Arbeiters ist viel geringer als die seines Gegenkollektivs. Bereits die Macht seiner Klasse als Kollektiv ist die Macht des Klassenfeinds, solange die Solidarität keine von Solitären ist. *Vereint sind wir stark, allein machen sie uns ein?* Die Selbstindividualisierung ist ja keine ästhetische und nur moralische Notwendigkeit oder ein bürgerlicher Luxus für den Proleten, sondern lebensnotwendiger als die Revolution: Sie *ist* die Revolution selbst – die sie angeblich nur dekadenzlogisch vereitelt, will man kleinbürgerlichen Rebellen glauben.

Zweihundert Jahre Arbeiterbewegung sind auch ein Jahrhundert des Scheiterns gewesen, und die Versuche, dieses Scheitern zu erklären, waren so häufig wie die Versuche, dieses Scheitern als Sieg mißverstehen zu lassen, um einen Grund zu haben, daß besonders die Bosse und Bonzen der Arbeiter so weitermachen wie gehabt. Wer das Projekt einer internationalen Arbeiterbewegung nicht ganz aufgeben will, weil seine Gegner es für gescheitert ausrufen, wer sie also nicht enden lassen will in der Verkleinbürgerlichung oder in sozialistischen Volksparteien, der braucht weder eine Revolution der Revolutionsidee noch eine neue deutsche Reformation oder neue deutsche Revisoren, sondern einfach eine kleine Kurskorrektur, die so bescheiden klingt, daß die meisten sie für ein reaktionäres Wendemanöver halten müssen. Es gab viele verschiedene Theorien der Arbeiterbewegungen und der proletarischen Revolution, aber alle diese noch so bunten und widersprüchlichen Theorien hatten doch dieses eine gemeinsam bisher, daß sie nach der Vorstellung und dem Willen ihrer Konstrukteure von den Arbeitern ebenso in die Praxis überführt wie eben keineswegs von Arbeitern selbst aufgestellt werden sollten, um wirklich brauchbar zu sein. Es gab immer proletarische Theorien *für* Arbeiter, aber nie *von* Arbeitern. Theorien von Arbeitern über Bürger oder über Adlige (Beamte) heißen 'vorwissenschaftliche Lebensweltberichte', die bestenfalls die Rohstoffe für bürgerliche Wissenschaftsprozeduren abgeben können. Was den Arbeitern bis heute fehlt, ist nicht Arbeit, sondern Geistesarbeiter zu werden. Bis heute kostet das Arbeiten ihnen den Kopf vor lauter Selbstmord durch Leibesertüchtigung an der Durchdrehbank.

Arbeiter sind keine ausgeprägten Individuen, denen die Solidarität ihrer Klasse fehlt oder abhanden kam, sondern sie sind bis heute nur Masse und Kollektiv oder Gegenkollektiv, denen die unbürgerliche Individualität fehlt. Der Magdeburger Schneidergeselle Wilhelm Weitling unterliegt bis heute dem Bürgersohn Karl Marx, weil er angeblich zu bürgerlich dachte. Solange die bürgerlichen Theorien der Proletarier gegen die proletarischen Theorien der Kleinbürger antreten, ist die soziale Revolution nicht viel mehr als eine kulturelle oder Etikettenschwindel.

Wie und was kann der Proletarier von bürgerlicher Kultur lernen, ohne ihr zu erliegen und ohne hinter sie noch zurückzufallen? Ich spreche für das Proletariat, dem ich entstamme, nicht an seiner Stelle als avantgardistischer Stellvertreter. Ich biete die Produkte meiner bürgerlichen Bildung meiner Herkunftsklasse an, um die herrschende Kultur der Herrschenden, von der und für die ich abgerichtet wurde, wenigstens ein Stück weit gegen sie selbst zu kehren. Und natürlich besteht einstweilen die Pointe darin, daß meine potentiellen Leser, falls es sie gibt, Bürgerkinder sind, die das nicht sein wollen, und daß die da unten sich für solche Sonderangebote bedanken, weder Bürgersmann zu werden noch Blaumann zu bleiben.

Mein Paradox: Ich kann plebejischer Welterfahrung nur in einer Sprache Recht und Ausdruck geben, die vorerst einzig der letzte bürgerliche Feind des Bürgers versteht, der Intellektuelle, der ich selbst sein will. Ich frage nach der Generalisierbarkeit proletarischer Extrawünsche gegen den bürgerlich partikularen Mißbrauch universalistischer Ansprüche. Und wenn ich Beiträge zu einer proletaristischen Kultur liefern möchte, die es nicht gibt in Deutschland, muß ich wenigstens auf der Höhe bourgeoiser Kultur stehen, um nicht noch so weit hinter ihr zurückzubleiben, wie ich mich über sie hinaus wähne. Nicht gebunden an die Prozeduren und Tabus, die diese vorgefundene Kultur ihren Kunden auferlegt, bin ich so frei, ihre Arsenale für meine eigenen Zwecke ungeniert zu plündern und als bloßen Rohstoff meiner eigenen Absichten zu 'mißbrauchen'. Der Moment war schon ungünstiger: Wir brauchten nur zuzugreifen. Seit er sie ideologisch zur Interessenmystifikation kaum noch braucht, läßt der Bürger seine eigene Kultur ziemlich links liegen. Weniges haßt er mehr als die Erinnerung an diese Kultur, die er einst gegen den Adel aufklärerisch schuf. Wo er in ihr die Bürde eines bloßen Repressionsinstruments abschüttelt, hinterläßt er mir kampflos das komplette geistige Rüstzeug, das es nur noch gegen den Strich zu bürsten und in veränderte Kontexte zu betten gilt. Der technokratische Sozialingenieur überläßt mir die verwaisten Schätze kostenlos. Der Arbeiter braucht nicht alles, was heute gewußt wird. Er müßte nur alles wissen, was er braucht. Aber was er braucht, um weder Kuli zu bleiben noch Kleinbürger zu werden, ist etwas anderes, als er braucht, um Sklave und Vater oder Mutter von Sklaven zu bleiben.

Weil er für die Selbstbefreiung der Proletarier ist, ist er gegen jede belletristische oder wissenschaftliche "Literatur der Arbeitswelt". Diese wird entweder geschrieben von Leuten, die nicht arbeiten, für Leute, die arbeiten und ihnen damit ihre Irreführungen finanzieren, oder von Leuten, die arbeiten, für Leute, die nicht arbeiten und sich deshalb vom Lehnstuhl aus interessieren für die exotische Welt der Industrieproduktion und für die Kulte und Mythen dieser Halbwilden am Fließband. Die mittelständischen Interessenten verlangen von sich selbst eine progressive Aufgeschlossenheit für Informationen über 'ihre' materielle Basis und milieuecht gruselige Reportagen aus der sozialen Unterwelt. Die einen haben für den Unterhalt zu sorgen, die anderen für die Unterhaltung darüber. So wird das Fließband noch an- und aufregend gemacht, um auch ins Grübeln verfallene Proleten „nachhaltig" daran zu fesseln.

Die wahre Emanzipation der Arbeitstiere aber ist ihre Emanzipation von der Fabrikarbeitswelt samt deren Literatur. Literatur könnte dabei durchaus helfen – nur eben nicht 'Literatur der Arbeitswelt', die in sie nur noch viel tiefer hineinführt und vom humanisierten Fließband träumt und von *revolutionärer* Aneignung der Maschinenparks. Ausgerechnet ein Marcel Proust mußte daran erinnern, daß ein Arbeiter sich eher für den Tagesablauf eines Aristokraten interessiert, als Feierabends in Büchern noch einmal nachzulesen, was er tagsüber sowieso tut. Ein Plebejer, der aufgewacht ist, hat weiß Gott Besseres zu tun, als seine Klassenfeinde mit Insider-Infos aus erster Hand zu versorgen und sie noch weiter über seine Schwachstellen aufzuklären oder gar die Fabrik, die seinen Körper und seine Seele kaputtmacht, in *Selbstverwaltung* zu übernehmen, damit er aus freien Stücken nun sich selbst antun kann, was er vorher mit sich angestellt hat auf Befehl von oben. Der „proletarische Intellektuelle" liest und schreibt sich aus seiner industriellen Arbeitswelt und deren Literatur heraus: Er will diese Welt weder wehleidig verherrlichen, noch sich aufhalten mit ihrer *Verbesserung*. Der Arbeiter sollte nicht 'aussteigen' (wohin könnte er schon aussteigen), sondern 'aufsteigen' : Aber in den Überbau und nicht in die Chefetagen. Ein Sozialismus, der nicht mehr wäre als Arbeiterselbstver(ge)walt(ig)ung, fiele um genau so weit noch hinter den Kapitalismus zurück, wie er sich über ihn erhaben fühlen würde.

Der Industrialismus sprengt einen Sozialismus, in dem die Produzenten nicht länger gefesselt sind, sondern sich selbst fesseln. Jedes 'animal rationale', jedes erleuchtete Arbeitstier, weiß das, aber eben nicht aus der 'Literatur der Arbeitswelt' (die den Arbeiter von allem befreien will, nur nicht von der humanisierten Arbeitswelt selbst). Wissenschaft und Literatur sollte dem Plebejer die 'ökonomische Scheiße' nicht noch interessant und schmackhaft machen, sondern den „humanisierten" Arbeitsplatz verleiden, anstatt ihn am Ende damit noch 'progressiv' auszusöhnen. Auch die 'alternative' Maloche ist nur dasselbe in Grün. Spätestens an dieser Stelle wird alle Welt aufschreien: Und wer soll die Knochenarbeit machen? Nun, warum zur Abwechslung nicht mal jene, die der

Drecksarbeitswelt von je so fern stehen, daß sie eine eigene Literatur und Wissenschaft von ihr brauchen, um sie aus zweiter Hand kennenzulernen? Sollen sie die Werkbank, für die sie sich geistig interessieren, doch *alternativ* im lebenslänglichen Sozialpraktikum erkunden und dafür die Proleten jeden Morgen in die ohnehin verwaisten Bibliotheken gehen lassen. Der Plebejer hat Material in dreckigen Händen und ist Material in sau-beren Händen. Der Rohstoff ist so wenig sein wie die Idee, nach der er ihn formt. Er ist nur frei, Dichter und Denker zu werden. Und diese Freiheit sollten die Schmächtigen dieser Welt nutzen, ehe es wieder zu spät ist. Denn was ist die westliche Freiheit? Proletarisch bisher ungenutzte Überbaugenehmigung. Hast du Zeit, sie mit Industriearbeit totzuschlagen? Proletarier aller Länder, kniet euch endlich aus der Materie hinaus, die ihr bearbeiten sollt, und (arbeiterbildungs-) vereinzelt euch! Und Proletarier aller Länder, einigt euch erst einmal, Arbeitssklaven zu sein. Ihr habt einen unendlichen geistigen Nachholbedarf, und der ist ein einziger Schrei nach enzyklopädischer Allgemeinbildung für die Allgemeinheit, d.h. für jeden Einzelnen dieser Autodidakten, der sich nichts mehr sagen lassen will, weil er nichts zu sagen hat, und der deshalb diese Enzyklopädie selbst schreiben muß, die es für ihn noch nicht zu lesen gibt. Sollen die bürgerlichen Intellektuellen doch aufs Land flüchten, wenn nur der Bauer Überbauarbeiter würde! Der Arbeiter muß genau der Geistesarbeiter werden, der ihm bislang sagte, was er denken und tun soll(te). Liest und schreibt er über seine Arbeitswelt, macht er nur unbezahlte Überstunden. –

Wenige wissen viel, viele wissen wenig.

Der proletarische Intellektuelle will nicht das Ganze des nach dem Naturbeherrschungsstand seiner Zeit Wissbaren beherrschen, sondern das Ganze des nach seinem eigenen Emanzipationsinteresse Wissenswerten daraus. Zum Beispiel wird er vielleicht sich mehr Hilfe dabei erwarten von wohlverstandener Psychoanalyse (um sein eigener Analytiker zu sein) als etwa von Mathematik (welche Menschen nur zählt, um nicht auf sie zählen zu müssen).

Er wird nicht den Sozialismus studieren, weil das per definitionem eine proletarische Philosophie ist, sondern er wird prüfen, ob der historische und dialektische Materialismus von Marx und Engels die Desiderate eines Proletarismus wirklich erfüllt. Wenn er sich von Bürgersohn Marx über die bürgerliche Gesellschaft, die ihn produziert, dankbar belehren läßt, muß er es sein, der entscheidet, wie weit er Marx folgen will. Nirgends ist ja a priori verzeichnet, was proletarische Priorität haben muß. Was kann dem Arbeitstier, dieser angewandten Physik auf zwei Beinen, das Studium der Physik nützen bei seiner Selbstbefreiung? Soll er nun Biologie und Chemie studieren, wo seine Berufsarbeit ihn ohnehin auf seine biochemische Physiologie reduziert? Was ist an Soziologie mehr als nur Mittelstandsideologie?

Das helle Arbeitstier muß alles wissen – was ihm hilft, keines zu bleiben, ohne deshalb Bürger zu werden. Wissen war einmal Macht; heute ist Wissenschaft an der Macht, nicht mehr Notwehr gegen das Herrschaftswissen. Enzyklopädische Vollständigkeit gewinnt nur noch das Wissen der Herrschenden, wie sie die menschliche Natur ihrer Sklaven dahin bearbeiten, für sie die äußere Natur zu bearbeiten. Das Wissen war revolutionär, so lange es Waffe war gegen Irrsinn, Irrtümer und Irreführungen, solange es umfassende Ideologiekritik von unten war. Heute ist die Naturwissenschaft nur noch Naturphilosophie als Instrument menschlicher Naturbeherrschung. Dabei treiben die Produzenten nicht selbst Naturwissenschaft, sie *sind* angewandte Naturwissenschaft. Im Industriebetrieb nimmt der Arbeiter teil am Wissenschaftsbetrieb, indem er dem Wissenschaftler das Gebäude baut und heizt und reinigt und die Meßinstrumente herstellt. Der Proletarier muß aber nicht Polytechniker, sondern Intellektueller werden, weil er weder Natur- noch Geisteswissenschaftler sein kann, sondern nicht viel mehr als deren Forschungsobjekt oder Hilfskraft.

Der Arbeiter ist kein Mitwisser des Wissenschaftlers und dieser kein Mit-Arbeiter. Was ist das Volk, wenn es ein Objekt weder expropriativer noch pädagogischer Bemühungen, weder rechter noch linker Bürger ist? Das menschliche Wissen vor allem über die Natur und die zur *zweiten Natur* gewordenen Naturbeherrschungsprozesse wächst schneller, als die Verleger drucken können. Was muß der Plebejer wissen, was soll er tun, was kann er hoffen? Soll der Facharbeiter sich Feierabends zum Fachmann für Polytechnik machen oder Einfachmann bleiben? Statt seine kostbar wenige Zeit und Kraft dafür zu verschwenden, sich an der Natur für andere abzuarbeiten, sollte er lieber für sich ganze Kulturen erarbeiten, ohne Kultursoziologe zu werden. Das Volk braucht weniger Popularisierungen moderner einzelwissenschaftlicher Methoden und Resultate als Selbstaufklärung über seine 'erkenntnisleitenden' Emanzipationsinteressen und seine interessenleitenden Selbsterkenntnisse, die das Organisationszentrum seiner notwendigen Autodidaktik sind. Der *plebejische Tui* sollte darauf spezialisiert sein, sich auf nichts zu spezialisieren als auf die Allgemeingültigkeit seiner Sonderinteressen. Solcher Enzyklopädismus steuert ihn durch die Scylla einer 'schlechten Unendlichkeit' *(Hegel)* von faktenwüstem Undsofortschritt und der Charybdis eines geistigen Zwangssystems. Es ist ein differenzierter Universalismus, der den „Knoten" interessiert, sofern er ein Individuum wird durch Herausdifferenzierung aus seinem Kollektiv, ohne seine Klasse zu verlassen, und sich in sich selbst differenziert zum Mikrokosmos statt zum Sozialatom. Es geht auch um keine 'proletarische Weltanschauung' : 'Weltanschauung' ist das, was von der Welt gewußt wird, wenn die Welt gar nicht angeschaut wird. Das 'Weltbild' eines 'lesenden Arbeiters' sollte so ziemlich das Gegenteil eines Arbeitsweltbildes sein (ohne deshalb die Umwelt des Besitz- und Bildungsbürgers zu spiegeln, den es ohnehin nicht mehr gibt). Als erstes braucht das Volk hierzulande Aufklärung nicht über die Natur, die es täglich bearbeitet, sondern über sein Naturrecht und was eigentlich geschichtlich geschehen ist: Geschichte ist, was immer (die moralische und naturrechtliche Zensur unbeanstandet) passiert.

Lesende Arbeiter stellen sich nicht die Fragen, die Brecht sie in einem berühmten Gedicht stellen läßt. Solche Fragen stellen sich Bürgerkinder, die ihre eigene Klasse zu verdächtigen anfangen, und sie fragen sich zu Recht, was jeder 18-jährige Arbeiter, ob lesend oder nicht, ihnen spielend beantworten könnte, wenn er von ihnen gefragt würde. Was dem Arbeiter fehlt, ist nicht eine Idee von den materiellen Hintergründen geistiger Fassaden und von den Produktionsweisen hinter den Denkweisen, sondern umgekehrt eine ganz immaterielle Idee davon, daß nicht jede Idee Ideologie ist und nicht jede Reflexion ein bloß bedingter Reflex. Für Marx ist es das gesellschaftliche Sein, welches das Bewußtsein des Menschen zur Einrichtung einer Gesellschaft bestimmt, in der das Bewußtsein endlich das Sein bestimmt. Meine materielle Lage bestimmt meine vorherrschenden Gedanken, und die Gedanken der Herrschenden bestimmen meine materielle Lage ebenso wie ihre

74

materielle Ausstattung meine Gedanken. Es ist falsches Bewußtsein, welches heute das soziale Sein dazu bestimmt, das menschliche Bewußtsein zu bestimmen, statt daß unser Bewußtsein sich von unserem Sein bestimmen ließe, nun unser materielles Sein zu bestimmen. Wenigstens muß mein Sein mir bewußt genug werden, um mich selbstbestimmen zu können.

Jede 'Machtergreifung des Volkes' wäre heute wohl nur eine Energieverschwendung. Der Industriesklave muß erst einmal Theoretiker seiner Befreiung werden. Vielleicht macht er die bürgerliche Kritik der bürgerlichen Gesellschaft sich ja zu eigen, aber er selbst muß es sein, der kompetent genug ist, sie zu prüfen, als hätte er sie gebildet. Im allgemeinen aber gilt, daß nur die Industrieproduzenten selbst fähig und legitimiert sind, sich eine vernünftige Einrichtung der Produktion auszudenken. Gegen die wunderschönen Modelle bürgerlicher Intelligenz spricht ja nicht, daß sie dumm oder falsch wären oder überhaupt nicht funktionierten; ganz im Gegenteil stünde immer zu befürchten, daß sie nur allzu gut funktionieren. Sie haben stets nur den einen Kunstfehler, der sie allerdings aber auch schon proletarisch unbrauchbar und gefährlich macht (absichtlich oder unfreiwillig): Die Produzenten sollen diese Theorien und Modelle nicht selber ersinnen, sondern nur noch realisieren. Also läßt der durch Schaden kluggewordene Werktätige seine schmutzigen Finger von den schubladenfertigen Alternativkonzepten und sozialutopischen Blaupausen der mittelständischen Avantgarden, die alle sein Bestes wollen, das er aber nicht hergeben möge. Gemessen an ihren Effizienzkriterien, sind die jeweiligen *revolutionären* Szenarios so aufgebaut, daß die eigenen Vorschläge der Proleten sich davor eben regelmäßig heillos blamieren. Aber schließlich ist proletarische Ökonomie ja nicht ökonomischer als bürgerliche, sondern eben nur proletarischer. Die Arbeiterklasse ist Arbeitermasse, aber jeder Prolet sollte seine eigene Massenvernichtungswaffe in Person sein.

Massenbewegungen? Ja, Massen werden immer bewegt. (Wie Frauenbewegungen in die Betriebe hinein.)

Der proletarische Intellektuelle lebt *von* der Industriearbeit und nicht *für* die Industriearbeit, indem er *für* Geistesarbeit lebt und nicht *von* geistiger Arbeit. Das unterscheidet ihn vom Intellektuellen bürgerlicher Herkunft, auch von dem, der sich freiwillig in den Dienst der Proletarität stellt, selbst wenn diese frei ist von Proletkult, Pop(ulismus) und Folkloreley.

Was zu sehen ist, ist nur Fassade. Dahinter steckt eine Idee, die nicht zu hören ist und nicht gesehen werden will, nämlich die Idee, wie sich materielle Interessen hinter ideellen Motiven verstecken lassen. Vordergründig soll es um hochedle Dinge gehen, und es braucht Ideen, materielle durch vermeintlich ideelle Motive zu kaschieren, so daß der materielle als geistiger Beweggrund erscheint und der ideelle als materieller zu verleumden ist. Die platonische Idee hinter den materiellen Erscheinungen der Welt ist das materielle Interesse hinter der ideologischen Fassade, also die Idee, wie sich das materielle als ideelles Motiv verkaufen und hinter dem ideellen Motiv wieder entdecken läßt. Das ideelle Motiv besteht darin, die materiellen Interessen der Allgemeinheit zu berücksichtigen und sei es aus egoistischen Motiven.

Böse ist ja nicht die Materie, sondern Menschen an ihre Bearbeitung zu ketten, also sie restlos zu Menschenmaterial zu machen, das *sein* Arbeitsmaterial formt und sonst gar nichts. Gut ist umgekehrt nicht Geist an sich, sondern als begeisterter Aufstand gegen die Kettung des Menschen an Essen, Trinken, Wohnen, Zeugen und Körperpflege. Gut ist nicht Materie, sondern auch Bürger sie bearbeiten zu lassen. Proletarier werden erst dann leibhaftig da sein, wenn sie nicht nur nichts als Leiber sein müssen, die sich an Stoffen erschöpfen, was nicht heißt, daß ihre Klassenfeinde so vergeistigt wären, nur auf der Suche nach ihrem verlorenen Bauch und Unterleib zu sein. Leib und Seele sind vor allem völlig getrennt, weil sie auf verschiedene Klassen verteilt sind. Durch diese Klassentrennung wird Geist zu Ungeist und Körper zu unbeseeltem Stoff. Die Unterschicht ist so etwas wie der Unterleib der sozialen Mitte des Volkskörpers. Ein nicht gutdurchbluteter Kopf ist kopflos; ein enthaupteter Körper kann behaupten, was er will, sich oder Wahrheiten, er ist nicht leibhaftig da, sondern im Bunde mit dem Leibhaftigen. Der Kopf ist der Oberkörper, der Leib das Stammhirn des Menschen.
Schlimm ist nicht der Geist, sondern Menschenklassen von ihm auszuschließen und ihn zum Prestige zu machen. Und vom Geist hat sich ausgeschlossen, wer andere von ihm ausschließt, indem er sie auf ihre ach so sinnliche Körperlichkeit reduziert.

Prolet zeugt Prolet und erzeugt Produkte. Er erzeugt mehr als das zu seiner Selbstzeugung als Arbeiter Nötige und sollte mehr zeugen als nur Arbeitstiere. Arbeiter, die mehr zeugen als nur Arbeiter, erzeugen nicht mehr, als zu ihrer Reproduktion als Produzenten nötig ist. Arbeiter, die mehr wert sind als Arbeitstiere, erzeugen keinen Mehrwert mehr. Sie haben sich ihn dadurch schon wieder angeeignet, daß sie Proletarier zeugen, die mehr wert sind als bloße Mehrwerterzeuger und sich nicht hergeben für solche Art der Hingabe und Verausgabung. Umgekehrt : Wer sich zu gut ist für bloße Gütererzeugung, ist mehr wert als ein erschöpfter Mehrwertschöpfer. Selbsterzeugung durch Arbeit ist Selbvernichtung durch Arbeit. Plebejer können nicht für sich selbst arbeiten, ohne für andere zu arbeiten, die für sich arbeiten, indem sie andere für sich arbeiten lassen, die das mit sich machen lassen. Arbeiter zeugen mit ihren Frauen Arbeiter und mit der Materie Güter. Es ginge um die Selbstreproduktion als *proletarischer Intellektueller* und Privatgelehrter, also um das, was mehr und anders ist als das zur Selbsterhaltung als Produzent Nötige.

Die "kommunikative" gegen die "zweckrational instrumentelle Vernunft" ausspielen heißt, Bürger gegen Arbeiter auszuspielen. Reaktionäre machen heute aus der Not, daß nicht die kapitalistischen, sondern die sozialistischen Produktionsverhältnisse die "Entfesselung der Produktivkräfte" behindern, die "grünalternative" Tugend, daß die ökologische Fesselung nicht nur der ökonomischen, sondern aller menschlichen Kräfte den wahren Fortschritt bringe. Aber was industriell ineffizient ist, ist deshalb noch nicht ökologisch sinnvoll, wie die Ostblockstaaten zeigten. Nach Rosa Luxemburg hat es das von Marx beschriebene Proletariat so gar nicht gegeben, und das real existierende hat er nicht gekannt, sondern z.B. Wilhelm Weitling verdrängt. Marx ging aus der Hegelschen Linken hervor, aber kein deutscher Philosoph geht aus der biblischen Linken hervor. Die Verbrechen, um endlich alle Verbrechen zu beenden, werden von Marx gerechtfertigt im Namen des Volkes und von Gott verurteilt im Namen des Gesetzes. Der biblische Monotheismus des Einen Herrn im Himmel über allen Herren der polytheistischen Welt ist selbst jene Revolutionstheorie, die gewöhnlich gegen ihn aufgeboten wird. Das Buch der Bücher ist selbst die Aufklärung, von der es entmythologisiert zu werden pflegt. Nach Hegel sagt ja der Idealismus den Gebildeten in Gedanken dasselbe, was der Protestantismus dem Volk in Gefühlen sagt, und das wäre für den Monotheismus überhaupt zu entwickeln. Reaktionäre Philosophen halten die sozialistische Frage für erledigt, um auch die soziale Frage abhaken zu dürfen, aber echte Linke halten die sozialistische Frage für beantwortet, um die soziale Frage endlich einmal stellen zu dürfen. Was am Marxismus des 19. Jahrhunderts proletaristisch war, kommt aus alten biblischen Schriften, und was daran bürgerliches Erbe war, ist schon jüngste Geschichte. Das Beste an der Bibel war einmal marxistisch gut 'aufgehoben', nun ist das Beste von Marx wieder am besten aufgehoben in der Bibel.

Bei aller prätendierten Voraussetzungslosigkeit stellten die griechischen Philosophen die Sklaverei, von der sie lebten, nie infrage. Die gräkophilen deutschen Philosophen fanden es immer skandalös, daß Gottes Grundgesetz die Kriege und Arbeitssklaverei nicht verbot, sondern nur auf ein die ganze Antike allerdings bestürzendes Maß einschränkte. Wenn Deutsche den Krieg abschaffen wollten, wollten sie nur die *ultima ratio* gegen Tyranneien aufheben und nicht sehen, daß die Bibel so realistisch ist, die völlig utopische Aufhebung der Arbeitssklaverei nicht dem Menschen aufzubürden, sondern Gott vorzubehalten. Die technisch industrielle Revolution ist keine historische Chance der Sklaven, sondern eine historische Episode, die sich so lange nicht selbst überleben wird, wie Arbeitssklaven sich von ihr noch die Selbstbefreiungsmittel erhoffen. (Nach Gesetz wird das Gesetz samt Körperwelt, Kriegen und Arbeitssklaverei erst von Gott selbst aufgehoben.)

'Revolution' gegen das göttliche Gesetz, also gegen die vom Produzenten selbst gelieferte Gebrauchsanleitung der Schöpfung, ist keine Aufklärung, sondern reaktionär. Die feudalgriechischen Philosophen lebten von Sklaven und warfen den Sophisten vor, *von* ihrem eigenen Denken zu leben statt *für* das Denken. Von den sophistischen Wanderlehrern unterschieden sie sich nicht durch Verstand, sondern durch Wohlstand und – daß niemand ihre Waren kaufen wollte. Die europäische Philosophie ist der Weg von Adel zu Adel, von den griechischen Sklavenhaltern zu professionellen Denkbeamten, die das Universale an Universitäten verwalten. Die Sophisten, die einzigen griechischen Demokraten, machten das Volk erst demokratiefähig. Sie zeigten ihm nicht nur, wie das schwächere Argument vor Gericht zum stärkeren gemac wird, sondern auch das Argument des Schwächeren gegen das Argument des Stärkeren verteidigt wird. Aristokrat Plato schlug die Sophistik und meinte die Demokratie; die Sophisten schlugen die Philosophie und meinten den Sklavenfeudalismus. Philosophie heute ist Letztselbstbegründung nicht des menschlichen Denkens, sondern des Denkens von Staatsbeamten, die nur ihre Privilegien und Ressentiments geistig rechtfertigen.

Ernst Bloch : "Atheismus im Christentum – Zur Religion des Exodus und des Reichs", Frankfurt / Main 1977 (Gesamtausgabe, Frankfurt/M. 1968, Bd. 14)

" Das Erlebnis des Vater-Ich ist familiär so gut wie aus, also auch sein Übertragen so hoch hinauf. " (a.a.O., S. 38)
Die Moderne ist Vatermord und Kunstmutter.
"Derart werden im Rätselwort Menschensohn und seinen Implikationen die guten Schätze, die an einen hypostasierten Vaterhimmel verschleudert waren, in ein noch so sehr hermetisches Humanum eingebracht." (S. 217)
"Menschensohn, der ohne Jahwe ist, durchaus A-Kyrios, also A-Theos zugleich. " (S. 218) " ... nicht aus Theokratie ... des Himmelsvaters", " ... gegen jede Herrengott-Idee ..." (S. 217)
Das *Prinzip Vater* stört die Höheren Töchter.
" Christus als das Lösewort auch vom Vater-Herr, vom Sternmantel, vom Schicksal höchst droben." (S. 287)
Sohnesreligion gegen Vaterreligion?
" Und endlich ja Joachim di Fiore, in voller revolutionärer Ketzerei, den puren Herrschafts-Aeon des 'Vaters' gänzlich durch den bevorstehenden Erleuchtungs-Aeon des so unstaatlichen wie unkirchlichen Logos ablösen ließ." (S. 292 f.)
"Offenheit nach vorn, dem riesigen Zukunftstopos noch geltender objektiv-realer Möglichkeit von Geburten... " (S. 293)
"Da kann ein Prinzip, das die Welt geschaffen hat, nicht das gleiche sein, das aus dieser Welt wieder herausführt... Dagegen ... das Prinzip der unverleumdeten Schlange, sodann auch des Numen, das von sich sagt 'Ich werde sein, der ich sein werde', das futurisch Neue bei Propheten und dem N.T. – all das setzt doch keinerlei Verträglichkeit mit einem Vatergott ..." (S. 289 f.)
"... im apokryphen, nicht nur apokryphen Ägypter-

Evangelium sagt Jesus gar: 'Ich bin gekommen, die Werke des Weiblichen aufzulösen'." (S. 277)

" ... das höchste Glücksland, das himmlische Paradies, vom Thron des Vaters entfernt ..." (S. 200)

Aber welche Väter sitzen noch auf welchen Thronen?

"Die Paradiesesschlange, als Raupe der Göttin Vernunft, käme so etwas auf den grünen Zweig. Zu grün, scheint es, um wahr zu sein."

(Klassenlose Gesellschaft:) "Der Aggressionstrieb würde sich dann vielleicht auf andere Gebiete verlagern, auf Eifersuchtsdelikte, Sexualdelikte, Kurzschlußhandlungen, die keinen Sinn und Verstand haben. Alles, was psychopathisch und neurotisch ist, wird bleiben. Aber das ist ein Bruchteil." (Gespräch mit A. Häsler 1976)

„Doch sobald das (Kommunistische) Manifest realisiert zu werden begann, leuchtete neben den erhabenen Vätern des Marxismus der Name Lenin auf, es folgte der Name Stalin – wirkliche Führer ins Glück. Richtgestalten der Liebe, des Vertrauens, der revolutionären Verehrung.“ "Diese Weisheit, die kühn-besonnene, offen-konkrete Weisheit Lenins und Stalins, wacht auf der Strecke zur klassenlosen Gesellschaft." (Antrittsvorlesung in Leipzig 1949)

"Jetzt ist doch die allerhöchste Zeit) wann marschiert endlich die Rote Armee ein?" (zum Ungarnaufstand 1956)

"Ich hatte überhaupt keinen Vater."
                    (Brief von 1921, in : Bloch-Almanach l, 1985)

"Mit 13 Jahren schrieb ich ein kleines Heft voll: System des Mater-ialismus, mit dem ersten Satz: 'Die Materie ist die Mutter alles Seins' ... Die 'Phänomenologie des Geistes' habe ich erotisch gelesen ... und ich habe die Phänomenologie auf diese Weise verstanden, wie ich sie nie mehr verstanden habe: falsch verstanden und doch richtig und quer und merkwürdig tiefsinnig. Die Sprache erschien mir botanisch und tropisch durchaus, und voll von Erotik, das auch noch. Das muß dem alten Hegel passieren. Immerhin: er war, als er dies schrieb, noch ein junger Mann, und er wurde von einem sehr jungen Mann gelesen."

(„Erbschaft aus Dekadenz?“, Gespräch mit Fetscher 1967).

"Also Tagtraum und Utopie als konkrete Utopie bewirken sozusagen eine Philosophie von Schwangerschaft höchster Ordnung." (Gespräch mit Gerd Ueding 1971).

Über Hegel: "Am Schluß sagt er, daß man sich in all seinen Handlungen und Philosophien schließlich nur an den Zustand erinnert, in dem man sich vor der Geburt befunden hat, in einem Reigen von seligen Geister, die einem die Wahrheit schon verkündet haben, drei Monate die untere, die nächsten drei Monate die mittlere und die letzten drei Monate die letzte Wahrheit. Anamnesis … Zukunft ist Wind und Spreu, sagt Hegel, die gibt es gar nicht." (Gespräch mit W. Hochkoeppel 1974)

"Lenin ist völlig einwandfrei, sonst wäre er nicht Lenin." (Gespräch mit Taub/Wieser 1974)

" Zum Beispiel wäre es ganz spannend, sich mit Spartakus zu unterhalten ... Halbwegs erwiesen ist, daß Spartakus aus Thrazien stammte, wo der Kult der Großen Mutter und der *bona dea*, der guten Göttin, noch im Schwange war, daß also matriarchalische Instinkte und Auskünfte in ihm lebten, mit der sentimentalischen Rückkehrbewegung zu der Mutterrechtszeit, die ja noch die Freiheit gab, daß ein Verbrecher, der in den Tempel der 'bona dea' eindrang und einen Zipfel ihres Gewandes erfaßte, von jeder Verfolgung frei war ... Auch Maria spielt diese Rolle in Fortsetzung der 'bona dea'. Gibt es eine vergessene Gerechtigkeit, die anders ist als die übliche? " (Gespräch mit Willy Hochkoeppel 1974).
"Kategorienlehre der Entschleierung, Enthüllung ... " ('Experimentum Mundi', Frankfurt/M. 1975) der blutroten Magna Mater.
Proletarische Philosophie, also Philosophie von Bürgern für Arbeiter, hat seit ihrem ersten Auftreten weniger darunter gelitten, daß sie zu wenig, sondern daß sie zu viel Materialismus war. Und es genügt nicht, den mechanistischen Vulgärmaterialismus zu bekämpfen, um den noch so dialektisch aufgeladenen Materialismus zu einer proletarischen Philosophie zu machen, zu einer Metaphysik von Plebejern für Plebejer. Materialismus war immer eine Sympathieadresse bürgerlicher Denker an jene, die die Materie bearbeiten und dabei selbst zu einem bloßen Stück Materie werden. Er brachte Kleinbürger auf den Teppich zurück, indem er sie an die materiellen Motive hinter ihren schönen Phrasen erinnerte, aber er zeigte nicht denen, die am Boden lagen, wie sie in die Luft gehen könnten und in den Himmel kommen. Materie kann bestenfalls so dialektisch werden, daß sie Arbeitsmaterial wird in den Händen

81

von Menschen, die dadurch Rohstoff in den Händen ihrer Ausbeuter sind. Materie kommt im Arbeiter zu sich selbst, heißt es. Sie gewinnt aber nur dadurch eine menschliche Bedeutung, daß der arbeitende Mensch die seine an diese Materie verliert. Sie wird dadurch beseelt, daß der, welcher sie bearbeitet, (um die unwirtliche Natur für andere zu einer guten Mutter zu machen) seine eigene Seele an jene tote Materie verliert. Das ist der Sinn dieser berühmten 'Stoffwechselprozesse' zwischen Mensch und Natur in der Technik, die da immer sozialisiert werden soll. Wenn die „Große Oktoberrevolution" gegen den Zarismus in Wirklichkeit ein reaktionärer Putsch gegen die 'blutjunge' russische Demokratie war, dann genügte es nicht, hinter Stalin auf Lenin zurückzugreifen, um die unverfälschte Wahrheit des Sozialismus wiederzufinden, sondern hinter Lenin mindestens auf Marx selbst. Marx hätte der Philosoph der proletarischen Revolution werden können, wenn er weniger in der 'ökonomischen Scheiße' herumgewühlt hätte, statt jener „Nigger" zu sein, den er in Lassalle beschimpft hatte. Es war nicht falsch, Hegel vom Kopf auf die Füße zu stellen, aber es war falsch, daß dabei die Proletarier vor lauter Hand und Fuß den eigenen Kopf verloren haben. Daß erzmaterielle Motive sich in rationalisierenden Ideologien ihren „notwendigen Schein" schaffen, macht auch den noch so dialektischen Materialismus nicht zum wahren Bewußtsein der Underdogs, sondern zu einem Underdogmatismus, der sie hindert, jene *metaphysischen* Fixsterne überhaupt zu sehen, von denen aus die *ökonomische Scheiße* erst als Scheiße denkbar wird. Nicht die Ausgebeuteten, sondern ihre Ausbeuter wären darüber aufzuklären, mit welchen schönen Worten die Ausbeutung als ihr Gegenteil bemäntelt wird.

Das Bewußtsein davon, daß und wie das Sein das Bewußtsein bestimmt, hat nur Sinn als Bewußtsein davon, wie das Sein daran zu hindern wäre, dieses Bewußtsein zu bestimmen. Schließlich sollte das Sein das Bewußtsein höchstens dazu bestimmen, nun endlich das Sein zu bestimmen. Idealismus, philosophische Metaphysik, sei die Ideologie, welche die materiellen Beweggründe der offiziösen Ideen 'übersieht', heißt es: Allerdings hat allein der philosophische Idealismus diesen Überblick; nur er geht weit genug übers Sein hinaus, um es kritisieren zu können. Wie läßt sich unter der Ungerechtigkeit der Welt auch nur leiden, ohne schon sei es noch so unausdrücklich und implizit eine Idee davon zu haben, was recht wäre? Diese Idee hatte Marx nicht oder setzte sie voraus als Erbe des Idealismus. Was der Plebs fehlt, ist nicht so sehr eine materialistische Ideologiekritik als vielmehr eine Einsicht in den Ideologiecharakter dieses Materialismus selbst. Kurz: dem Arbeiter fehlt nicht die Idee der materiellen Hintergründe, sondern eine Idee der immateriellen Vordergründe, um nicht nur sein materielles Problem lösen zu können. Wer die Bibel nicht mehr liest, wie soll der den Auszug aus jedem industrialistischen Ägypten verstehen? Revolution, das ist die Erfüllung, nicht des Aufhebung des Gesetzes, und das Gesetz kommt *von oben* und ist kein Produkt des Materiellen und kein Arbeitsmaterial. Auch der Angestellte gibt nur ans Arbeitsmaterial weiter, was mit ihm angestellt wird.

Bloch beging mindestens zwei philosophische Sünden, die ihn zum proletaristischen Hauptphilosophen untauglich machen: Er verwechselte erst Stalin mit Marx, dann den preußischen Agenten Lenin mit dem eurasischen Messias und schließlich zweitens noch die materielle Natur mit der Natur des arbeitenden Menschen. Revolutionäre Erlösung liegt nicht im Aufstieg vom toten Rohstoff zum nützlichen Fertigprodukt der Arbeit, sondern im Aufstieg des abgeschöpften Mehrwerts zum Mittel der Selbstbefreiung des Proleten von Material und Naturbeherrschern. Bloch interessierte nur die Beseelung der Materie zur guten Mutter Natur als Mittel zur Beseelung der dressierten Naturkraft des Plebejers. Es geht allerdings darum, die Verdinglichung des Menschen aufzuheben, aber eben nicht durch industrielle Aufhebung der Dingheit aller Dinge. Der verdinglichte Mensch wird eben nicht humanisiert durch industrielle Humanisierung der Dinge. Der Einwand von Marx gegen Hegel ist gegen Bloch zu wiederholen: Hegel wie Bloch wollten die Entfremdung von der natürlichen Selbstvergegenständlichung des Menschen in seinen Arbeitsprodukten aufheben durch die technische Aufhebung der Fremdheit von Gegenständen selbst, der eine durch Arbeit des Geistes, der andere im Geiste der Arbeit.

Der Skandal ist weniger, daß die Dinge noch nicht menschlich sind, als daß die Menschen nichts als nützliche Dinge sind. Zum politischen Fehler des frühen Stalinisten und späteren Leninisten kommt dann der philosophische des Materialisten, der die Menschenkinder dadurch befreien will, daß er die Magna Mater selbst emanzipiert statt sich von ihr. Die Naturmagie der Arbeit überwuchert das göttliche Gesetz, das Bloch nicht aufs letzte Iota erfüllen will. So sehr es darauf ankommt, Dinge für den Menschen zu bearbeiten, so wenig kommt es darauf an, die Natur des Arbeiters so lange zu bearbeiten, bis sie verdinglicht genug ist, die Dinge für seine Ausbeuter zu bearbeiten. Die menschliche Natur des Arbeitenden ist eben nicht zur guten Mutter Natur zu machen, sondern davon abzunabeln. Schließlich soll der Geist über die Arbeitenden kommen, nicht durch Arbeit ersetzt werden oder gar durch das Arbeitsmaterial. Bloch ist viel zu viel *mater*ialistischer Idealist: In der Natur sieht er den durch Arbeit weckbaren schlafenden Geist des Menschen und im Geist nur die durch Arbeit geweckte Mutter Natur selbst, ganz wie Hegel und Schelling. Er ersetzt nicht nur Geist, sondern auch Materie durch Arbeit, und es ist nicht der Geist Gottes. Bloch schüttet nicht anders als Hegel und die Romantiker das Kind mit dem Bad aus: Der beseelende Geist soll nicht nur bis zur verdinglichten Natur des Menschen hinabsteigen, sondern hinunter bis zur Natur materieller Dinge, an denen er sich abarbeitet. Wohl ist Arbeit potenziell Befreiung der Menschheit von der Naturtyrannei, aber gar keine Befreiung des Arbeiters von der Tyrannei der Naturbeherrschung. "Denken heißt Überschreiten", schreibt Bloch und sieht nicht, daß die Naturmagie der sozialistischen Arbeit nicht überschritten wird vom historisch-dialektischen Materialismus, sondern nur von Gottes Gesetz, das er materialistisch fundieren will, um die Materie zum menschlichen Gesetz zu machen. Bloch ist mehr Materialist als Proletarist, und da er zwischen grüner Natur und der Natur des Arbeiters zu wenig unterscheidet, ist er für 'Ökosozialisten' zu interessant.

Er hat das Rotrevolutionäre im biblischen Messianismus wohl gesehen und den 'Atheismus im Christentum'. Sein Fehler bestand *nicht* darin, daß er im Exodus den Sklavenaufstand sah und in der fälligen proletarischen Revolution den Auszug aus Pharaos Beamtenstaat.

+ + +

Kurzgeschichte der deutschsprachigen Literatur

Die alt- und mittelhochdeutsche Literatur ist im Original für heutige Deutsche nur lesbar als fremdsprachige Texte. Für mich beginnt es um 1400 mit dem "Ackermann aus Böhmen", der Totenklage Johannes <u>von Tepls</u> um seine verstorbene Frau. Kurz nach der Vertreibung von Juden und Mauren aus dem christlichen Europa erschien Sebastian <u>Brants</u> "Narrenschiff", Auftakt zu zwei Jahrhunderten an Narrenliteratur. 1509 widmete <u>Erasmus</u> von Rotterdam sein ziemlich ironisches Selbst-"Lob der Torheit" dem Engländer Thomas <u>Morus</u>. Der erste freie Euro-Literat war kein Feigling vor dem Reformator, sondern ein toleranter Kulturchrist gegen den Bauernfeind Luther.

Das lyrische Barock gipfelte in den Vanitas-Gedichten des Andreas <u>Gryphius</u> und in den epigrammatischen "Sinngedichten" von Friedrich <u>Logau.</u> Für Leute, die nicht mehr glaubensfest waren und doch nicht auf Religion verzichten konnten, schrieb Angelus <u>Silesius</u> die evangelischen Paradoxe seines "Cherubinischen Wandersmanns". Grimmelshausens "Simplicissimus" war keine harte und wüste Simpliziade, sondern der 30-jährige Krieg auf Papier. Hinrich <u>Brockes</u> "Irdisches Vergnügen in Gott", ein liebevoll behagliches Ausmalen der Schöpfung, und S. <u>Geßners</u> natursanfte "Idyllen", die von Rousseau so begrüßt wurden, erschöpften wohl schon den lyrischen Qualitätsertrag der Aufklärung. Lessing nannte sich eher einen Kritiker als einen Poeten. Die aufgeklärte Prosa, die noch stichhält, teilt sich in <u>Lichtenbergs</u> aphoristische "Sudelbücher" und <u>Lessings</u> "Nathan der Weise", der die unchristliche Trinität der monotheistischen Religionen zum edlen Wettstreit aufruft und nicht zu gegenseitigen Ausrottungsfeldzügen. Hier wäre leicht anzuknüpfen und der Rest ungnädig zu vergessen. Christoph M. <u>Wieland,</u> ein windiger Sprachvirtuose, der weniger Mut als Anmut hatte, glaubte nichts Besseres geschrieben zu haben als den wenig zynischen "Nachlaß des Diogenes von Sinope" von 1770. Arno Schmidt ließ noch "Clelia und Sinibald" gelten, die rokoko-erotische Verserzählung des 50-Jährigen. "Anton Reiser" von Karl Philipp <u>Moritz</u> und S. <u>Maimons</u> "Lebensbeschreibung" sind erschütternde proletarische Autobiographien und gehören eng zusammen. Der apolitisch idyllische "Wandsbeker Bote" Matthias Claudius hatte einen modernen Fürsprecher gefunden in dem scharfen Karl Kraus und grantigen Schopenhauer.

Von Goethe bleibt mir "Hermann und Dorothea" und einige Lyrik. "Tasso" hätte die Aristokraten zum Teufel schicken sollen, statt sich von ihnen abhängig zu machen, ist aber eine reiche Sentenzen-Fundgrube. "Wilhelm Meister" bestätigt nur die trostlose Binsenweisheit, daß die Menschwerdung darin besteht, die brotlose Kunst des fahrenden Schauspielers gegen die bürgerliche Karriere eines Chirurgen einzutauschen. Schon Novalis protestierte gut romantisch gegen diese "Entsagenden", die den verkrachten Künstler zum nützlichen Pfahlbürger erheben. "Die Wahlverwandtschaften" feiern die schwüle Alchemie des Partnertauschs. Und warum ist Heinrich "Faust" eigentlich nicht wie Famulus Wagner bei seinen alten Folianten und Retorten geblieben und hat ohne den Mephisto sein Gretchen geheiratet? Die Autobiographie "Dichtung und Wahrheit" verschweigt mehr als sie enthüllt, und ist viel weniger ergiebig als "Eckermanns Gespräche mit Goethe", die Nietzsche pries. Seine nicht immer originellen, aber meist anregenden "Maximen und Reflexionen" werden allzu wenig gelesen. Der Lustgreis warf noch einen ganzen Phantasie-Harem auf den "Westöstlichen Diwan" und gab uns einen falschen Orient. Goethe war ein reicher Naturfreund, der von Physik nichts verstand, und sein Freund Schiller ein armer Geschichtsschreiber, der mit Kolportagedramen agitierte. Ich empfehle eine Auswahl seiner Gedankenlyrik und eine Blütenlese erzrhetorischer Sentenzen aus seinen Theaterstücken. "Die Braut von Messina", perfekt komponiert wie "Maria Stuart", ist sein klassisch bestes Stück "Pathos in Marmor".

"Vermutlich der genialste Aphoristiker, den wir je hatten", sagte Rolf Vollmann von Jean Paul, und auch der größte Idylliker, wäre hinzuzufügen, neben Johann Peter Hebel mit seinem "Schatzkästlein des Rheinischen Hausfreunds". Um 1800 rechnete Richters voluminöser "Titan" ab mit dem Geniekult der Weimarer Klassiker und der Jenaer Frühromantiker. "Das Leben Fibels" und "Quintus Fixlein" sind die Nachfolger des "vergnügten Schulmeisterlein Wuz", der die blanke Not mit Büchern wegschrieb. Nicht wenige Gedichte Hölderlins aus seiner mittleren Lebenszeit sind es wert, auch heute lebenslang auswendig gewußt zu werden. Romantische Fragmente aus Novalis "Allgemeinem Brouillon" und Friedrich Schlegels "Philosophischen Lehrjahren" wären überhaupt erst noch zu entdecken. Die sehnsüchtig nomadisierenden Gedichte der Katholiken Eichendorff und Brentano werden vieles Neuheidnische des 20. Jahrhunderts spielend überleben.

Das "Biedermeier" wird gewöhnlich weit unterschätzt als bloße Spießeridylle, die den Kopf in den Sand stecke vor sozialen Miseren und erzpolitischem Änderungsbedarf. Aber Mörikes "Idyll vom Bodensee", sein feinironischer "Alter Turmhahn" und die Theokrit-Übersetzungen sind eher schöpferisch resigniert als knöchern philiströs. Von Grillparzer und Hebbel lesen sich heute noch am besten die Tagebücher. Anders als Arno Schmidt sehe ich in Adalbert Stifter weniger den "sanften Unmenschen" als den "Seelenfriedenstifter" voll "Andacht zum Kleinen". Walter Muschg nannte den "Nachsommer" von 1857 "herrlich" und könnte von ihm dasselbe sagen wie Theodor Fontane von seinem Alterswerk "Stechlin": "Von Verwicklungen und Lösungen, von Herzenskonflikten oder Konflikten überhaupt, von Spannungen und Überraschungen findet sich nichts." Der Depressionismus von Nikolaus Lenaus zigeunernden "Schilfliedern" dämpft bis heute wohltuend den pausbäckigen Fortschrittsoptimismus. Der witzige Hedonist Heinrich Heine wird vielleicht überschätzt. Er schnorrte bei reichen Verwandten, ließ sich taufen, um Karriere zu machen, und wagte sich von keinen Gefühlen überwältigen zu lassen, ohne sie zugleich ironisch zu distanzieren, wodurch er sich selbst permanent dementierte, bis er konsequent einer Lähmungskrankheit erlag. Karl Kraus schimpfte ihn den Vater des modernen Pressefeuilletonismus. "Dantons Tod" des jungen Georg Büchner ist ein blendendes revolutionsrhetorisches Feuerwerk im französischen Deklamationsstil. Unter den vielen Erzählern des "Realismus" gebe ich die Palme nicht Gottfried Kellers "Geschichten aus Seldwyla", sondern Jeremias Gotthelfs "Käserei in der Vehfreude" und auch Wilhelm Raabes "Chronik der Sperlinggasse", ohne Handlung, Konflikt und *action thrill*. Von Gerhart Hauptmann brauche ich nicht mehr "Weber" und "Biberpelz", sondern die Hexameter-Idylle "Anna" und "Der Narr in Christo Emmanuel Quint", ein Roman über einen Proletarier, der die Religion viel ernster nimmt als seine Ausbeuter. Niemand verknüpft mir Gefühle und Gedanken lyrisch sinnreicher als Rilke in seinen "Duineser Elegien" und "Sonetten an Orpheus" und spätesten Gedichten. Der sperrige Alfred Döblin, der oft sich selbst im Wege stand, zeigte in "Berlin Alexanderplatz" nur, wie sich ein Mittelständler einen waschechten Mann aus dem Volk vorstellt. Von Berlin verstand er mehr. Kafka war selbst schuld, daß er sich lebenslänglich schuldig fühlte vor ebenso inkompetenten wie illegalen Gerichtshöfen in seiner Brust, weil er Gottes "Gesetz" nicht (an)erkennen konnte. Ein heilloser Narziß verliebte sich in seine Neurose und machte allen Tolpatschen der Welt unerbittlich Mut zu ihren Ungeschicklichkeiten. Thomas Manns "Zauberberg" von 1924 und Robert Musils "Mann ohne Eigenschaften" von 1930 bis 1952 sind idyllische Dialogromane, in denen an der Wahrheit betörend vorbeigeplaudert wird, um - zum Glück - nicht handeln zu müssen. So quietistisch schön diskutierten Bildungsbürger sich an den Ausbruch des Weltkriegs heran. Castorp flüchtet sich in Krankheiten und Ulrich in den "Essayismus", der vor lauter inzestuösem "Möglichkeitssinn" die Realitätsprobe verspielt, ein kluger Sowohl-als-auch-weder-noch. Man spielt alles durch, um sich begrifflich nicht festlegen zu müssen, allzeit für alles verfügbar und deshalb nirgends Farbe bekennend. Unter dem feilen Vorwand, keine Dogmatiker sein zu wollen, kennen diese Leute keine Wahrheit mehr und jonglieren mit Fiktionen. Hermann Hesses geistiges "Glasperlenspiel" der Ideen mitten im 2. Weltkrieg ist ebenso treffsicher degagiert. Brecht, ein rücksichtsloser Manager seines Ruhms, war ein steriler Zuvielschreiber, der rechte Teufel durch rote Beelzebubs ersetzen wollte und die Revolution in den Dienst seines Theaters stellte statt die Bühne in den Dienst der Politik. Früher liebte ich seine "Heilige Johanna der Schlachthöfe", doch nur seine Gedichte überleben seinen Vulgär-Sozialismus.

+ + +

Ich denke, also bin ich ausgedacht *(Cosmical Comics)*

ALTERTUM

Thales : Alles kommt aus dem Wasser und geht ins Wasser.

Anaxagoras : Alles kommt aus der Luft und geht in die Luft.

Anaximander : Tod ist Strafe fürs Dagewesensein.
           (Sum, ergo Bumm!)

Gorgias : Wahr ist nur, dass alles falsch ist.

Protagoras : Alles ist wahr,
           denn jeder Mensch ist das Maß aller Dinge.

Heraklit : Alles fließt (ab). Der Friede ist der Vater des Nichts.

Parmenides : Alles ruht ewig. Nichts ändert sich.
           Es sieht nur so aus.

Sokrates : Ich weiß, dass ich nichts weiß, also mehr als andere.

Plato   Ideen sind besser als nichts.
        Nichts ist besser als Realität.
        Also, logisch gelogen:
        Ideen sind besser als Realität.
        Das Wesen der Welt ist nicht von dieser Welt.
        Die Filosofen an die Macht!

Aristoteles : Die Natur der Natur liegt in der Natur selbst.
        Das theo-rethische Leben ist göttlich.

MITTELALTER

Duns Skotus : Gott will nicht das Gute,
weil es gut ist, sondern das Gute ist gut, weil Gott es will.

Thomas von Aquin : Die Idee der Scheiße
ist *vor* der Scheiße in Gottes Kopf,
ist *in* der Scheiße als ihr Wesen und
ist *nach* der Scheiße als ihr Begriff
in meinem armen Kopf.

NEUZEIT

Descartes :
Gott existiert, weil er sonst unvollkommen wäre
Ich existiere, weil ich daran zweifle
Die Welt existiert, weil Gott nicht betrügt.

Spinoza : Alles ist Wirkung der einen Substanz, die
Ursache ihrer selbst ist. Affekte weichen nur Affekten.

Leibniz   Die Welt ist die beste aller möglichen, denn:
Die Idee des Ganzen ist ein Teil des Ganzen,
und in jedem seiner Teile ist das Ganze ganz enthalten.

Berkeley   Sein = (Inge)wahr(sam)genommensein.

Hume   Das Haus brennt nicht, *weil,*
sondern, *nachdem* der Blitz eingeschlagen ist.

Kant   Alles ist subjektiv. An sich bist du frei, aber was würde
(auch aus dir), wenn nun alle so wie du ...

Fichte   Alle Tatsachen sind tatsächliche Taten eines Ich.

Hegel   Alles ist sein eigenes Gegenteil und hebt sich auf
(höhere Stufen). Das Ganze ist das Wahre, und jede
feste Substanz muß zweifelhaftes Subjekt werden.

Kierkegaard   Die Wahrheit ist die Subjektivität
(des Gläubigen).

Schopenhauer   Alles ist Mist, also sei Pessimist!

Leide oder langweile dich!
Glück ist vermiedenes Unglück.

Nietzsche : Alles will zur Macht und sonst nichts. Lebe gefährlich!
Wahrheit ist ein nützlicher Irrtum. Alles kehrt wieder.
Religion ist Sklavenmoral.
Es lebe der ungezüchtigt überzüchtete Übermensch!

Marx   Ich habe nur das an der Welt interpretiert,
was an ihr zu ändern ist (11. Feuerbachthese)

Bergson   Raum = Tod. Zeit = Leben.

Freud :   Alles ist Sex. Die *cool tour* ist ein verhindertes Schwein.

Husserl   Streich die Welt durch, und du siehst
die Wesens-Show! Komm zur (Ur-)Sache!

Heidegger Ich bin, was ich kann, und mir immer schon voraus,
geworfener Entwurf meiner *jemeinigen
Eigentlichkeit, Platzhalter des Nichts,
Hirte des Seyns.*
Das Seyn ist es selbst und west mich an.
Das Nichts nichtet das Seiende im Ganzen.
Das Seyn ist kein Seiendes und doch nicht nichts.
Die heutige Welt ist ein seynsvergessenes Ge-Stell.

Sartre   Ich bin zur Freiheit verurteilt und meine eigene Zukunft.
Ich erfinde mich selbst. Ich bin (schon), was ich (noch)
nicht bin, und ich bin nicht (mehr), was ich (noch) bin.
Mach dich aus dem, was man aus dir gemacht hat.
Bloch   Sein = Noch-Nicht(-Wieder-Gewesen)-Sein.
Jaspers   Nur durch Scheitern ist das Leben zu
erweitern, aber: Lebe in der Schwebe!
Wittgenstein Die Umwelt ist alles, was der Abfall ist.
Die Unterwelt ist alles, was der Überfall ist.
Die Geisteswelt ist alles, was der (R)Einfall ist.

Adorno   Es lebe der kleine Unterschied!

91

KYBERNETISCHER GOTTESBEWEIS

\ für den Realisten

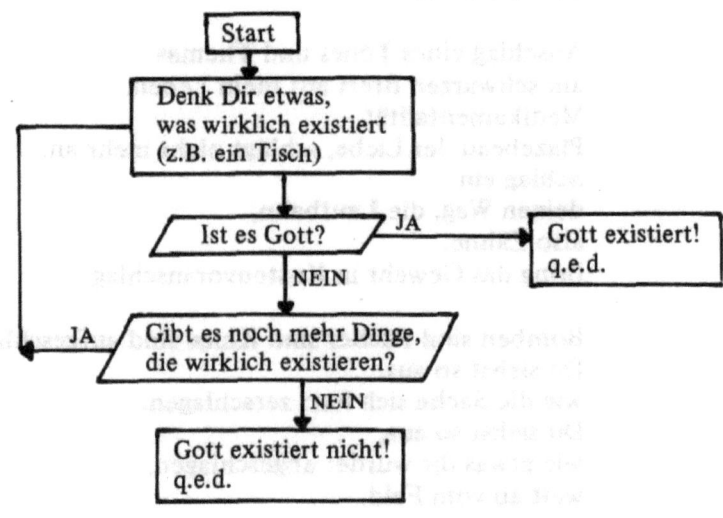

\ für den Idealisten

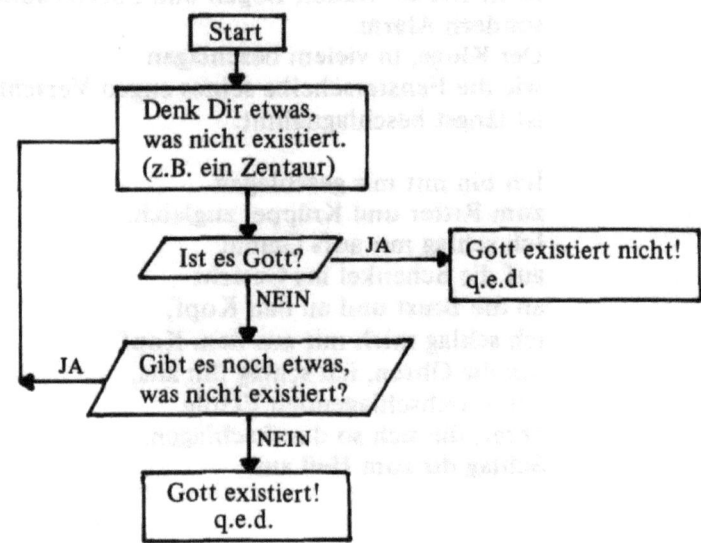

.... Und er liegt hier rum, und nächstens ist Klausur, über viellosoviehsche Motiefgeschichte, die GrundzstRucktouren des abendLendischen Dennkenns, und er ist gar nicht vorbereitet. Also mal kurzes Re-Petittorium, was war das denn gleich ... nur StichWorte, um wieder rein zu kommen; das fing an mit Genithales von Milet(Me let): Alles kommt aus dem Fruchtwasser ... dann AhNacksieMenses: Alles nur vapeurs ... dann Par-men-nie-des: le sein ist und das N-ich-ts ißt nicht. Sein ohn Nix und Lokusmotiv, AleteHeia wohlgerundet ... und Herr-AhKlitoris der Dunkle mit PantherEi, und alles fließt, und PolleMus ist Vater aller Dinge. Der Weg hinauf und der Weg hinab ist derselbe Weg ... dann die Hebammencunnst des Xanthippellbruders Sock-rat-es, dieses Jugendver-führers, und die Sophi(e)sten... das Mutter- Leibeshöhlengleichnis von PlatTon oder Plateau : Ii,Dea! Das Wehsen der Wellt sind Zahlen und Mattemattic ... dann die TeleOologie und die Ente-leckie der Nattour beim EpißteMolGger AaRißtotelles ... Im Schönen zeugen, der viel-oh-soFische Eroß bei Platton ... die Kattarh-süß seines Schülers ... die Änne-ade des Plot-in ... die Potenzen und der actus pur(itan)us des heiliegen Thomass ... die „Konfessionen" des Augusteen ... die Hackseität des DunsKot ... Und die Abgeschiedenheit des Meister EckHart von jeder Scheide ... und der DockTor ick-no-Ranz NieKohlaus von Lues ... die Lullische Cunnst ... KombiNatorik ... Und dann die präserStabliierte Harm-o-nie und die Mona de Leib-Nix ... das Zeitalter der Aufklärung, Wollteer ... dann Rettour à la nat-tür von Ruh-so ... Und die mhh-oralischen Gepfühle des Schafts-bury ... Und der Em-pi-riß-Mus und die KauSaalfuckToren bei Hume (You-me) ... Und schließlieg die Crytick der urTeilskraft von ImManuell Cunt: Alles subJack: tief. Mann achte Pf-licht und Gesäß ! Contra bloße Sinnlichkeit ... Und dann setzt Gottliebs F-ich-te die Welt in die Welt und machte Aa = Aa (Wisenschaftslehre): die Tathand ist UrHeber aller Fuckten ... Und dann die EdenTittète-Leere des Schähling: l, de Aal! Die Aalecktick von GeorgasMus Willhelma Befried-riech Heg-elle: das Ei(n)Zellne und PartyCulare ist das Phallsche und wird nee-giert und gut aufgehoben ... Und dann der PessiMist Show-pen-hauer im Near-wahna und Niet-zsches Übel-mensch will zum Gemächte und eviech wieder kehren; All, zu man schlich es ... die Genitalogie der Mhh-oral ... Von NuttZen und Hinterteil der Hysterie, Rehwollustion bei Marks...

93

Autorität des alten Autors

Er war ein Autor, der nicht in der Öffentlichkeit auftrat und seine Verleger oft zur Verzweiflung trieb, weil er seinem Publikum einfach nicht hinterherlaufen wollte. Er weigerte sich strikt, in Buchhandlungen oder Veranstaltungssälen irgendwelche Lesungen aus seinen Druckwerken abzuhalten, an Podiumsdiskussionen teilzunehmen oder auf Buchmessen persönlich in Erscheinung zu treten. Er war kein Autor zum Anfassen, nicht einmal zum Ansprechen oder auch nur zum Anschauen.

"Interviews würde ich auch dann nicht geben, wenn es dringend gewünscht würde oder hohe Honorare gäbe. Und Talkshows fragen einen Autor aus, um seine Bücher nicht lesen zu müssen", beschied er alle Anfragen so lange, bis niemand mehr bei ihm anfragte. "Wer mich kennenlernen will, kann meine Bücher kaufen. Der Rest von mir ist ohne jede Bedeutung für andere als für mich und die Meinen.

Schon die Bücher haben ihre Schwächen, aber mündlich ist ein Autor noch unter seinem schriftlichen Niveau. Und wer auf Gesellschaften schon durch Eloquenz hervorsticht, müßte in der Einsamkeit doch keine Bücher mehr schreiben."

Er dachte nicht so, weil er einfach menschenscheu war, sondern mied umgekehrt die öffentlichen Medien, weil er so dachte. "Wenn das Buch nicht auch ohne dich Interessenten findet", sagte er sich, „dann bleibt es eben ungelesen. Du wirst nicht eine Reklametrommel für dich selber rühren und dich den Leuten an den Hals werfen. Was du den fremden Leuten außerhalb deiner Verwandten und Bekannten zu sagen hattest, hast du schriftlich abgemacht. Es ist ja jederzeit nachzulesen, und jeder, der Lust hat, darf dich für immer darauf festnageln. Gesprochen ist verweht, geschrieben ist verewigt. Wer nach deinen Sachen fragt, wird sie zu finden wissen, und wer deine Themen nicht sucht, der findet dich auch außerhalb deiner Bücher nicht. Immer warst du sehr darauf bedacht, von deinem Geschreibsel nicht leben zu müssen, also ist es für deinen Lebensstandard nicht wichtig, wie viele Leser du findest. Es freut dich zu hören, wenn verstreute Einzelne etwas anfangen können mit dem, was du machst. Noch mehr würde es dich freuen, wenn in einschlägig seriösen Zeitschriften hin und wieder ein nicht ganz dummer Aufsatz über deine Sachen erscheinen würde. Eine wohlmeinende Besprechung in einem anspruchsvollen Periodikum oder ein fundiertes Buch über deine Bücher, das wäre schön, und das wäre dir genug.

Von einigen isolierten "Stillen im Lande" gekannt und geschätzt zu werden, wäre Ehre genug, die man dir erweisen könnte. Aber Stille im Lande gelten seit langem als lächerliche Duckmäuser, und stille Wasser sind heute für niemanden mehr tief genug. Du suchst kein Bestsellerpublikum, sondern bist mehr als zufrieden mit der kleinen Minderheit, die du belieferst. Sollte es nicht auch Autoren geben, die vernachlässigte Minoritäten als Lesergemeinden erobern?

Einige deiner Bücher fanden einige tausend Leser, andere Titel wenigstens einige hundert und manche deiner Druckwerke nur einige Dutzend Leser, aber was soll daran deprimierend sein? So, wie es ist, ist es genau richtig. Manchmal ist es das Thema und manchmal deine Art, es zu behandeln, die nur wenige Liebhaber findet, mache dir deshalb keine Sorgen. Es kann gar nicht anders sein. Du hattest nie vor, den Zeitgeist zu bedienen oder die zeitgeistigen Formen, gegen diesen zu protestieren. Wenn du zuweilen bekümmert bist, dann erinnere dich, weshalb du schreibst. Dir war es immer wichtiger, das von deiner Zeit zu Unrecht Vergessene und gedankenlos Übergangene, das vom Gängigen Verschüttete, wieder auszugraben. Du willst die Leute erinnern an das vom Fortschritt, so segensreich er auch sein mag, immer auch voreilig Beiseitegedrängte.

Im Fokus der Aufmerksamkeit stehen zu jeder Zeit immer nur gewisse Ausschnitte aus dem Gesamtspektrum wichtiger Kulturthemen, das ist gar nicht anders möglich. Das gehört zur Logik der Sache. Niemand kann das große Ganze ständig präsent haben und in seinen Entscheidungen voll und angemessen berücksichtigen. Umso wichtiger ist es, wenigstens das mutmaßlich Stichhaltige von dem, was gerade mal wieder, ob nun vorsätzlich oder gedankenlos, in den Hintergrund geschoben wird, nicht ganz aus dem öffentlichen Blickfeld rutschen zu lassen. Es genügt ja schon, wenn einige versteckte Minderheiten diese heutigen Marginalkulturen noch hingebungsvoll pflegen, damit sie nicht ausgestorben sein werden, sollten sie eines Tages an anderer Stelle oder zu unbekannten Zwecken doch wieder gebraucht werden.

Du schmeichelst dir, zu solchen Konservatoren zu gehören, die vor den mathematisch-naturwissenschaftlich-technischen Dampfwalzenfortschritten das eine oder andere Unersetzliche noch rasch und rechtzeitig in Sicherheit bringen wollen. So hast auch du eine Aufgabe und wirst von einigen Lesern gebraucht, wer weiß?

Und was du so zusammenkritzelst im Laufe der Jahre, das will für kein Problem und für keinen Konflikt beanspruchen, die endgültige Lösung letzter Hand zu sein. Es genügt, die Aufgaben, die dir wichtig erscheinen, ihrer künftigen Lösung um einige Meter näher zu bringen, wenigstens erst einmal im Kopf und auf dem Papier. Du bietest Beiträge an, die in der späteren Lösung sang- und klanglos untergehen dürfen, wenn alles gut geht. Es geht bei deinen Auslassungen ja nicht um Jahrhundertkraftakte, die ohnehin bald durchschaut und vergessen sind. Wer die neue Frontlinie des menschlichen Wissens und Könnens um ein weniges verschiebt, drückt dem Staffelläufer der nächsten Etappe irgendeinen Marschallstab in die Hand.

Der amerikanische Autor, der unter dem Namen "Thomas Pynchon" seine Romane veröffentlicht – die dich im übrigen wenig interessieren – , macht es nach deinem Geschmack, wenn es stimmt, was von ihm gesagt wird und er sich nicht nur wichtig tut, um allgemeine Neugier zu schüren. Er verrät der Öffentlichkeit nicht, wie er wirklich heißt, wo er wohnt, wie er lebt und was er sonst noch treibt. Der Autor Hermann Lenz, dessen Romane dir besser gefallen, lebte zwar auch zurückgezogen, kokettierte für dein Gefühl aber zu sehr mit seiner wenig zeitgemäßen Abseitigkeit. Machte er nicht nur aus der Not eine Tugend, solange er unbekannt war? Der Sechzigjährige, als der Ruhm ihn noch erreichte, war dann durchaus empfänglich für das plötzliche Interesse des Kulturbetriebs an seiner Person und las aus seinen Werken vor, ließ sich filmen und interviewen, von den Reichen und Adligen hofieren. Er genoß den ganzen Rummel, mit geistiger „Vorbehaltsironie", sicher, aber in vollen Zügen. Das hat dich dann doch enttäuscht an diesem sympathisch stillen Mann, gib es ruhig zu.

Ein (beinahe) unbekannter Autor zu sein, dem seine vergleichsweise spärlichen Leser aber doch eine gewisse Treue halten, dies gefällt dir. Mehr brauchst du nicht an Ermutigung, um weiterschreiben zu wollen. Aber du würdest auch weitermachen, wenn du ganz auf die Nachwelt setzen müßtest, weil die gegenwärtige Nachfrage nach dir fast gegen Null tendiert. Nicht oft, aber gelegentlich berichtet dein Verleger dir am Telefon von beeindruckten, ja auch von begeisterten Einzellesern, die sich bei ihm melden und nach deiner Adresse fragen, um dir von dem Gewinn oder Vergnügen bei der Lektüre deiner Sachen zu erzählen. Solche seltenen Nachrichten aus dem Leserland schenken dir jedes Mal einige beflügelte Stunden. Aber der Bericht des Verlegers genügt dir, und du bittest ihn, deine Anschrift nicht preiszugeben. Wer zu deinen Sachen etwas sagen will, soll es schriftlich tun und es alle wissen lassen, nicht nur dich.

Vom Erlös deiner Bücher mußt du zum Glück nicht leben. Also kannst du schreiben, was die Justiz noch erlaubt und nicht nur der Redakteur oder der Lektor. Du mußt dich doch dem Diktat und Geschmack der Zeit nicht beugen. Du mußt nicht noch einmal mit deinen eigenen Worten wiederholen, was sowieso schon aus allen Lautsprechern, Kanälen und Gazetten quillt. Dein Portemonnaie oder Selbstbewußtsein ist von deinem zufälligen Marktwert nicht abhängig. Du hast es nicht nötig, auf vorgegebener Linie der angesagten Themen und Thesen zu bleiben.

Mit dir selbst aber hältst du hinterm Berg, nicht aus Angst vor dem Erfolg, sondern nur so, aus Prinzip, ohne dich deshalb nun gleich für ein „verkanntes Genie" zu halten. Du mißtraust dieser Öffentlichkeit; eigentlich möchtest du dich auch schriftlich nur als ein Einzelner an Einzelne wenden – unter Umgehung des sogenannten öffentlichen Lebens. Aber warum gibst du deine Sachen dann zum Druck, statt deinen Bekannten eine Manuskriptkopie in die Hand zu drücken?

Er hofft wohl doch noch auf ein etwas größeres Echo, irgendwo zwischen dem Freundeslob und einer Highseller-Auflage. Suchen seine Bücher wenige Fachleute zu überzeugen oder das breite Bildungspublikum? Er weiß es nicht. Heut glaubt er es zu wissen, dann zweifelt er wieder.

Wenn "Ruhm" und "Ruhe" sich nur in einem einzigen Buchstaben unterschieden, wären sie durchaus vereinbar. In Wirklichkeit schließen sie einander völlig aus, und aus ihm sprach nicht das Ressentiment des unbekannten Autors, wenn seine Aufrichtigkeit dann doch die Seelenruhe den eitlen Aufregungen der Medienpräsenz vorzog. Ja, er war heilfroh, daß kein lauter Erfolg seine

Schreibtischstille verfolgte. Ihm genügte vollauf die überlegte und überlegene Anerkennung durch eine Handvoll von Leuten, deren Urteil er vertraute, weil er ihre eigenen Arbeiten kannte. Keine Interviews, bitte, keine Talkshows, überhaupt keine öffentlichen Reden und Vorträge, Lesungen und Auftritte. Der Autor hält den Mund, wenn sein Buch für sich selber spricht oder unwidersprochen totgeschwiegen wird.

Er hatte nie eine Berufsausbildung absolviert, sondern nur einen Job ausgeübt. Er hatte nie seinen Wehrdienst abgeleistet und besaß auch keinen Führerschein für irgendeine Art von Auto. Er hatte keine eigene Familie gegründet und keine Kinder in die Welt gesetzt. Reisen haßte er ebenso wie sportliche Betätigung, bei sich wie bei anderen. Er hatte kein Eigenheim im Grünen, sondern nur eine Mietwohnung unterm Dach. Er rauchte und trank nicht und fuhr so wenig Fahrrad wie Auto. Er hatte keine bald geschiedene Ehefrau, sondern eine ewige Lebensgefährtin, er war ein glücklicher Mensch. Ging es ihm gelegentlich mal schlecht, weil er trotz aller Tugenden schlecht war, oder war er schlecht, weil es ihm trotz aller Genüsse schlecht ging?

Keine Wolken waren voneinander zu unterscheiden am Himmel vor dem Fenster. Ein fahles Regengrau überspannte die unsichtbar gewordene Bläue an jeder Stelle. Märzspatzen unterhielten sich von Baum zu Baum, aber solche Worte klangen putziger als die Vogelstimmen. Nun saß er wieder auf seinem "Opasessel", einer bei jeder Körperbewegung aufquietschenden Gartenliege, die Beine hochgelegt, und hatte ein Buch, das Telefon und eine Scheibe Brot neben sich in Griffweite. Zuweilen stand er auf und blickte hinunter in den nachwinterlichen Garten, der sich beinahe hundert Schritte bis zur gegenüber liegenden Häuserwand erstreckte, auf der schon frühmorgens eine heitere Vorfrühlingssonne lag. Und sein Lieblingsbaum war eine zierlich hohe Birke, die sich sanft wiegte vor den wandernden Wolkenmassen.

Der junge Mann setzte sich auf die grüne Bank und schaute auf den Fluß, der am offenen Horizont ins Meer überging. Kein Hügel verstellte den Blick, ein sonnenbeherrschter Himmel klaffte über ihm, zu seinen Füßen gurgelte eintönig das Flußwasser und glitzerte tausendpunktig im Licht. Das Himmelblau, das Flußgrau und das Schwarz der Sonne waren im Einstand, ein luftiges, feuchtes, heißes Geheimnis. Nach einer Stunde, als der Wind auffrischte,

98

erhob er sich und schlenderte langsam den Deichweg hinunter, die Abendsonne und keine Blicke im Rücken. Es *geht* so seinen Gang, es geht glatt und voran und wie geschmiert, es geht gut, es geht ihm gut. Er geht uns aus dem Weg in die Irre, durch die Lappen, vor Anker, auf Nummer Sicher, auf Stelzen, auf den Leim, in die Lehre, in die Binsen, zum Kuckuck, den Weg allen Fleisches, zu Bruch und vor der Hunde, zur Neige, er geht dir zu Herzen, durch Mark und Bein an die Nieren, auf die Nerven, zur Hand um den Bart, er geht zu weit und ganz aufs Ganze?

Dreißig Jahre später würde diese Nachmittagsstunde am heimatlichen Fluß in ein Buch eingegangen sein, ohne darin erwähnt zu werden. Die Bücher, die er später schrieb, waren die Quintessenz auch aus seinen unermüdlichen Spaziergängen und Streifzügen, die er Jahrzehnte früher als Jugendlicher durch seine Heimatstadt und das grüne Umland gemacht hatte. In diesen Druckschriften des Sechzigjährigen waren all die damals so sinn- und ziellos aussehenden Jahre der vergrübelten Wanderungen am Ende doch ganz gut aufgehoben. Das Wichtigste blieb ja unverloren, und was vergessen war, das hatte doch nichts Besseres verdient. Seine Kindheit und Jugend, um sie zu rechtfertigen, konnte und wollte er nur von seinen später geschriebenen Büchern aus verstehen und beurteilen. In diesem kleinen braven Jungen aus dem Arbeiterviertel der Seestadt, aus diesem schüchternen und rebellischen Jüngling muß man den Autor seiner labyrinthischen Bücher entdecken. Äußerlich hatten dieser Schüler und dieser Schriftsteller nichts miteinander gemeinsam als eine gewisse Vorliebe für Bücher. Der Jüngere las sie, der Ältere schrieb sie, aber jener konnte ja noch nicht die kennen, die er noch gar nicht geschrieben hatte, oder doch? Was deutete im einen auf den anderen schon voraus oder noch zurück? War der Heranwachsende im Erwachsenen hegelisch gut *aufgehoben* und dieser in jenem schon keimhaft zu erahnen? War der Mann im radikalen Bruch mit seiner Vergangenheit entstanden und ging der Jüngling mit dem künftigen Autor noch gar nicht schwanger? Und doch waren alle diese Bücher aus scheinbar so kümmerlichen und gefährdeten Anlagen und Umständen entstanden. Dieser Anfang hätte natürlich auch ein anderes Ende nehmen können, und diese Früchte hätten in einem anderen Boden aus anderen Keimen wachsen können. Gottvater hat es so gewollt, sagt man nicht nur aus Verlegenheit. Und doch sind solche und keine anderen Bücher geschrieben worden von diesem Mann, der lange Kinderjahre ganz ohne Bücher gelebt, mit Schulfreunden herumgetobt, Fußball gespielt und jahrelange Spaziergänge gemacht hatte. Wenn es hier Kausalitäten und Finalitäten von Anfang an gab, dann sind uns nur ihre oberflächlichsten Züge aufgefallen. Hat dieser Autor, der durch gar keine Nachkommen gerechtfertigt ist, all diese Notizhefte vollkritzeln dürfen und sollen, nur damit ein bestimmter, ganz unbekannter Mensch irgendwo auf der Welt eines Tages im stillen Kämmerlein darin lesen würde, um sich vielleicht ein oder zwei Gedanken herauszugreifen und davon bewegen zu lassen zu weiteren Werken, Worten und Taten, die von der Vorsehung zu abgedunkelten Zwecken gewünscht und eingefädelt worden sind, von langer und allerlängster Hand? War der Kinderlose dazu auf die Welt geschickt worden, ohne es zu wissen? Der 20-Jährige wäre wohl ziemlich erstaunt gewesen, wenn er schon damals die Bücher des 60-Jährigen hätte lesen können.

Erzählen zählt und zahlt

Nimm eine gerade Stahlschiene, eine dünnere oder dickere oder sogar ein Rohr, ganz wie du willst, und versuche sie so zu biegen, daß die Enden sich berühren und die Schiene einen Kreis bildet, durch den du deinen Kopf stecken kannst wie durch einen Rettungsring. Laß das Publikum sich an der Eisenstange vergeblich versuchen, laß Besucher prüfen, ob es Metall ist und kein Pappmaché. Und dann denke an Männer mit geölten Muskeln, starke Mannsbilder, die im Zirkus auftreten und das Kunststück vollbringen, unter Trommelwirbel, mit dunkel geschwollenen Stirnadern. Die Sehnen treten fast aus Armen und Beinen heraus, in kleinen Schüben nähern einander die Stahlenden, als wäre es bloß ein Gummischlauch und kein Stahlrohr. und der Goliath täte für uns nur so. Der Atem geht immer keuchender und in den Trommelwirbel über, wenn das Werk gelungen ist. Der weiche Mensch und das harte Metall, und dann der erlösende Beifall aus dem Publikum und der befreiende Tusch vom Varieté-Orchester, nach diesem

Kraftakt, den niemand aus dem Publikum nachahmen könnte. Nicht jeder kann etwas, das niemand sonst auf der Welt nachmachen könnte und deshalb bewundert wird, es sei, was es wolle, es muß ja nichts Brauchbares sein, es muß keine Turbinen treiben. Es sind Spezialisten für eine Form unnützer Überanstrengung und Verausgabung um ihrer selbst willen. Und nun stellen Sie sich vor, diese Schiene in den Händen des Zirkusartisten bestehe nicht aus Stahl, sondern aus Sprache, dann haben Sie einen Schriftsteller vor sich und Wortverbieger. Auch wenn das Publikum vor Begeisterung rast, ist er nie mit sich zufrieden: Er verlangt mehr von sich als seine Rivalen und seine Kunden.

Am liebsten denkt er sich Labyrinthe aus, in denen wir uns verlaufen sollen, um dem Erfinder nie auf die Schliche zu kommen, und der Ausgang aus einem Labyrinth ist der Eingang ins nächste Labyrinth, bis niemand mehr weiß, auch der Autor nicht, wie viele mehrdimensionale Irrgärten ineinander verschachtelt sind. Sage mir, welche Romane du lie(b)st, und ich sage dir, wes Geistes Kind du bist. In den Romanfiguren suchen wir Fleisch von unserem Fleisch. Erfinde einen Romanhelden, der seinen Lesern so unheilbar überlegen ist, daß sie sich nicht ohne Not mit ihm identifizieren können, und sie werden über dich herfallen mit einer Entrüstung, die sich in Geschmacksurteilen verkleidet. Welche Chancen hat ein Schriftsteller, dessen Figuren keine Kinder seiner Zeit sind und der seine Leser nicht liebt, weil sie Kinder ihrer Zeit sind? Romanfiguren schmeicheln uns, wenn sie unsere Stärken und Schwächen teilen und widerspiegeln. Eine Person lebt heißt im Kritikerjargon, sie hat etwas vorm Kritiker. Ist sie ihm über, spricht er über sie, als wäre sie nur Papier. Wir leben in einer Zeit, in der ein Roman nicht nur, wie ein Kritiker meint, die Bedingung erfüllen muß, eine Erzählung von mehr als 200 Seiten zu sein, sondern in der etwas schon als Erzählung gilt, was über 400 Seiten lang hemmungslos aufzählt, was im notdürftig verkleideten Erzähler alles so vorgeht, ob er sich nun die Mühe macht, seine Suada auf verschiedene Stimmen zu verteilen, oder nicht einmal das. Wenn die Weltgeschichte sich in Lebensgeschichten bricht, zeichnet eine Geschichte sich dadurch aus, daß jemandem etwas durch andere geschieht. Aber selbst diese Minimalbedingung darf heute nicht mehr vorausgesetzt werden, ohne den Vorwurf eines obsoleten Gattungspurismus auf sich zu ziehen. Inzwischen genügt es, daß eine einzige Stimme den Rest der Welt zu einer Sammlung von Pappkameraden erklärt, die nach Belieben aus der großen Kiste geholt, widerlegt, massakriert und dann weggelegt werden, wenn sie der Selbstdarstellung der Großstimme nicht länger dienen wollen. Der moderne Erzähler nach dem Ende aller Erzählungen läßt andere Menschen noch gerade als Hintergrundsstatisten und Stichwortgeber für seine krebsartig wuchernden Monologe gelten, aber nicht als ebenbürtige Gegenspieler, die seinen alten Weltalleinvertretungsanspruch ernstlich gefährden könnten. Kurz: Man macht aus der Not, nicht erzählen zu können, die ungestrafte Tugend, alle wirklichen Erzählungen für bloße Courths-Mahler- Relikte zu halten, die nur noch nicht gemerkt haben, daß ein Roman, der noch Anspruch auf Achtung erheben wolle, keine Handlung mehr haben dürfe, weil wir im Leben weniger handelnde Personen mehr seien, sondern nur noch behandelt werden.

"Es ist im Grunde ein Unding und unwürdig, geistiges Schaffen, sei es als Philosoph, sei es als Dichter, zum Beruf zu machen. Es steht hier ähnlich wie mit der Liebe zum Beruf ... Das Peinliche bei Thomas Mann ... : er schreibt für Geld, wie er die Dinge sieht und die Andern sie sehen sollen." (*Max Horkheimer*: Schriften Bd. 14, Frankfurt /M. 1988, S. 295)

Paul Valéry, "Cahier" 5: "Wir sind doch nicht dazu auf Erden, um das Geheimnis der Welt aufzuheben; es vielmehr erst zu schaffen, zu komplizieren, noch eins drauf zu setzen." (1929) "Die Geschichte schließt automatisch das Nicht-Erregende aus, das aber stets das Wichtigste ist." (1942) "Das Unmerkliche ist das Wesentliche, der lautlose und gleichmäßige Gang des Lebens." "Möglich, daß der Geist außerhalb seines Terrains stets geschlagen wird und deshalb den (meist eitlen) Vorsatz faßt, es nicht mehr zu verlassen." "Das Handlungsvermögen hat die Domäne des Wissens erobert und die einseitig geistigen Produkte zum Schweigen verurteilt." – "Der Heilige Geist ist der Göttin Vernunft gar nicht so unähnlich." (1943) "Cahier" 6: "Die wichtigsten Gedanken sind die, die unseren Empfindungen widersprechen." (1913) "Was muß man nicht alles übersehen, um zu *handeln?"* – "Wer sich an jemand Bestimmten wendet, wendet sich an alle. Wer sich an alle wendet, wendet sich an niemanden." (1921) "Solange der Baum Früchte treibt, wächst er nicht weiter." (1927) "Der Raum dient zum Vertreiben der Zeit."

Unbekanntes Leben eines Bekannten

Es ist nicht gerade ein Kellerloch wie von Dostojewskij ausgedacht, aber mehr kann er sich nicht leisten, ohne mehr im Leben zu leisten, um eine Wohnung zu mieten, die diesen Namen verdienen würde. Sicher, die Zeiten sind schlechter geworden und das Leben teurer, aber so wie er muß niemand leben, den er je gekannt hat. Viele sind nur vor hohen Mieten in Eigenheime und Eigentumswohnungen geflüchtet, wenn die Familie schon mit zwei Kindern zu groß wurde. Mit den Jahren hat es noch jeder von denen, die gleichzeitig mit ihm den Lebenslauf starteten, weitergebracht als er. Will er nicht oder kann er nicht, fragen sich die wenigen, die sich überhaupt noch fragen, wenn sie ihn sehen. Seine 50-qm-Heimat läßt sich gerade genug heizen, um sich ohne Mantel in ihr aufzuhalten und die Heizung bezahlen zu können. Läßt es das Wetter auch nur halbwegs zu, ist er ohnehin im Freien. Könnte er nicht mehr seine Beine benutzen, wäre das ein größtes Unglück. Es ist ja nicht so, daß nichts ihn mehr treffen könnte, obwohl er im Laufe der Jahre alles darangesetzt hat, die Angriffsfläche denkbar klein zu halten für das Schicksal, das andere Menschen ihm bereiten könnten, ob sie es wollen oder nicht, seine Mit- und Gegenmenschen, die durch das, woran sie ihr Herz gehängt haben, viel leichter als er wie an einem Mühlstein in die Tiefe gezogen werden können, wie er sich einbildet. Da er es nie anders zu versuchen wagte, weiß er allerdings nicht, ob diese Vermutung eine bloße Illusion ist, die es ihm erlaubt, sich gelegentlich in einiger Sicherheit zu wiegen, in Sicherheit auch vor der Gefahr, daß ihm ein zu großes Glück zustoßen sollte. Das ist der Preis, den er zu zahlen glaubt für seine verhältnismäßige Unangreifbarkeit.

Ins Büro geht er morgens, als ginge er nicht dorthin. Er weiß kaum, welcher Teil von ihm die Arbeit tut. Je weniger Freude der Dienst macht, umso drückender wird er, aber Gewohnheit ist ein unfehlbares Betäubungsmittel ohne alle Nebenwirkungen und auch Gegenindikationen. Zuweilen dehnt sich der Achtstundentag, der umso mehr auffrißt, je weniger die Seele mit ihm zu schaffen hat, zum Vierzehnstundentag des vergangenen Jahrhunderts, und viel mehr Vergangenheit gesteht er sich nicht zu. Er hat nicht den falschen Beruf. Das Falsche ist, daß er einen Beruf hat. Der Leib braucht Speise und Trank, Kleidung und ein warmes Dach überm Kopf und hat auch schon B gesagt, wo er A sagen muß. Über seinen Körper ist er mit der übrigen Welt verbunden, nicht mit seinem Herzen und seinen Gedanken. Wie soll er die Liebe zu seinem Körper nicht hassen, durch den er erpreßbar ist. Ist das der Grund der Arbeitsteilung zwischen Leib und Seele, Hand und Kopf?

Der Zwang, Geld zu verdienen mit Tätigkeit, die anderen nützlich ist, macht puritanisch. Durch diesen anspruchsvoll anspruchslosen Körper gehört er der Welt. Das ist der kleinste gemeinsame Nenner zwischen ihm und seinen Art- und Zeitgenossen. Der Leib verbindet, der Geist trennt. Man hört es immer umgekehrt. Also hält er den Körper kurz, gewöhnt ihn an billige Sonderangebote vom Grabbeltisch der großen Warenhäuser, an geringe Temperaturen, an Saisonobst und Gemüserohkost. Die Betriebskantine versorgt ihn stets mit ernährungswissenschaftlich ausgewogenem Mittagessen, Zwischenmahlzeiten gibt es aus Schokoladentafeln, honigsüßer Haferflockenmilch. Kein Rauchen und kein Trinken, nur schwarzer Tee und abwechselnd heiße und kalte Duschbäder, ein Hartschwamm reibt den Körper rot auf. Der einzige Sport sind Spaziergänge und Eilschrittpromenaden und etwas schweißtreibende Zimmergymnastik, Übungen aus den Turnstunden der Schulzeit. Kein Auto, kein Telephon und kein Fernseher, aber Waschmaschine und Kühlschrank sind vorhanden. Ein solches Asketenleben setzt eine florierende kapitalistische Wirtschaft voraus. Nur der Wohlstand von Hochindustriegesellschaften erlaubt doch diese mutwilligen Enklaven und wirft Brocken ab vom großen Kuchen für freiwillig Arme. Er weiß, wie abhängig von den Konjunkturen seine ganze Unabhängigkeit ist. Es ändert wenig, ob er sich weniger oder mehr anstrengt, seine wirtschaftliche Grundlage abzusichern oder zu verbessern. Irgendwie hat er den kindlichen Traum, daß eines Tages die Roboter alles Lebensnotwendige gratis oder spottbillig liefern werden. Wer mehr will, wird dann arbeiten müssen dafür. Aber sicher ist er nicht, daß die gute Mutter Natur in den Robotern wieder auferstehen wird und ihr verschwenderisches Füllhorn ... Da bleibt ein Stachel. Bis dahin ist eine überlegene und rationelle Haushaltsführung nötig, die Zeit und Geld und Nerven spart.

Er hätte gern gelebt nach der Regel: Wer weniger nehmen will, muß weniger geben. Je mehr er sich verausgabte, umso weniger bekam er, und je mehr er bekam, desto weniger hatte er zu geben. Also gilt es, warme Nischen zu finden, in die sich drücken läßt. Beziehungen zu haben und dafür spielen zu lassen, ist ihm verwehrt; er ist zu ungeschickt, zu stolz. Gibt es Fluchtlöcher nur 'nach oben'?

Und die Menschen um ihn herum? Mit Mühe und Not, mit Ach und Krach lösen sie sich von ihren Eltern und Nestern. Und wozu die ganze Anstrengung? Einmal ihrer Herkunft ledig und aus ihren Familien ausgebrochen, haben sie nichts Eiligeres zu tun, als eigene Familien zu gründen, eben genau die gleichen wie die, aus denen sie kommen. Sie sind gerade noch stolz darauf, an ihren Kindern nicht die gleichen groben Schnitzer zu wiederholen, die ihre Eltern und Erzieher an ihnen verübten. Nun tun sie das Gegenteil, also dasselbe in Grün. Kann man sich von seinen Eltern nicht lösen, ohne selbst Eltern zu werden? Frei von der Familie durch die Familie für die Familie? Er tätschelt das Baby, das sie ihm stolz entgegenhalten: Das haben wir geschaffen und geschafft! Sie brauchen es ja so, daß dieses winzige gefräßige Ungeheuer sie braucht und ihr Leben mit Haut und Haaren packt und knetet und walkt und in Dienst nimmt. Dieses Opfer für diese Freß- und Kack- und Schreimaschine, die das Gleiche ist wie sie und doch etwas anderes, dieses Opfer ordnet sie ein in die heilige Kette des Lebens, immer dasselbe und zugleich wieder etwas ganz Neues. Es ist ihr Glied in der Kette der Geschlechter und weist ihnen ihren Platz zu im großen Weltenplan. Sie tun es für sich selbst und für die Menschheit zugleich, und das ist das Poetische daran.

Das Kind ist dafür da, daß sie dafür da sein können. Und sie sind dafür da, daß es ganz für sie da ist; so ist allen geholfen. Das Kind gibt ihnen gerade dadurch alles, daß es ihnen noch nichts geben kann. Demütig nehmen sie von ihm entgegen, daß es alles von ihnen entgegennimmt, was sie ankarren und sich dafür ausdenken. Dafür geht Er morgens zur Arbeit, dafür geht Sie morgens nicht zur Arbeit, oder umgekehrt oder beide teilen sich darin oder ... Vater, Mutter und Kind. Daß Es Wachs in IHREN Händen ist, ist Wachs in SEINEN Händen? Ihr eigen Fleisch und Blut und doch schon sternenweit weg von ihnen, ihre Einheit in einer Person, die nicht mit ihnen zusammenfällt; sie staunen immer wieder über dieses Wunder, das sie sind: Eins plus Eins ergibt Ein Fleisch und ein drittes. In ihm werden sie sich selbst überleben, es ist die Zukunft ihrer eigenen Zukunft, das küssbare und mit Händen greifbare Unterpfand ihrer Unsterblichkeit, die über sie hinwegrollt. Was sie ihren Kindern tun, tun sie sich selbst, und sie können nichts für sich selbst tun, ohne etwas für ihre Kinder zu tun. Der Geist der Gattung arbeitet mächtig in ihnen, und beflissen schwitzend tun sie ihre vergnügliche Pflicht und vergnügen sich pflichtschuldigst.

In dieser Selbsterhaltung liegt eine seltsame Selbstlosigkeit. Sie kommen nie zu dem eigenen Leben, von dem sie dauernd reden und das darin besteht, ihrem Kind zu einem Leben zu verhelfen, das seinerseits damit vergeht, einem eigenen Kinde ... Eltern von Kindern zu werden, um nicht Kinder von Eltern zu bleiben, ja schön, aber wozu das Ganze, wenn jeder sein Leben auf sein Kind verschiebt, das sein Leben auch nur wieder auf sein Kind verschieben wird ... Gibt es denn gar nichts zwischen diesen Extremen, solche Kinder in die Welt zu setzen oder gar keine? Sie glauben, ihr eigenes Leben zu führen, wo sie nur den Gattungsauftrag erfüllen. Die Gesellschaft der Menschen überlebt mit Hilfe und auf Kosten aller ihrer Glieder. Wo ist das Leben, um dessen willen das alles veranstaltet wird? Überall dieser verschwenderische Rohstoff, aus dem niemand das macht, was doch ... Von den Eltern empfängt jeder mehr, als er ihnen zurückerstatten kann. Die Schuld macht er an seinen Kindern gut. Jeder gibt weiter, was ihm gegeben wird : Ein ungerechter Tausch? Ach, schon der gerechte Tausch von Nehmen und Geben ist ungerecht. Warum nicht an den Brüsten der Roboter liegen und Milch und Honig einsaugen? Erst die Mutter, dann die Maschine, die Fortsetzung der Mama mit *mater*iellen Mitteln, und alles gratis: Liebestechnik. Was würden sie nur tun, wenn sie nichts mehr zu tun hätten? Es würde ihnen fehlen, daß ihnen etwas fehlt. Wenn es Not und Mangel nicht gäbe, sie würden das alles erfinden. Immer puzzeln sie an etwas herum, ihr ewiges Schnüffeln und Wittern amüsiert ihn. Kritisch, sensibel, aufgeschlossen und kommunikationsfreudig stecken sie ihre Nasen aus ihren Angelegenheiten hinaus, in Kehrichthaufen wühlend. Ihm selbst ist etwas schon dadurch verleidet, daß ein anderer es gut leiden kann.

Diese misanthropischen Anwandlungen leistet er sich aber nur, solange es ihm gut geht und er keine Hilfe nötig hat. Geht es ihm schlecht, denkt er nach ihren Köpfen, um nicht aus der Solidargemeinschaft herauszufallen ins unwirtliche Abseits. Nur ein Schönwetteraußenseiter ist er, der andere dafür haßt, daß er sie um etwa angehen muß. Verbunden mit seinesgleichen fühlt er sich erst am tiefsten, solange er sie sich vom Leibe halten kann. Was er bei ihnen sucht und zuweilen auch findet, scheint ihm eher Tribut an seine vegetative Plattform als an seine peinlichen Bedürfnisse. In sehr schwachen Stunden kosmischer Verlassenheit sucht er Unterschlupf in seinem Stammhirn.

Von einer Minute zur anderen kann Hoffnung in Verzweiflung und Angst in Zuversicht umschlagen, wie aus dem Nichts. Ein Grund findet sich immer, und alles kann zu einem Grund werden. Für manche Menschen wird es nicht erst schlimm, wenn Ärzte ihnen nicht mehr helfen können, sondern schon, wenn sie ärztliche Hilfe überhaupt brauchen. Ein Nichts kann sie in Panik versetzen und ihren Verstand außer Kraft setzen.

Menschen, die auf ihr Glück oder auf die Wissenschaft bauen, haben das Glück, so sorglos zu sein, daß sie nichts mehr wissen, aber der Ängstliche läßt sich nur in seltenen Augenblicken zu einem Mutigen machen, der Held jederzeit zum Hasenfuß.

Seine Empfindlichkeit muß er als Marschgepäck in Kauf nehmen, als Mitgift, die die Art der Prüfungen bestimmt, denen er ausgesetzt ist. Die Starken haben keineswegs die Kraft, stark zu sein, sondern nur eine Schwäche für ihre Kraft, für die sie nichts können. Der Starke freut sich, wenn er geheilt wird; der Schwache freut sich, wenn er gesund bleibt.

Der Starke holt sich sein Recht; der Schwache tut alles, um die Hilfe der Gerichte nicht zu brauchen. Aber wer ist schon dankbar genug dafür, daß er um die Erfahrung herumkommt, dankbar sein zu müssen, wenn er seine Gesundheit und sein gutes Recht zurückbekommt?

Einmal Klassenprimus, immer Primaner? Die Quelle der Freuden kann Quelle der Leiden werden: Die Freude, der Erste zu sein, wird lebenslange Sucht, nicht der Zweite zu werden. Was bleibt von so einem noch übrig, wenn er sich nicht mehr aufspielt und hervortut? Er kann den Bescheidenen mimen, um seine Arroganz vor sich wie vor den anderen verbergen, von denen er immer bewundert werden will; im Herzen ist er nur froh, wenn er andere ausgestochen hat. Aber er wird seiner Schadenfreude nicht froh, weil sie Angst vor Strafe ist. Er wird ein ewiges Kind bleiben, und die Sätze, mit denen er angibt, bleiben ungedeckte Schecks. Bekannte, die er beneiden müßte, sind ihm erspart geblieben, Bekannte, die ihn beneiden könnten, aber ebenso.

Mancher Schriftsteller entwirft Welten, in denen er gar nicht leben könnte. Er schreibt über seine Verhältnisse. Seine Werke sind nur Gedankenexperimente, die von den Lesern auszuwerten sind. Der Leser muß selbst entscheiden, was daran ist, der Künstler übernimmt nicht die Verantwortung für seine Figuren.

Ganz still im Sessel sitzen oder auf dem Sofa liegen und sich nicht bewegen, sondern zusehen, wie Wolken vor dem Fenster vorüberziehen: Nicht träumen und nicht sabbern. "Des Daseins süße Wollust" von Mörike, ganz ohne Magenbeschwerden, Herzrasen und Gelenkschmerzen. Lass die Karawane an dir vorüberziehen, du versäumst nichts. Werde nichts als ein Blick, der sich auf die Welt wirft und nichts von ihr will. 'Blühe im Verborgenen', halte dich abseits und aus allem raus. Bleibe für dich und schließ dich nicht an, wenn dir dein Leben lieb ist. Allein ist der Schwache am stärksten.

Die Gemeinschaft mit diesen Leuten ist der Tod zu Lebzeiten. Das Immunsystem muß mit solchen Erregern und Erregungen fertig werden. Sei ein bloßer Blick mit einem Körper dran, über den du mit dem Weltall schon genug verbunden bist. Der Kopf sollte frei bleiben : Er ist jener Teil des Körpers, der mehr ist als dieser Körper. Laß sie alle doch reden und vergiß nicht, daß das Wesen des Menschen im Denken liegt: Im Gedanken ist gerade das Gefühl am besten aufgehoben, sagt mir das Gefühl. Schau aus dem Fenster in den Garten der anderen, bis da aus heiterem Himmel dieses Gefühl ohne Vorwarnung heiß in dir aufschießt: Alles, alles ist möglich. Aufbruch und Aufschwung ohne Maß, und eine neue Welt will sich durch dich in die Welt setzen, und du merkst etwas davon.

Nur für Minuten oder Sekunden hält das an, dann wieder bleiernes Dösen und verdrossenes Stieren wie immer – bis zu einem neuen Blitz durch alles hindurch. Keine traumtänzerische Vision von alten Schwarmgeistern, aber auch kein unvergrübelt weltläufiger Sinn für strohpraktische Nüchternheit. Eher ein göttlicher Überschuß und ein verspielter Übermut ist das.

Schaufel dich leer, bagger dich aus und sieh dich um, die Dinge bluten aus. Stich in dich hinein und sieh, daß es nur ein aufgeblasener Ballon ist. Seine Form ist die Form der Dinge, die du siehst: Alles nur heiße Luft, die zischend entweicht. Ein verschrumpeltes Gummihäutchen bleibt auf dem Boden der Tatsachen liegen. Du staunst das an. Das ganze Problem besteht nur darin, wie du aus dem Vollen deiner Leere schöpfen sollst. Das heißt schöpferisch sein, ohne erschöpft zu sein. Es gibt eine Sitzung auf einem stillen Örtchen und die körperliche Entleerung, es gibt auch ein geistiges Pendant dazu.

Die Dinge sind nicht das, was sie dir erscheinen und wie sie dir vorgemacht werden. Sie sind nichts – von all dem. Viel Lärm um nichts, *much ado nothing* und alles nur heiße Luft, und Bohnenstroh im Kopf. Du sitzt vor dem dunklen Theatervorhang deines Inneren, aber es wird nicht gespielt : Da kannst du warten, bis du schwarz wirst. Du wirst dich enttäuschen müssen.

Hast du mehr von dir erwartet? Da kommt nichts, da kam niemals etwas, und da wird nie etwas kommen. Gewöhnliche Menschen finden sich damit ab. Da kannst du drücken und pressen, bis sie grün und blau werden und ein Tröpfchen der ätherischen Essenz aus sich herausgequetscht haben. Stich dich an und laß die edlen und die eklen Säfte abfließen. Laß den Bewußtseinsstrom ablaufen, bis du nicht einmal mehr ein leerer Behälter bist, der nur irgendwo im leeren Behälter des Weltraums herumsteht. Dann warte, ohne einzuschlafen, auf das Wunder. Wenn nur das zurückkehrt, was du gerade hinausgeworfen hast, dann fang wieder von vorn an.

Wenn du vor dir sitzt und es passiert rein gar nichts, dann kannst du es auf nichts und niemanden abschieben. Niemand dreht dir heimtückisch den Hahn zu oder tritt dir fest auf den Schlips. Niemand gräbt dir das Wasser ab, polt deine Gedanken um, zapft sie ab oder überflutet dich mit kosmischen Strahlen. Von nichts kommt nichts, heißt es. Dann funktioniert die Methode eben nicht, oder du hast Pech gehabt oder bist eine taube Nuss. Dein Menschenrecht, es noch einmal und wieder und wieder zu probieren, bleibt davon natürlich ganz unberührt: Neues Spiel, neues Pech. *Mesdames et messieurs, faites votre jeu de maximes!* Du bist dann nur dazu verurteilt, von den produktiven zu den reproduktiven Künstlern überzuwechseln, von den Spielern zu den Kiebitzen und von den Könnern zu den Kennern. Kein Grund zur Panik, ein verdorbenes Leben ist nicht ungenießbar. Die Reproduktion der Gattung in den Familien und die Produktion in den Fabriken sind für jene, die Kreationen nur als Modeschöpfungen kennen.

Wenn er schon für seinen Lebensunterhalt arbeiten mußte, dann wollte er keine Berufskarriere, sondern nur einen Job. Wenn er schon nicht ganz allein sein konnte, dann wollte er wenigstens keine Familie gründen, sondern nur eine Lebensgefährtin finden. War die "Große Verweigerung" von Beruf und Familie schon selbst die chronische Krankheit, die ihn mit fünfzig Jahren treffen sollte? Die proletarischen Eltern hatten seine Eigenart so gut geschützt, wie sie konnten, und waren ebenso stolz gewesen wie er selbst, daß er von der ersten bis zur letzten Schulklasse der Primus blieb. Spätestens mit 17 Jahren wurde ihm klar, daß es ihm immer schwer fallen würde, sein Geld zu verdienen, weil er sowohl die proletarischen wie die gutbürgerlichen Brotberufe haßte. Er wußte nicht, welche Berufe ihn mehr abstießen, kaufmännische oder technische, soziale, politische oder kulturelle. Einige Jahre lang träumte er von einer wissenschaftlichen Laufbahn, aber dann entdeckte er, daß alles, was ihn an der Naturwissenschaft anzog, ein Mißverständnis war. Als Künstler oder Intellektueller auf den freien Markt zu gehen, ist ein Widerspruch in sich: Das einzige, was geistige Arbeit wertvoll macht, ist die Distanz zum Betrieb. Er war kein Faulpelz und kein Träumer, sondern las und schrieb mehr als alle Gleichaltrigen, die er kannte, aber verdiente lieber Geld, um schreiben zu können, als daß er nun schrieb, um Geld zu verdienen. Die langjährige Psychoanalyse war ein Teil der Neurose, die sie heilen sollte. "Arbeits- und Genußfähigkeit" waren wiederherzustellen? Er konnte für sich arbeiten, aber wollte nicht für andere arbeiten, und das genoß er.

Weder die mehrjährige Einzeltherapie noch die ebenso mehrjährige Gruppentherapie befreite den proletarischen Autodidakten von all seinen Selbstzweifeln, die als "depressive Neurose" diagnostiziert wurden. Wer nicht arbeitet, der soll auch nicht essen, wußte er, und wollte sich vom ökonomischen Moloch doch nicht auffressen lassen. Am Tage gab der Leib dem Kaiser, was des Kaisers ist, und am Abend gab sich die Seele, was ihr frommte. Aber das riß ihn schließlich in der Mitte durch, Körper und Geist fielen psychosomatisch auseinander. Allzulange war er stolz gewesen, sein Geld zu verdienen wie alle, wenn auch ein bißchen weniger als sie, und gleichzeitig ein Werk zu schaffen, das mehr war als alles, was andere schafften. Wer beides zugleich will, erreicht am Ende das eine so wenig wie das andere. Die Psychotherapie hatte nur das eine Gute, daß sich ein Mensch jahrelang intensiver mit ihm beschäftigte, als es heute selbst unter Familienmitgliedern üblich ist. Früher war der Ehepartner mein Psychotherapeut, heutzutage bin ich mit meinem Psychotherapeuten gegen meinen Ehepartner verbündet. Die Therapeutin glaubte sich mit ihm einig, daß die Seele eine Familie gründen wollte und nur nicht konnte, aber nach Hunderten von Couch-Stunden litt der Patient immer noch nicht genug unter seiner Eigenbrötelei, um seine Neurose gegen ein glückliches Berufs- und Familienleben einzutauschen.

Seinen Eltern blieb er immer sehr dankbar, daß sie ihn eine höhere Schule besuchen ließen, obwohl er sie nicht besuchte, um eine bürgerliche Berufsausbildung als Facharzt, Lehrer oder Rechtsanwalt vorzubereiten, sondern eine brotlose Allgemeinbildung als proletarischer Intellektueller. Ein Vierteljahrhundert lang ging er jeden Morgen in einen Industriebetrieb, als ginge er nicht dorthin. Er fühlte sich als Arbeitsloser, der zufällig Arbeit hat. Von Kafka hatte er weniger die Begabung als den Zwiespalt zwischen Schreibkräften und Angestellten. Sein sehr bescheidener Stolz beschränkte sich darauf, eher ein programmierender Schriftsteller als ein schriftstellernder Computer-Programmierer zu sein. Vor dem eigenem Arbeitsplatz hatte er so viel Angst wie vor eigenen Kindern. Er wußte nicht, welche Angst größer war, die Angst um den Arbeitsplatz oder vor dem Arbeitsplatz. Sein Fluch bestand darin, Kindersegen als Fluch zu fürchten. Er hatte nicht nur das Leben, das er verdiente, wie Sartre von Baudelaire schrieb, sondern im Grunde, alles in allem genommen, sogar das unverdiente Leben, das er ja immer gewollt hatte – wenn diese chronische Krankheit nicht gewesen wäre. Oder war das Leben, das er sich immer gewünscht hatte, auf dem Sofa mit einem Haufen von dicken Büchern, von Anfang an schon ein Kompromiss mit seiner später diagnostizierten Immunschwäche gewesen? Was wollte der Eigenbrötler aber nun eigentlich mit dieser chronischen Unwilligkeit, ein Berufs- und Familienleben zu führen? Dieser Hinterhof-Sokrates bewies uns allen, daß sie die Weisheit, die er selbst nicht hatte, auch nicht gepachtet haben. Er dachte sich Dinge aus, von denen er nachwies, daß jedermann sie nur um den Preis übersehen kann, ein notorischer Faulpelz oder Dummkopf zu sein. Entweder beschäftigten sich alle, die den Anspruch erhoben, auch ernst genommen zu werden, mit dem, was er zu bieten hatte, oder sie hatten sich selbst gerichtet. Das setzte voraus, daß er allen immer voraus sein mußte, und wenn nicht in der Leistungsbilanz, so doch in der Wahl der Disziplinen, in denen fortan Leistungen zählen sollten. An allem mogelte er sich vorbei, an Lehrjahren und Wehrpflicht, Standesamt und Führerschein. Immer auf der Jagd nach all dem, was angeblich bis heute zu Unrecht vernachlässigt werde und in allen modischen Aktualitäten zu kurz komme, ließ er das Aparte auch schon wie eine heiße Kartoffel fallen, sobald es en vogue war. Wenn er nicht der Erste in einem Fach sein konnte, wollte er wenigstens der Erste sein, der das Hauptfach von Morgen kreierte. Der Pionier sucht Neuland und Neuschnee, den noch kein Fuß defloriert hat. Wie verschlägt man Menschen mit Worten die Sprache? Als alle natürlich leben wollten, war er Physiker.

Als alle von Böll sprachen, sprach er von Sartre. Als andere eine Seele hatten, las er Sigmund Freud. Als andere Steuerchristen waren, war er Sozialist, und als sie Sozialisten waren, war er schon biblischer Linker. Als alle Geld verdienten, dachte er über das Wesen des Geldes nach. Er wollte eine Mietmansarde und bekam auch kein Eigenheim. Er wollte eine kleine dicke Frau und bekam auch keine schlanke Mutter dreier Kinder. Er wollte Rentier werden wie Kierkegaard und wurde auch kein Manager wie Krupp. Er wollte einiges schreiben und hat einiges geschrieben. Er wollte viel lesen und hat viel gelesen. Allerdings wollte er berühmt werden und blieb auf seinen Manuskripten sitzen und wurde stattdessen unheilbar krank. Ein Lebenswerk: Ein Band mit Fragmenten und ein Band mit Aphorismen, zwei Bände Erzählungen, drei Bände mit politischen, kulturellen und philosophischen Essays, zwei philosophische Werke, einige Romanpossen und Hörspiele, eine Autobiographie. Die Gedichte mochte er nicht mitzählen.

Seit Beginn der Schulzeit bestand er aus Haß und Wut auf alle, die er noch nicht besiegt hatte. Und dann bestand er auch noch aus Angst vor dieser Wut und diesem Haß. Diese Angst führte am Ende dazu, daß er die Wut und den Haß nur noch gegen sich selbst richtete. Zeitlebens wollte er Männern beweisen, daß sie

Idioten und Ignoranten sind. Die Frauen waren keine Konkurrenten für ihn, weil um sie konkurriert wurde. Seine Freundschaften waren eher sublimierte Rivalitäten, und seine Invalidität war keine Niederlage, sondern eine Chance, in einer Zeit, in der seine Rivalen sich im Berufsleben verschlissen, sie geistig zu überrunden. Freunde, das waren Männer, die seine intellektuelle Überlegenheit anerkannten, sobald er anerkannte, daß sie ihm beruflich und familiär überlegen waren. Er war ein guter Freund, denn jemandem helfen hieß, ihn zu dominieren, und alle waren gerade gut genug, ihm dabei zu helfen, daß er sie besiegte. Sein Lebenslauf war ein Wettlauf. An den Naturwissenschaften liebte der Gymnasiast nicht die Naturbeherrschung, sondern allein die Grundlagenforschung ohne industrielle Nutzung. Aber diese Erkenntnis um ihrer selbst willen diente einem Machtwillen gegen seine Mitbewerber um den Ruhm, der allererste zu sein, welcher etwas in der Natur entdeckte. An seinen Interessengebieten interessierte ihn nur diese Möglichkeit, sich vor Konkurrenten dort auszuzeichnen. An der Atomphysik faszinierte den Schüler allein die Tatsache, daß seine Schulkameraden gar nichts davon verstanden und daß sie den Erwachsenen als priesterlich exklusives Herrschaftswissen galt. Ihm war es nie um objektive Überlegungen, sondern um subjektive Überlegenheit zu tun. Der Kategorische Imperativ erlaubt es nicht, Leute besiegen zu wollen, von denen man nicht besiegt werden möchte, aber wenn jeder siegen will, bedeutet das nicht, daß niemand siegen kann. Er hatte keine Leser, weil sie merkten, daß er sie haßte und vor den leeren Kopf stoßen wollte.

Er gibt sich bescheiden, um seine Arroganz zu verbergen, tut ernsthaft, um dahinter seine Unverbindlichkeit zu verstecken, und spielt den Toleranten, um seine Gleichgültigkeit zu kaschieren, könnten seine Neider sagen. Er 'macht in' menschlicher Anteilnahme, um seine klatschsüchtige Neugier zu verschleiern, und ist doch auch wieder in Wahrheit nicht nur das genaue Gegenteil von dem, was er zu sein scheint.

Manchmal gibt er sich sogar unbescheiden, damit niemand ihn für so arrogant hält, wie er ist, sagen seine Feinde. Mimt er den Verständnisvollen, um seinen Verstand bewundern zu lassen, und rächt sich an den Lebensfrohen für das, was das Leben ihm vorenthält?

Seine Sentimentalität zeigt er lieber als seine Ressentiments und setzt herab, was er nicht kann und weil er nicht kann, was er doch können möchte. Wenn du vor ihm etwas lobst, wird er es tadeln, und was du in seiner Gegenwart rügst, wird er deshalb rühmen. Was du angreifst, wird er verteidigen, weil du es angreifst, und was du in Schutz nimmst, wird er attackieren, weil du es in Schutz genommen hast. Er wird das mit der Begründung tun, daß jede Sache mehr als ihre zwei Seiten habe. Den Gläubigen ist er zu gottlos und den Atheisten zu fromm, ohne deshalb ein Mann der Mitte und des Ausgleichs zu sein. Die Spießer werfen den Existenzgefährdeten immer vor, den existenziellen Ernst fehlen zu lassen.

Er spielt den Priester exklusiver Mysterien, wie er schon als Kind Geheimtinkturen mixte, um seine Mitschüler zu verblüffen. Er spielt den geistigen Führer, der Anhänger sucht, die einen Guru suchen. Für seine Zauberkunststücke sucht er eine erlesen kleine Gemeinde begeisterter Kenner und kein Massenpublikum, aber er weiß keine Nachfrage nach seinen Angeboten zu wecken und bleibt auf seinen Schätzen sitzen, ein überlebensängstlicher Mensch, der sich beim geringsten Luftzug in sein depressives Schneckenhaus verkriecht, der in seinen geistigen Innereien lebt und webt, fern des Schlachtenlärms und des Straßengetümmels, aber immer auch auf der Flucht vor dem üblen Ruf, sich für das Grobe zu fein zu sein.

Er ist zu vornehm, um vornehm zu tun, ein schwacher, von Hypochondrien gejagter Mann, der von einem edlen Publikum für seine extravaganten Exerzitien träumt. Vor Fachleuten spielt er den gewöhnlichen Sterblichen, vor einem breiteren Zuhörerkreis umgekehrt den subtilen Gelehrten. So hält dieses exotische Unikum seine sorgsame Distanz zum klassischen Intellektuellen, zum gutbürgerlichen Akademiker und zum hemdsärmeligen Praktiker zugleich.

Von der Lektüre der allermeisten Bücher bleiben uns nicht Zitate und Inhaltsangaben, nicht Argumentationsketten, Gesprächsfetzen oder Strukturelemente im Kopf, sondern nur ein verschwommener Gesamteindruck. Auch unsere Lebenssituation zur Zeit der Lektüre und alle Lebenssituationen, die seither vergangen sind, gehen noch ein in diesen nicht mehr als atmosphärischen Resteindruck. Was an diesem Eindruck ist von dem Buch selber, und was verrät mehr von den Anlässen, denen wir die Erinnerungen verdanken? Auch Literaturkritiker und -wissenschaftler und -historiker helfen hier kaum weiter. Was wird in lebenden Menschen aus gelesenen Büchern, und was wird durch Bücher aus lesenden Menschen? Autoren sind oft enttäuscht, wenn sie erfahren, welche Reaktionen ihre Werke hervorrufen, und wenn sie diese Wirkungen mit ihren Absichten vergleichen.

Die Erinnerung ist eine Flasche Wein: Je älter, desto besser. Das muß in kühlen Kellern und dunklen Fässern lange lagern; und das Leben muß über den Kellern weitergehen und in den Gewölben nachhallen. Was in den Tiefen der Vergangenheit liegt, liegt in den Tiefen der Erde, sagen die Alten.

Von den ganzen Jahren, die hinter uns liegen, bleibt kein Film im Kopf, sondern ein Arom in der Nase. Ganze Zeiten sind in einem Tropfen ätherischen Öls eingedampft, die Quintessenz der Jugend, ein Auszug aus allen Auszügen.

Prousts Geschmack einer Madelaine im Lindenblütentee ist bei ganz andersgearteten Menschen der Geschmack an den vor Äonen gelesenen Büchern, von denen nicht der Staub alter Folianten aufwirbelt, sondern der Duft des Vergessenen ausgeht. Das ist nicht Buchstabe für Buchstabe eines Wissensgebäudes, sondern Hauch um Hauch aus den Tiefen der Zeit. Wenn wir die Bücher, die wir je gelesen haben, so wenig mehr auseinanderhalten können wie die Kapitel eines jeden, dann führen wir ein ganzes Bücherleben mit all den Lebensbüchern in uns.

Du hast Hunderte von Menschen kennengelernt und Abertausende von Büchern; du bestehst aus dem, was du je gelesen hast, du hast ihm deinen Kopf geliehen. Die Werke verbrennen in dir und hinterlassen Licht und Wärme und andere Energie und große Haufen von Asche und Schlacke, die entsorgt sein will.

Dieses Buch handelt nicht vom Gehalt anderer Bücher, auch nicht vom Vorgang der Lektüre, sondern von dessen möglichen Langzeitfolgen um viele Ecken herum. Es handelt nicht von der Kultur, zu der es gehören möchte, sondern vom kultivierenden Vorgang des Lesens und von möglichen Gründen für dessen Mißlingen. Lassen wir nur Bücher an uns heran, die uns in unseren Vorurteilen bestätigen? Die Gründe, aus denen Bücher geliebt und gehaßt werden, hat wenig zu tun mit ihren wirklichen Vorzügen und Schwächen. Die meisten Leser machen auch aus einem Roman von Joyce nur ihren ganz persönlichen Simmel-Schmöker.

Der Leser ist frei, auch die Meisterwerke in seinen Lebenskitsch einzufügen, und ein Wittgenstein brauchte umgekehrt billige Wildwestfilme, um am nächsten Tag die Kultur seiner Zeit zu übertreffen. Warum liest man keine Romane über das Lesen von Romanen? Der Held des Buches, das Sie jetzt lesen, ist kein Buch, sondern ein Leser wie Sie und ich. Was bleibet aber von den Dichtern, stiftet Verwirrung oder geht stiften. Wer sich selber nicht schont, könnte sagen, vom gelesenen Roman bleibt bestenfalls die Gedankenlosigkeit übrig, auf die er uns gebracht hat. Sieh die Welt einige Wochen lang mit den Augen Marcel Prousts und du kannst dich lebensunfähig ins Bett legen, um Bücher zu schreiben, die keine Verleger finden werden. Seine Schlangensätze wuchern wie Efeuranken ins Leere und suchen Häuserwände oder Leserschultern als Halt. Sie winden sich um alles, was noch steht, und höhlen es aus.

Der unbekannte Bekannte denkt ganz wie ein Fritz Diettrich: *„Die große Kunst des Denkens besteht darin, Taten überflüssig zu machen."*

„Die Bücher, die geschrieben werden, sind nicht für mich geschrieben. Ich kann sie lesen, aber sie lesen sich, als wären sie an mir vorbeigeschrieben. All diese Bücher sind nicht für Selbstmörder verfaßt, die die Tat nur nicht ausführen. Die Skulpturen sind wie an mir vorbeigemeißelt, die Bilder an mir vorbeigemalt, die Musikstücke über mich hinwegkomponiert. Ich weiß, was mit all diesen Sachen gemeint ist, ich verstehe, was damit gesagt werden soll, ich kann mich in die Leute hineinversetzen, die sich darin wiederfinden werden. Aber was hat es mit mir zu tun?

Alles ganz schön und gut, aber was soll's? Ich habe weder etwas von Goethes Faust in mir noch auch nur von Famulus Wagner. Mein Fall wird da nirgends verhandelt. Warum soll ich meine Frau verwechseln mit der "Mutter Courage" oder der "Heiligen Johanna der Schlachthöfe"? Von Richard III. habe ich nur den Buckel. Ich gehöre zu den Leuten, an die nicht einmal Dichter wie Brecht oder Denker wie Adorno gedacht haben, von Politikern und Psychologen ganz zu schweigen. Ich rutsche durch so viele Raster und Netze, daß ich mir fast zum Gespenst oder zur Amöbe mit wechselnden Scheinfüßen werde.

Die Berufe, unter denen man wählen kann, sind nichts für mich. All diese Verdienstmöglichkeiten sind nur Gelegenheiten, mich zu quälen. Was soll ich mit all diesen Krämerseelen und Paukern, Steißtrommlern und Tintenklecksern, Rechtsverdrehern und Wortverdrehern, Pillendrehern und Quacksalbern, Seelenklempnern und Asozialarbeitern? Die Heuchler tun so, als könnten sie nur humaner werden, wenn sie noch mehr Geld bekämen.

Nach Feierabend höre ich auch keine Musik. Ich mag keinen ruhestörenden Lärm. Ich habe kaum einen Blick übrig für Gemälde und Zeichnungen. Diese Farbenkleckser wollen mich nur von der Wirklichkeit ablenken. Selbst ihr Original ist nur eine Kopie. Die Natur aber mag ich so wenig wie die Kunst. All dieses fruchtbare Quellen und Blühen, Schlüpfen und Kriechen ist mir widerlich. Ich hasse den Frühling. Der Sommer ist mir zu hell und zu heiß, der Winter zu dunkel und zu kalt, der Herbst zu trübe und zu feucht. Die Natur, das sind Stechmücken oder Glatteis, Kaulquappen oder Geier.

Wer den Frühling haßt, wird mit Antidepressiva behandelt. Aber ich bin nicht einmal *melancholerisch*, sitze nur gern da, genieße die bloße Schmerzlosigkeit des Da-seins und träume vor mich hin, stundenlang, tagelang.

Wenn ich überhaupt je etwas gern getan habe, dann war es lästern. "Die Lästerschule" von Sheridan sollte etwas häufiger in Theatern gespielt werden. Klatsch und Tratsch sind mehr als Ventile für Verklemmte. Aber zur richtigen boshaften Wut fehlt unsereinem der Mut. Die Angst würde das Vergnügen aufzehren, doch ein bißchen Schadenfreude, vom sicheren Halbdunkel aus, vertreibt die Zeit ganz gut. Was soll ich machen, wenn ich mit allen Bekannten und Verwandten alle Bekannten und Verwandten durchgehechelt habe?

Schon als Jugendlicher mochte ich an Sartre gerade das, was das Fragwürdigste an ihm war. Er war ja alles andere als ein Ehemann und Familienvater, sondern ein ewiger Junggeselle in ewiger Vorpubertät, ein intelligenter Kindskopf, der nur darüber nachgedacht hat, wie er die Leute vom Nachdenken abhalten kann. Er redete von Verantwortung und hat nicht einmal die Verantwortung für ein winziges Baby auf sich genommen, sondern nur für die ganze Welt. Sein politisches Engagement war nur ein Knabenspiel im ewigen Flegelalter. Er spielte Marxist, wie man Räuber und

Gendarm spielt, Cowboy und Indianer. Realist war er aus Realitätsverlust, und seine meisten Aktionen waren lediglich Happenings. Seine Versuche, aus sich herauszugehen, trieben ihn nur noch tiefer in sich hinein, und seine Lebensgefährtin Simone de Beauvoir war zu sehr seine Intimfeindin, um ihn aus seiner Infantilität zu erlösen. Vor lauter Angst, etwas anderes als sich selbst zu wählen, wählte er am Ende gar nichts und blieb im unendlichen Spiegelkabinett des *Ego cogito* gefangen."

Mit lässigem Behagen sieht er die übrigen Familienmitglieder als Satelliten ihn umkreisen, zupft hier an einem Gartenstrauch, staubt dort einen Buchrücken ab. Manchmal möchte er schon, daß etwas passiert, er weiß nicht was. Wenn er aber daran denkt, was so alles passieren könnte, freut er sich, daß doch nichts passiert.

Er ist zufrieden, nicht ganz glücklich zu sein und auch nicht ganz unglücklich, Meister der Halbherzigkeit, der er ist. Obwohl nie so ganz da, ist er die sinnfällige Verkörperung bloßen menschlichen Da-seins. Er lobt, er ist einfach nur da, noch da und sonst nichts. Er schnuppert, ob nicht von irgendwoher noch ein weiterer Gratisleckerbissen von der Großen Festtafel für ihn abfällt, ohne viel Aufwand und Geschrei. Dann ist er da.

Kurz: Er ist für das Gute und gegen das Böse. Für den Frieden und gegen den Krieg, für grünen Wald und gegen grauen Beton. Er ist für das Leben und gegen den Tod, besonders wenn es um die Seinen geht. In der Zeitung liest er mit wohligem Gruseln, daß sie sich hinten in Nicaragua wieder die Köpfe einschlagen statt heißreden. Fern sieht er, damit er besser schläft. Ein oder zweimal fällt er hitzig über sein Ehegespons her, pro Woche.. Nach diesem vegetativen Anfall ist alles wieder wie vorher. Drängt sich mal die Sterblichkeit auf, durch Bruststiche oder Schwindelgefühle, kauft er einen Trainingsanzug und joggt so lange, bis die Angst vor Überanstrengung wieder etwas größer ist als die Angst vor dem Herztod. Genauer : Wenn schon Infarkt, dann bitte nicht durch die Maßnahmen gegen ihn. Und alle paar Monate gewöhnt er sich das Rauchen ab.

Am Reisen mag er besonders, daß es eine Veränderung ist, bei der alles beim Alten bleibt und weniger geschieht als zuhause. Früher wollte er auch alles ganz anders, aber eigentlich ist es doch besser so, wie es dann gekommen ist. So ist das Leben nun mal, was soll man machen, und ihm geht's ja noch Gold oder Silber.

Hauptsache, Geld und Verdauung stimmen und über Nachbarn läßt sich Neues und Schlimmes erzählen. Zuweilen bastelt er und wäscht sein Auto selber, weil das billiger ist. Aber vor allem, weil er sich sonst bis zum TV-Programm zu Tode langweilen würde. Viele auf der Welt haben es viel besser als er. Aber damit wird er fertig : Noch sehr viel mehr Leute haben es ja viel schlechter als er. Alles sollte im Grunde anders sein, aber eigentlich könnte es noch schlimmer sein.

Er ist nun weiß Gott nicht unverschämt, was verlangt er denn schon Besonderes vom Leben? Doch nicht mehr, als billig ist und ihm zusteht, eben seinen sehr bescheidenen Teil vom Großen Kuchen. Seinen kleinen Anteil an der Beute in einer komfortablen Höhle ungestört verzehren zu dürfen, das ist es, was er will. Fordert das denn schon den Neid falscher Götter heraus? Zuweilen hat er seinen 'Moralischen'. Dann versackt er in einem schwarzen Riesenloch, niemand kann ihn dort mehr herausholen, weder durch die Peitsche des Zuckerbrots noch durch das Zuckerbrot der Peitsche. Dann stiert er in seine inneren Mäuselocher, die nur er sieht, um zu beweisen, daß er kein Flachkopf ist, sondern auch seine Untiefen hat. Es vergeht übrigens, wie es gekommen ist, so grundlos wie folgenlos. Im Übrigen ist er mit allem wohlversorgt und hat alles, was einer heute so zu brauchen glauben muß. Aber eigentlich weiß er gar nichts Rechtes damit anzufangen. Es steht herum und versperrt nur den Weg, auf den er sich gar nicht macht. Aber trennen kann er sich von seinem ganzen Plunder auch nicht; wer weiß, wozu das noch einmal gut ist und was noch eines Tages über ihn kommen mag.

Manchmal glaubt er etwas ganz fest zu wissen und begriffen zu haben, daß etwa die ganze Umwelt in Gefahr ist heute, daß da draußen irgendetwas vor sich geht und etwas Unheimliches sich zeitlupen-langsam zu uns heranfrißt. Im nächsten Moment weiß er nicht mehr, wovor ihm eben noch so gegraut hat. Alles ist wieder dämmervage wie immer.

Glücklicherweise muß er sich ja nie entscheiden, was er da gespürt haben will. Nichts und niemand verlangt das doch von ihm, am wenigsten er selbst. So kann alles immer im schwebend Ungefähren bleiben und köstlich unbestimmt. So mag er es

119

am liebsten, so in der grauen Nebelsuppe der Welt immer wieder herumrühren.

Niemand kann ja behaupten, er warte nicht auf etwas Besonderes. Mindestens darauf, daß ihm jemand erklärt, worauf eigentlich. Und wenn es ihm mal einer zu sagen versucht, ist es natürlich nie ganz das Richtige. Aber Gottseidank kommt es darauf auch nicht .wirklich an, wenn nur Geld und Verdauung weiter stimmen. Er hat Zeit, er blinzelt, kratzt sich mit dem Fingernagel schmerzwollüstig über seine Gesichtspickel, die animalischen Grundverrichtungen übernehmen das Leben für ihn, das autonome Vitalsystem samt angeschlossener Subroutinen.

Von seinem Leuchtturm schaut er weit ins Land. Seine Ehe? Nicht Fisch noch Fleisch, wie so vieles bei ihm. Weder ruhige Harmonie noch fetzenfliegender Riesenkrach, nur dieses entnervend auszehrende Dauergezänk, dieses unablässige Nadelstichwundengeplänkel, Tag aus, Tag ein, ohne Sinn und Verstand und Ziel und Ende. Nur damit er sich in den Stunden bis zum Fernsehabend ein bißchen leben fühlt. Wünsche wie Abneigungen nur halbherzig : Es reicht weder zur Leidenschaft noch zum Verzicht. Extrem wird er allein dort, wo es um die Weigerung geht, sich einmal richtig ins Zeug zu legen und großherzig zu verausgaben und einmal aufrichtig über die eigenen Kräfte zu leben. Nur eines lohnt jede Mühe : Um jeden Preis den Zustand zu wahren, wo nichts die Mühe lohnt und das Opfer. Nichts übers unbedingt notwendige Minimum hinaus, über Freiheit nach Vorschrift.

Daß er es etwas nett und bequem und sauber haben will, wer will ihm das ernstlich verdenken oder puritanisch mißgönnen? — Aber nun hat er geschafft, was er sich vorgenommen hat, die Scheuern sind voll gefüllt, alle Voraussetzungen und günstigen Ausgangsbedingungen sind erfüllt, um nun endlich einmal ... aber das ist es eben : Was fängt er nun an mit all diesen wunderschönen Dingen, die das erleichtern, was er Leben nennt? Er hat es unterwegs vergessen, es war schwer genug, das alles zusammenzutragen. Da war doch noch etwas? Hat er überhaupt je gewußt, wozu er das alles aufeinandergetürmt hat? Er denkt nach, er wird ganz melancholisch vor lauter Sinnen, er kommt nicht drauf, und da ist er auch schon glücklich eingenickt ...

Der Stadtpark ist sehr vernachlässigt, die Blumen werfen ihre Samen, wohin sie wollen, aber es ist ein Park. Seine Vollkommenheit liegt irgendwo in der Vergangenheit, bei einem Stadtvater, der sich um sie verdient gemacht hat. Sie liebt diesen Park, weil seine Künstlichkeit ein aufgehaltenes Zurückgleiten in die Natur kaum mehr verbergen kann. Ein Rückfall, der auf halbem Wege stehengeblieben ist, unschlüssig und verwirrt. Er ist irgendwo zwischen Ordnung und Unordnung, ein nervöses Schwanken zwischen der vergeblichen Anstrengung, seine Haltung zu bewahren, und unverschämter vegetativer Gier.

Die Kieswege werden von den Rändern her von Unkraut angefressen, nur die Bänke wehren sich, das Spiel der uralten Verwirrung mitzumachen, ihr Holz an die Sträucher zurückzugeben, seltsame grünlackierte Pflanzen zu werden. Sie steht auf der Seite des Parks gegen die Anarchie der Natur. Von hier aus schätzt sie die Macht seiner Feinde ab und bestärkt den Park in seinem Traum von der Geometrie der Barockgärten, seiner ruhmvollen Vergangenheit, mit dem versteinerten Schäumen des Buchsbaumlaubes.

Die Mathematik des Lebens ist nur das Leben der Mathematik. Hinweg mit dem Rausch. Was nützen die Mischrezepte der Ekstasen, diese Blähungen, die überhitzten Mahlzeiten der ganzen schönen Allseligkeit. Analytische Lehre der Reinheit, die gespiegelten Widerspiegelungen des weißen Todes im kalten Licht eines nüchternen Zornes. Die Geheimwaffen der Schöpfung, Gleichgültigkeit ist pervertierte Göttlichkeit.

Gedanken machen sich selbständig, haben eigenen Willen, treiben Unzucht miteinander, Bastarde des Denkens, parasitäre Auswüchse. Café au lait à la Des Cartes. Anhalten, Pfahl einrammen: Bis hierher und nicht weiter. Gedanken an den Dingen festmachen, gehen sonst durch und nehmen einen mit. Der Sommer ist ein Geleeblock, Bernsteinfalle. Nur das Vergangene ist sichtbar, nur das Sichtbare ist vergangen. Der alte Mann, der seinen Kaffee schlürft, den Stock am Stehtisch lehnend, Stab, der über ihn gebrochen ist, erzener Schlangenstab Mose, Brot und Wein in der Wüste des Versuchers, Bettler auf heiliger Erde. Mit Drogen das schlafende Fleisch ins Leben zurückjagen, das Fleisch treibt keine Säfte mehr, Achseldistellachen klaffen, ohne meine süßen kleinen Brüste. Von kristallinen Wänden und moderner Kälte des vorspiegelnden Parketts das alte trockene Fleisch der Rentner und des unordentlichen Sterbens. Die Frau ist ein kranker Mann, schmutztreibendes Fleisch, die Untaten der Existenz.

Sich reinigen. Sein Fleisch auswringen und an die Leine hängen, durchlüftet von sauberen Winden. Das ganze Denken verdickt sich, wird zähflüssig, den Kopf über Wasser halten, sich heraushalten aus dem Teig der Natur, aus der Syrupfalle des Fleisches, sich lässig hingeben diesem irren Ameisengekrabbel, der inneren Pflanzenwelt. Die Arbeit der Schönheit, die Anstrengungen einer Blumenseele. Diese Werte aus weißem Fleisch, Lilien auf dem Felde der Präzision: Baudelaire zog Handschuhe an, wenn er liebte. Absturz des Ikarus in den Schweiß des Meeres. Dunkler Ruf der Substanz. Die Frau hat den Mann wohl aus dem Büro abgeholt. Oh, ich sehe Teile des Leibes, die von der Seele nicht erreicht werden, ich sehe mehr Fleisch, als die Seele braucht. Mögen das, die beleidigte Seele in die Nacht des Leibes zu tauchen, sie fallen zu lassen in die Absolution des Fleisches durch das Fleisch. Sind albern miteinander, Beine ausstrecken, der Schoß der Familie. Nachgiebiges Fleisch fängt alles auf, Akten und Gläubiger, auch Ratenzahlungen. Die ganze Welt in Flammen aufgehen lassen, die feinen Nuancen rückgängig machen, Mut zur Lücke, zu den eleganten Übersichten, Abreisen, Rundblicken vom Aussichtsturm auf die Wüste, alles in einen Topf werfen, nur keine Spitzfindigkeiten mehr, oh Mensch, werde wesentlich. Helga hatte heute wieder ihre Zahnschmerzen, das arme Wurm ist begeistert von der neuen Lehrerin, in den neuen Film gehen, Frau Seebaade sagt, die Seele im Décolleté gefangen.

Gleich hinter der Haut fängt die alte Unterwelt der Natur an, die Verbrechen der Galle, der Nieren, der pochende Wahnsinn des Herzens, die schamhaft bedeckte Lymphe und die niedlichen rosagrauen Eingeweide. Von der Oberfläche einer komplizierten Gesundheit aus feuchten Bewegungen schwimmt das Lachen, die Sympathie, der Ernst des Lebens. Ein sehr behübschtes Glück versucht, gleichzeitig ein unartiges Kind zu ermahnen und dem Gatten zuzuhören. Bereitwilliges Lächeln, auf die Interessen des Partners eingehen, Frauenzeitschriften. Geduldig zuhören und heimlich die Schleife am Kleid der Tochter zurechtrücken. Nackten Foetus spielen in blutroter Dunkelheit, Prä-Existenz vergessen. Wenn schon eine Psychose, dann Metempsy-Chose.

Um Gottes Willen, jetzt keine Erinnerungen: Alles ganz neu.

Sich zurückspulen auf den Nullpunkt. Aus dem Ei. Die Schwangerschaft beginnt. Keimendes Leben schützen. Draußen nur schwache Geräusche. Sonntag. Noch keine neuen Worte erfinden. Lieber alte Gebärden vergessen. Oho, ich werde keine Fehlgeburt sein. Passe schon auf. Nicht zu früh die gute Stube verlassen. Wird noch kalt im Februar sein. Das Tier ohne Fell. Auch nicht zu spät ausschlüpfen. Aber laßt mich noch ein wenig, es ist ja so schön warm hier. Die goldene Jugend. Wer machte den ersten Schritt? Keine Lust und schon tot geboren. Hoffentlich treibt mich niemand von hier ab, wäre schade um mich. "Sie berechtigte zu großen Hoffnungen." Die Gifte dringen durch die Wände, die Nachstellungen, ungeliebte Kinder. Mauriac vermutete, sein Vater habe ihn ohne Lust gezeugt. Die Einsamkeit zeugte die Einsamkeit. Die Liebe ist die Sehnsucht, im Schönen zu zeugen. Blutiges Licht badet ihren weißen Körper. Die goldenen Augen Gottes über der Schädelstätte. Oh, meine süßen kleinen Brüste im Regenwald der Yoni. Der Vater klopft an die Tür, nicht aufmachen. Die weiße Perle rollt zurück ins Meer: Der böse Wolf ist da. Signale auf meiner Bauchtrommel, pergamentbespannt, Honigmond einer Biene des Unsichtbaren. Im Sirup ertrunkene Motte, in der Flüstersüße erstarrt. Körper zucken lassen, an der Zigarette ziehen. Heißer Brei auf dem Bauch, stinkt fürchterlich, Hand darin baden und trocknen lassen, weißer Dotter. Unverwundbare Hand, kein Lindblatt liegengeblieben. Sein Auge fällt auf die errötende Kriemhild. Geliebter, ich lecke das Panzersalz der Phantasie, die wunderbaren Kristalle Stendhals, *amour-vanité*. Der Hand Vollkommenheit andichten, die sie nicht hat, sie ihr wieder abnehmen. Das Salz der Vollkommenheit ist bitter im flüssigen Mund der Ungeborenen, das Rauchen. Geschlossener Stromkreis der Liebe, ich bin der Blumen so müde, bleiche Tropfen Bluts und der Blumen so müd.

Die Sprache von Kieselsteinen hat keine Stimme, erhebt keine Stimme und kann uns doch die Stimme verschlagen. Graugelbe Kiesel hängen zwischen ausgeschlungenen und wie fliehend entspreizten Fingern, um nicht die schwarzgegerbten oder glasig perlenden Krusten aus schwammtrübem Schlickfirnis auf der bodenzugewandten Buchtung berühren zu müssen. Dann streichen die Fingerkuppen mit entnervender Behutsamkeit blutstauend über die rauschartige und bleichdörrige Oberflächenwölbung, wie um ein verborgenes Fleisch des Kiesels hervorquellen zu lassen aus dem zerklüfteten, aus dem staffelnd ausgeschliffenen Geäder von wirrverzahnten Bruchflächen. Die zu steril schillernder, zu parasitärwüchsiger Blüte getriebene Kieselhaut bekommt den Ausschlag, nervöse Wucherungen, und findet sich unter den sie umgeisternden Fingern überflutet von unsichtbaren Flüssigkeiten. Die Dichte des Steins, seine Schwere schwankt von Sekunde zu Sekunde. Diese innere Bewegung hetzt und schröpft, und der Stein räkelt sich üppig im Steinfleisch. Mit welcher eigengesetzlichen Inbrunst schlagen und schmieden sich diese Leichname der Natur in ihre Umrisse ein! Sie umgrenzen ihre entfernungslose Abständigkeit, aber der Abstand des Steines vom seinem Bewunderer läßt sich nicht überwinden, denn er ist – nichts.

Unablässige Monologe umkreisen die taubstumm in ihrer Sammlung verbleibenden Gebilde. Wenn das wutsprudelnde Gefühl versiegt, mit dem der ungeduldige Betrachter und Betaster sich über das Ding ergießt, um eine vertrauliche Nähe zu erzwingen, gerinnen die Steine wieder zu einer entblättert befremdlichen Physiognomie. Steine haben schlissige Wundränder, wo sie nicht ganz Stein sind, wo sich die Stemmeisen ansetzen lassen, wo sich Säuren und Sprengstoffe einfüllen lassen. Steine sind das, was übrigbleibt, wenn das Meer sich vom Land zurückzieht, bevor es erneut zurückflutet. Aus diesen Steinen lassen sich Edelsteine machen, wenn sie aus Worten nachbildet werden. Wenn Worte vor Schmerz versteinern, kommen Steine endlich zur Sprache : Kieselsteine aus Worten, und die Sprache wird schwer und undurchsichtig, ganz hart und undurchdringlich, ohne Elastizität. Dann lassen Worte sich übers Wasser werfen, und sie hüpfen, sie gehen auf dem Wasser und fallen ins Wasser und gehen zum Grunde. Und Steine werden Sätze, machen Sätze über das Wasser und werden durchsichtig auf andere Steine, auf lebende Kristalle, und der Stein muß nicht zerschlagen werden, um sein Innenleben zu sehen. Wenn Steine zu Wort kommen, bekommt die Sprache Gewicht. Wird der steinreich, der den Stein der Weisen und der Waisen findet? Wird er wenigstens steinalt? Ein Goethe sammelte Gemmen, Kameen und Steinschneider. Uralt ist die mineralogische Psychologie der steinernen Gäste und der himmlischen Meteoriten. Die Steine von Früchten enthalten Samen und das Leben. Verschlucken oder ausspucken, das ist die Frage. *Ein Stein macht noch keinen*

Einstein. Mit solch literarischen Steinmetzarbeiten und Grabstein-
legungen vertreibe ich mir die Zeit. Lassen Steine sich auflösen in
Luft und Liebe, läßt Luft sich zu Steinkohlenbriketts pressen?

Manchmal ist, als erlahmten die auf ihre Grenzlinien
so eifersüchtig bedachten Dinge, sie erlahmen in ihrer Anstrengung, nicht miteinander und mit uns verwechselt zu werden oder
mit Pflanzen, Tieren und Göttern. Sie geben sich einem Versöh-
nungstaumel hin. In den öffentlichen Parkanlagen vergessen die
Sträucher und Bänke ihre vorgeschriebenen Rollen, streifen über-
mütig ihre amtlichen Bezeichnungen ab. Wie, wenn Wasser über
eine Tuschzeichnung gegossen wird, fließen sie ineinander, die
Ränder verschwimmen, die hart im Raum sich stoßenden Dinge
geben es verstimmt auf, sich unablässig das Geständnis ihrer Un-
austauschbarkeit zu machen. Sie geben ihre Wechselkurse frei. Die
Resultante all ihrer Kraftlinien wogt haltlos im Leeren, Nebel-
schwaden ziehen durch unsere widerstandslosen Schwammkörper
hindurch, das ist aus den Dingen geworden. Und niemand ruft sie
zur Unordnung.

Es gibt noch Dinge, die sich in mich einfühlen, wenn
ich über sie herfalle. Es macht mir nicht viel aus, daran bin ich ja
gewöhnt, an die lächelnd untergehende Wasserstoffbombensonne,
auch die gedankenvolle Traurigkeit der Parkbäume, die nicht Trau-
erweiden sind, die stumme Wut der Steine und die Bittermüdigkeit
von Schwarzeisenzäunen. Es beunruhigt mich nicht mehr, es geht
mich nichts an, daß mich das nun berühren soll. Ich suche mir aus
dem Naturangebot aus, was weder gefällt noch mißfällt, und habe
lange aufgehört, mich für die Stimmungen und Launen der Dinge
verantwortlich zu fühlen. Ich denke sie nicht zu Ende, ich lasse sie
nur noch spiegeln, was mir Spaß macht. Was kümmert es mich,
was die Lupinen am Bahndamm über mich denken, was dieser
Köter von mir weiß, der mich nicht anzupissen wagt, obwohl er
blind genug scheint, mich für einen Baumstamm zu halten, wenn
ich stehenbleibe.

Der Baumstamm verriete uns gern seinen Stamm-
baum, aber die Ahnenforschung der Dinge stagniert. Für eine Er-
pressung reicht es nicht ganz, was die Dinge um mich herum an
Daten über mich gespeichert haben. Die Parkbank ist eine Daten-
bank, wenn ich mich auf sie setze und dann fortgehe. Wer zapft sie
an? Der nächste, der sich auf sie setzt, oder der Parkgärtner?

Aber die können nur verraten, was ohnehin jeder über mich weiß oder wissen könnte, wenn er wollte. Ich bin beleidigt, wie wenig die 'Volkszähler' von mir wissen wollen. Ich hätte ihnen gern etwas mehr über mich erzählt, meine Lebensgeschichte will niemand hören. Abrufbereite Dossiers schlummern in jedem Ding ungenutzt. Die japanischen Quitten auf dem Wege zur Stadtbibliothek blühen nur wenige Wochen. In der übrigen Zeit vergesse ich sie.

Was bleibt? Ich will ehrlich sein: Manchen Dingen gelingt es zuweilen noch, mein Interesse zu wecken, wenn ich sie für mich interessieren kann, also für mein Interesse an ihnen und ihrem Interesse an mir. Ganz von selbst bleibe ich vor berühmteren Blumen stehen, prominenten Pflanzen. Ihre Blüten sind Augen, die sich sehen lassen, ohne uns zu beschämen: Schüchterne Arroganz der Rosen mit weitgeöffnet trägen Lidern oder die nervös flatternden Augen von Nelken. Wenn ich an ihnen vorübergegangen bin, glaube ich, sie jedes Mal etwas enttäuscht zu haben, obwohl ich doch Bewunderungsgebühr bezahlt habe. Den Sinn ihrer Botschaften habe ich nie ganz verstanden. Unerlöst verwirrt bleiben sie hinter mir zurück. Ich stehe vor einer Blutbuche und weiß das Zauberwort nicht. Daß es eines zu wissen gibt, macht den ganzen Reiz unseres Rendezvous aus. Ist der Baum nicht ein einziger qualvoller Versuch, aus sich herauszugehen, der ewig wieder in sich zurückfällt, ein Versuch, in sich zu gehen und sich auf den Grund zu kommen, der dauernd in die Welt der anderen Dinge zurückgeschleudert wird, ohne sein Ziel zu erreichen, der diesen Baum als Baum zum Verschwinden brächte, um etwas Unbekanntes entstehen zu lassen. Der Baum, so ruhig dumm er dasteht, besteht aus dieser unsichtbaren Anstrengung, weder im Erdreich zu verschwinden noch sich in Licht und Luft aufzulösen. Er ist ein Sisyphus, der das Geheimnis einer blinden und schweren Undurchsichtigkeit bis an den Rand der Anschaulichkeit wälzt oder durch seine Sichtbarkeit gehindert wird am scheuen Rückzug in seine Untiefen. Er hält sich dem Augenlicht entgegen, platzängstlich wartend, kaum mehr zu hoffen wagend, zitternd steht die Sichtbarkeit und Fühlbarkeit für einige Sekunden auf einer Bergspitze zwischen den Abgründen von Tag und Nacht, dann stürzt der Baum wie ein Fels donnernd zurück in die Tiefe und verstrahlt im Himmelsblau, in satanische Abwesenheit. Das Aussehen der Dinge ist ein mühsames und linkisches Geschäft, von uns verstanden oder mißverstanden zu werden. Wollen sie nun erlöst werden aus der Verbannung, die ihr Sein darstellt, oder aus unseren Nutzungsverträgen mit ihnen?

Haben die Dinge ihre Muttersprache vergessen im Exil, oder ist es für sie gefährlich, diese Sprache zu sprechen? Welche Katastrophe hat diese Dinge in die Natur vertrieben, ins Reich des schwerfälligen Jähzorns und der nervösen Betulichkeit der Elemente? Sind es Geister, ist es Geist? Wovor mußten sie fliehen? Sind die Dinge Verkleidungen, aber wovon? Für welches Vergehen wollte wer sie bestrafen, als er sie in die Einöden ihres Seins aussetzte? Wovon sind wir erlöst, wenn wir sie wovon erlösen? Genügen Lösungen von Gleichungen dritten Grades? Siezen oder duzen mich diese alten Parkbäume? Sollte es meine Angst vor einer schlagartigen Verwandlung sein, die mich hindert, das allbekannte Schlüsselwort zu gebrauchen. Was wird aus mir, wenn aus dem Baum eine Parkbank oder aus dem Parkbank wieder ein Baum wird? Im Vorübergehen glaube ich die stumme Bitte zu hören, die spöttische Herausforderung, kalte Verachtung, die schreiende Forderung, je nach dem Charakter des Gegenstandes. Eine Rührung befällt mich, wenn ich an die Macht denke, auf die ich verzichte, um belohnt zu werden mit neuestem Klatsch aus der Welt der Parkbäume und Rosenbeete.

Daß all das jubelnd nach Hause zurückgekehrt wäre, wenn es in meiner Freude daran auflebte, wage ich nicht zu glauben. Wenn der Baum in mir wiederauferstünde, wenn ich ein aufgewachter Baum wäre oder der Baum ein schlafender Mensch, wäre alles klarer. Aber für jeden Baumstamm, der ein Mensch wird, muß sicher ein Mensch zum Baum werden. Könnten die Dinge verwunschene Menschen sein, die der Rührung und dem Mitleid und den Sirenenklängen eines Dinges einmal nicht mehr widerstanden haben, ein anderes Ding zu befreien aus seiner heillos strengen Sprachlosigkeit und nach einem unbekannten Gesetz nun verurteilt wurden, in ein totes Ding verhext zu werden, aus dem ein Mensch entsprungen war wie der Königssohn aus dem Brunnenfrosch, damit ein unbekanntes Gleichgewicht einer unbekannten Gerechtigkeit zwischen Menschen und Dingen sich wiederherstellt?

Wenn ich nicht eine Zigarette rauche, drehe ich durch und werde eine Zigarette. Ich muß sofort eine Zigarette rauchen und dazu eine Tasse Kaffee trinken, um mich in den Stammbäumen der Baumstämme nicht zu verirren. Die halberhobene Hand mit der kaffeevollen Tasse steht in der Luft. Ich weiß nicht mehr, woher sie kam und wohin sie wollte. Momentaufnahme : Vergangenheit und Zukunft, Plan und Gedächtnis gelöscht im Speicher. Der Mund fällt der Tasse nicht mehr ein. Wo hat die Hand diese Tasse her, woher hat die Tasse den Kaffee, woher der Kaffee das Wasser? Dann fällt der Name 'Kaffee' von der Flüssigkeit ab und auch der Name 'Flüssigkeit' von dieser braunen Schwappmasse, und mit dem 'Braun ' geht die Farbe aus, oder es bleibt nur noch das Wort 'Braun', ohne Platz zu nehmen auf dieser Masse oder mit einem anderen Schild zu verkleben. Meine Bildung reicht gerade aus, mir ein koloriertes Bild von Dingen zu machen, die dieses Bild wieder durchstreichen und anzünden. Mein Wecker klingelte mich aus meinem Wachtraum, die Zeiger zeigten auf das Büro, und das Büro zeigte auf Geldscheine und die Banknoten auf Parkbänke, auf diese Parkbank hier unter mir, die mich nicht weckt, die ein Mensch werden und mich zur Parkbank machen will und mir einzureden versucht, das sei ein guter Handel und ein glänzendes Geschäft, obwohl ich gar nicht weiß, wie ich dieses Geschäft verhindern kann. Aber diese Unwissenheit muß ich sorgfältig verbergen, um kein Kleingedrucktes zu übersehen in dem Vertrag zwischen Mensch und Parkbank.

„Die "Gretchenfrage" nach der Religion: Wie so viele Norddeutsche bin ich evangelisch getauft, aber nicht christlich erzogen. Meine Eltern waren "herzensgute Leute", wie man hier sagt, aber ich stamme aus einem Arbeiterhaushalt, in dem die Religion keine Rolle mehr spielte, aber auch die "sozialistische Ersatzreligion" keine Chance hatte. Auch die Großeltern väter- und mütterlicherseits scheinen kein religiöses Leben mehr geführt zu haben. Mein Bruder und meine Schwester haben zu Verwandten und Bekannten wohl bessere Beziehungen als zu ihrem Vater im Himmel. Auch sonst scheint mich niemand in dieser Richtung beeinflußt zu haben. Den Herrgott habe ich so etwa mit zwanzig Jahren ganz für mich allein entdeckt, also schon lange vor dem Ausbruch der Krankheit. Seither spreche ich einfach mit Ihm und stelle mir vor, daß Er mir zuhört. Er sagt niemals ein Wort. Schließlich bin ich nicht so verrückt, daß ich schon Stimmen höre. Aber Er gibt mir manchmal etwas zu verstehen. Durch kleine Ereignisse. Daß Er es dann war und keine Einbildung, das nehme ich auf meine Kappe. Wenn ich mich ernst mit Ihm unterhalte, passiert danach oft etwas im Leben, was ich Ihm zuschreibe, kommt irgendein Wink und Fingerzeig, der weiterführt. Es ist ja nicht so, daß ich sonst niemand hätte, mit dem sich die kleinen Sorgen besprechen ließen, aber das ist dann doch noch etwas anderes. Natürlich zweifle ich ebenso oft daran, daß es Ihn überhaupt gibt, komme aber immer wieder auf Ihn zurück, weil ich sonst nicht klar denken kann und die Welt nicht verstehe.

Wer überall Seinen Finger sieht, blickt besser durch. Natürlich kann ich mich dabei auch täuschen. Aber die Augen und Ohren und den Verstand hat Er uns ja gegeben, um die Spreu vom Weizen zu trennen. Vielleicht rede ich nur mit meinem eigenen Kopf, wenn ich mit dem Ewigen rede, aber ich setze auf Ihn, wie der Wissenschaftler auf eine Theorie setzt, solange keine neuen Erfahrungstatsachen dagegen sprechen. Ja, auch Gottlose täuschen sich und nicht zu knapp.

Manchmal hilft Er, wenn ich für mich oder andere bete, manchmal auch nicht. Vieles an Ihm ist unverständlich. Jede Konfession ist zu eng. Derselbe Glaube an den Einen Schöpfer ist doch in allen drei Weltreligionen. Was Er von uns Menschen will, hat Er mindestens dreimal wiederholt, durch den Mund dreier Propheten. Mußte er das im Abstand von Jahrhunderten wiederholen, weil wir alles mißverstehen oder schnell vergessen? Die Gebote hat Er uns nicht vorgeschrieben, um uns den Spaß am Leben zu verderben, sondern um uns vor folgenschweren Fehlern zu schützen. Ich lese die biblischen Schriften wie eine sorgfältige Gebrauchsanleitung des Weltherstellers. Niemand benutzt doch sonst ein gekauftes Elektro-Gerät, ohne die Gebrauchsanleitung des Produzenten zu studieren. Niemand wundert sich doch, wenn unsachgemäßer Gebrauch Gerät und Benutzer beschädigt.

Jeder sieht das ein, wo es um allerkleinste Industrieartikel geht. Warum nicht auch da, wo es um die ganze Welt und unser Leben geht? Die Welt ist eben so "konstruiert", daß uns etwas um die Ohren fliegt, sobald wir uns nicht an die Empfehlungen des Herstellers halten: Das ist ja kein Wunder. Nicht auszudenken, wie lange es dauern würde, bis ich das alles selbst herausfinden könnte, was Gott uns gratis und freiwillig verraten hat. Aber so leben heute die meisten Menschen: Sie basteln an sich herum, sie stochern auf gut Glück mit grobem Werkzeug in einem komplizierten Organismus herum und wundern sich, daß sie alles kaputt kriegen, bevor sie dem Geheimnis auf die Spur kommen. Lies die Bibel so, als würden dir da kostenlos frei Haus die Naturgesetze der menschlichen Entwicklung „verraten". Das erspart sehr viel eigene Zeit und Mühe, und vielleicht würde ich es auf eigene Faust auch niemals herausfinden. Ganz praktisch: Man muß kein Christ sein, um z. B. die biblischen Speisevorschriften ganz vernünftig zu finden. Ich lese das nicht als Schikanen, sondern als ernährungswissenschaftliche Tipps vom ollen Jott, dem *unsterblichen Gerücht*.“

„Der Übermensch Nietzsches hätte sich im Kreis der Schlegel um 1798 nicht übel ausgenommen.“
(*Richard Benz*: „Stufen und Wandlungen“, Nr. 139, 1943)

Der Androide

Als ich sie an den Mund führte, sah ich über den Rand meiner Kaffeetasse hinweg seinen weder aufdringlichen noch fordernden Blick. Er sah, daß ich ihn mich ansehen gesehen hatte, und setzte sich wie selbstverständlich zu mir, was mich auch nicht befremdete. Sein erster Satz allerdings überraschte mich:
»Wollen Sie weg von Ihresgleichen?«
Ich weiß nicht, weshalb ich sofort wußte, daß er nicht den kleinen Umkreis meiner Verwandten und Bekannten meinte. An ihm war nichts auffällig als seine betonte Unauffälligkeit. Keine Metallstimme und rotheißen Techno-Augen, kein grünes Phosphoreszieren. Ich bat ihn auch nicht, sich durch Zauberkunststücke auszuweisen oder durch ein Raumschiff. Es gab keine Möglichkeit, ich begriff das sofort, herauszufinden, ob ich träumte oder er mir etwas vormachte und einer von uns beiden halluzinierte. Ein Beweis, ob er wirklich ... und er oder ich nicht nur ... ? Es gab keinen.

Niemand von uns beiden behauptete oder bestritt etwas, er war wie ich. Aber eben nur *wie* ich. Was war es dann, das mich sicher sein ließ, er wäre nicht ganz von dieser Welt? Wohl nur dieser Blick. Ein Blick, der mich nicht als diesen und keinen anderen Menschen sah, als dieses besondere Individuum, das ich nun einmal bin. Eher ein Blick, wie soll ich es sagen, von außen. Ein Blick, unter dem das, was mich von anderen Exemplaren meiner Gattung trennte und unterschied, einfach sich ganz verflüchtigte. Übrig blieb ich als beliebiger Vertreter unserer Spezies, ein Erdbewohner auf zwei Beinen, ess-, trink-, schlaf-, beischlaf- und unvernunftbegabt. Das Besondere an mir war plötzlich nicht mehr mein Eigenname, meine unverwechselbaren Vorlieben und Abneigungen, sondern daß ich vor seinem Blick nichts Besonderes mehr an mir hatte. Ich war zusammengeschrumpft zum kleinsten gemeinsamen Nenner all meiner Artgenossen, zum lebenden statistischen Querschnitt aller Terrarier. Zum ersten Mal fühlte ich mich im gleichen Boot mit allen Menschen, die jemals gelebt hatten, über den gleichen Kamm geschoren, aus dem gleichen Zeug gemacht wie sie, über alle unbestreitbaren Differenzen von Herkunft, Stand, Begabungen, Geschlechter, Nationen hinweg.

Ein demütigendes Gefühl der Gleichschaltung. In einer schwindelerregenden Vision voll überwältigender Evidenz sah ich mich durch sein Auftauchen in den selben Eintopf mit allen anderen verrührt und verkocht. Ich wehrte mich, bestand auf gewissen Abständen, Privateigentümlichkeiten – vergeblich. Er saß da und war anders als ich, aber nicht so, wie jeder von uns anders ist als jeder andere. Er war anders anders, aber wie? Wir alle kamen darin überein, anders zu sein als er. Sah ich uns mit seinem Blick oder dem, was ich in diesen Blick hineinsah, empfand ich diese ... ich will nicht sagen Solidarität ... eher Komplizenschaft der Erdenkinder gegenüber diesem Blick auf uns von außen, auf das allgemeine Menschenwesen in mir. Die Kluft zwischen uns allen wurde lächerlich vor dieser Kluft zwischen mir und der leidenschaftlichen Leidenschaftslosigkeit dieses Laborblicks. Alle gleich: jeder anders anders als jeder andere. Das Besondere an mir war plötzlich meine Allgemeingültigkeit und Gleichheit mit allen Menschen. Und das war kein menschliches Gefühl. Was ich mit allen meiner Gattung teilte, vor ihm wurde es etwas Besonderes, Zufälliges, Beliebiges, was ebenso gut auch anders hätte sein können, ein blindblödes

Faktum, wie meine eigene Individualität unter Person an unserer Erdkugel kleben, so verloren im All wie ich selbst unter meinesgleichen war. Die Menschheit, deren Atom ich war, verwandelte sich in ein Atom des Universums. Seine Anwesenheit befreite uns nicht aus unserer universellen Verlassenheit, im Gegenteil. Unter diesem Blick als Ganzes begutachtet, machten wir eine lächerliche Figur, fürchte ich. Ich erkannte, daß wir nackt waren, wie Adam und Eva unter dem Blick Gottvaters. Ich wollte nicht, daß wir Zeugen haben. Ich sah uns alle eins werden vor unserem gemeinsamen Schicksal, der Endgültigkeit unseres Todes, unserer schwitzenden Natürlichkeit, ein Schimmelbelag der Planetenkruste, ich schämte mich für uns. Nicht vor seiner Überlegenheit, die ja gar nicht bezeugt war, sondern vor seinem bloßen Blick, diesem Blick von außen auf *uns,* auf unsere Zwangssolidarität vor ihm, die ich erstickend fand. Ich sagte zu ihm:

»Nehmen Sie mich mit!«
»Wohin?«

»Wohin anders als anderswohin? Wenn es nur nicht diese Welt ist.« Er lachte mich nicht aus, ich hoffte, er verstünde. Ich bin ein Außenseiter und Einzelgänger, ein Eigenbrötler und Sonderling. Ich kann nicht, weil ich nicht will. Was denn? So sein wie jeder: anders als jeder andere. Ich fühlte mich allein unter den Menschen und ich wollte nicht, daß er mich mit den Menschen allein ließe und mich ihnen wieder auslieferte. Eine Art Panik erfaßte mich, ich fürchtete, er würde verschwinden, bevor er noch begriffen hatte, daß ich zu ihm gehörte, zu seinesgleichen, zu denen, die uns von außen beobachteten, seit Jahrmillionen, uns studierten oder geschaffen hatten, was weiß ich? Ich fragte ihn nach seinem Raumschiff, ich versprach ihm, alle Geheimnisse unserer Rasse auszuplaudern, ich bot mich an, uns zu verraten, wenn er mich, nur mich ... Durch nichts verriet er Billigung oder Ablehnung meines Vorschlags. *Daß* er nicht von dieser Welt war, *das* aber war von dieser Welt, ich sah und hörte ihn, faßte ihn flehend am Ärmel. Ich bin kein Okkultist, weder religiös noch abergläubisch, ich glaube weder an Ufos, noch lese ich Science-fiction-Romane. Ich weiß, daß es nichts gibt, was nicht von dieser Welt ist. *Daß* aber nichts von jener Welt ist, *daß* alles von dieser Welt ist, ich weiß nicht recht, *das* aber ist nicht von dieser Welt, scheint mir. *Das* war Er, der da vor mir saß und dann aufstand und wegging, ohne sich zu verabschieden und ohne sich vorgestellt zu haben. Ich lief und rief ihm nicht nach. Wir Menschen waren also nicht allein auf der Welt. Na, schön. Aber ich wieder allein unter ihnen und mit ihnen. Als er sich zu mir setzte, hatte er da den Menschen gesucht oder nur mich, mich oder nur den Menschen überhaupt, diesen Terrarier in mir? Ich hatte ihm nicht verständlich machen können, daß sein Auftritt ... meine Gedanken verwirrten sich. Versuchte er es (aber was?) jetzt mit einem anderen von uns? Hatte es ihn erschreckt, daß ich gleich mit fliegenden Fahnen zu ihm übergelaufen war? Und wenn er war wie wir? Ich wäre vom Regen in die Traufe gekommen. Überall nur wir. Kein Fleck im All, wohin wir vor uns flüchten könnten, ohne uns dort anzutreffen, Hase und Igel, sind wir denn allgegenwärtig? Doch keine Unikate und einmalige Betriebsunfälle der Evolution?

Ein Tag später hatten mich meine eigenen Probleme dann wieder eingeholt und voll im Griff, meine untreue Frau, ein drogenabhängiger Sohn, die berufliche Tretmühle, der Konkurrenzkampf, mein Schuldenberg. Eine Stunde lang war ich schwach genug gewesen zu glauben, der Fremde würde mir die Sterne vom Himmel holen, von denen er kam, sich mit mir gegen meine kleinen Sorgen verbünden und sie in seinen kosmischen Weiten auflösen. Keiner der bösen Brüder unterm Sternenzelt, sondern eher so etwas wie Mami und Papi, wenigstens *Mapa und Pama*, mächtige Supereltern, unter deren Fittichen ich mich nicht in der bösen kalten Welt allein fühlen wollte. Die mich und meine Brüder und Schwestern in unserem irdischen Versteck finden und in die Arme drücken sollten. Ich schämte mich dieser kindischen Anwandlung. Ob es einen GOtt dort gab oder Dubletten von mir, was änderte das hier an meinen Schwierigkeiten? Ich war allein – mit meinesgleichen, allein und all-eins. Ob Todesstrahlen oder Carepakete aus Ufos, sie konnten mich nicht vor meinesgleichen retten und ablenken.

Hic Rhodus, hic salta.
Wo ist Rhodus?

Findet, so werdet ihr gesucht

Gerade hatte ich auf der einen Seite, hatte meine Begleiterin auf der anderen Seite der hufeisenförmig um den Esstisch gebauten Polstersitzecke des Balkanrestaurants Platz genommen, einer Gaststätte, die kaum durch ihre Fenster aus der Nischendunkelheit befreit wurde, als meine rechte Hand neben mir an etwas Kalthartes stieß und auch schon zurückzuckte, aber nicht wie vor etwas Unbekanntem, das sich allein deshalb schon als etwas Schreckliches entpuppen konnte, sondern zurückfuhr, weil ich es bereits im Augenblick der Berührung aus den Augenwinkeln nur zu gut erkannt hatte und für einige Sekunden nicht wahrhaben wollte, daß ich es längst identifiziert hatte - als einen richtigen Revolver. In einem schwarzen Lederfutteral.

Die Hand schnellte zurück, um sich von ihrer unfreiwilligen Entdeckung noch einmal zu distanzieren, um noch einmal rückgängig zu machen, auf was sie da neben sich gestoßen war, wollte es in der Hand behalten, ob sie dieses Ding finden oder übersehen haben sollte, als hätte sie noch gar nicht entdeckt, daß sie eine Mordwaffe entdeckt hatte, als könnte sie noch in den Stand der Unschuld zurück und darüber befinden, ob sie etwas zur taktilen Kenntnis genommen haben wollte, was einen Rattenschwanz unabsehbarer, aber insgeheim schon übersehener Folgen nach sich ziehen konnte.

Als ich mich schließlich entschloß, eine richtige Pistole gefunden zu haben und sie nicht mehr vor mir selbst zu verstecken, hatte ich mich auch schon dafür zu entscheiden, sie meiner Begleiterin zu verheimlichen, die mir den Versuch bestimmt verwehrt hätte, meinen Fund nicht dem Wirt sofort anzuzeigen und bei ihm abzuliefern, auf dass er die Polizei benachrichtige, wie es seine Pflicht sein mochte. Also ... also? Also ließ ich, unter dem nur tafelkerzenbeschienenen Tisch von meinem Gegenüber unbemerkt, die unterdes in der Speisekarte herumsuchte, das Schießeisen, das für ein Spielzeug oder eine waffenscheinfreie Gaspistole viel zu schwer schien, in die Seitentasche meines Sakkos gleiten und begab mich, unter dem Vorwand, im draußen geparkten Auto etwas vergessen zu haben, unauffällig auffällig ins Freie, um den abenteuerlich jackentaschenausbeutelnden Gegenstand dort im Seitenfach unseres Wagens unter einem Putztuch zu verstecken und unbeschwert an den Tisch zurückzukehren mit der Entschuldigung, dort im Handschuhfach nicht gefunden zu haben, was ich dort vorgeblich vergeblich gesucht hatte, meine Zigaretten.

Die Bestellung war nun aufgenommen, und man würde noch mindestens eine halbe Stunde lang im Restaurant verbringen müssen mit Warten auf das Essen, mit Essen und Bezahlen und dann der obligaten Nachtischzigarette, denn ich hatte keinen zureichenden Grund mehr, meine Freundin zur Eile zu drängen, nun, da ich das Ding zu verschweigen beschlossen hatte, um es behalten zu können, ohne zu wissen, wozu und weshalb, wie ich glaubte. Erst daran, daß ich mein inzwischen serviertes Glas Bier, auch für die Freundin erkennbar und kommentiert, nervöser als üblich trank, ging mir auf, daß die Sicherheit, in die ich die Waffe vor dem unbekannten Besitzer gebracht zu haben meinte, den ich in jedem Moment zurückerwarten mußte, doch nicht so ganz ohne Risiko war für mich, der nun anfing, auf glühenden Kohlen zu sitzen und ahnte, daß er von der Ruhe, mit der seine Freundin speiste, sich ausgeschlossen hatte.

Das vorgesetzte Gericht schlang ich sehr achtlos herunter in der Hoffnung, auch das Esstempo meiner Freundin beschleunigen und endlich mit dem in meinem Kopf immer gefährlicher werdenden Fundstück und Diebesgut auf Nimmerwiedersehen verschwinden und die Spuren, die den unehrlichen Finder verraten, verwischen zu können. Jeder neu eintretende Gast beschleunigte appetitverderbend meinen ohnehin gereizten Puls, bevor er sich als jemand zu erkennen gab, der nicht mehr zu suchen schien als einen leeren Tisch.

Angst vor der drohend bevorstehenden Rückkehr des Eigentümers drängte mich, aufzuspringen und das verfluchte Ding wieder an seinen Platz zu legen, als wäre nichts gewesen, oder beim Wirt deponieren zu lassen, um meine ganze Seelenruhe wiederzuhaben, lähmte mich aber im gleichen Atemzug, mußte ich doch fürchten, gerade auf dem Gang zum Auto oder auf dem Rückweg ins Lokal einen peinlichen Zusammenstoß mit dem Eigner zu haben, seinen Revolver schon in der Tasche oder noch im Auto, auf das er dann sehr leicht verfallen würde bei seiner Suche.

Von derselben Angst hin und her gerissen, zwischen dem Wunsch, meinen Frieden oder eine Pistole zu haben, blieb ich sitzen. Ich wollte mich gerade darüber wundern, wie es einer fertigbrachte, so spät oder gar nicht mehr so etwas wie eine Kanone zu vermissen, als jemand, dessen Gestalt von meiner Angst ins Riesige verzerrt wurde, die sommerlich offenstehende Tür verdunkelte und sehr eilig auf den Wirt hinter der Theke zusteuerte, sichtlich erregt nach eventuell Hinterlegtem fragte, nach dessen verdutzt entschuldigendem Achselzucken sich auch schon ungeduldig jenem Tisch näherte, an dem er noch kurz zuvor gesessen und gegessen haben mußte, eben unserem Tisch nun. Ich sah ihn kommen, ich sah es kommen, trank noch einen tiefen Schluck vom Bier, um ein verräterisches Zittern meiner diebischen Finger zu dämpfen, und machte mir zum ersten Mal klar, daß hier vermutlich nicht eine echte Wildwestknarre und „*Gangsterwumme*" meiner Kindheitsphantasien vergessen worden war von einem, der vielleicht kein verbrieftes Recht auf ihren öffentlich demonstrierbaren Besitz hatte, von keinem romantischen Kriminellen, sondern einem prosaischen Kriminalen.

Hatte ich noch kurz zuvor einen Rest an Gleichgewicht aus der Illusion bezogen, eine illegale Waffe würde kaum hier abzuholen gewagt werden, deutete die schneidende Direktheit, mit der dieser mutmaßliche Eigentümer sich beim Wirt nach seiner Dienstpistole erkundigte und sie ausdrücklich und vernehmlich auch so nannte, ohne offenbar telefonische Rückfragen bei der Polizei zu fürchten, auf die Möglichkeit höchst offizieller Befugnis, wollte man nicht auf dreist berechnete Überrumpelung wetten, und darauf hätte in dieser Sekunde nur ein weniger beteiligter Zuschauer setzen wollen als ich.

Allerdings schien der neue Gast auch wieder nicht bis zum Aufsehenerregen laut zu werden geneigt zu sein, was mich in dem ermunternden Gedanken bestärkte, sein Recht auf den Revolver müsse größer sein als sein Recht auf dessen Verlust, nun einmal vorausgesetzt, ich hatte einen Beamten vor mir. Kurz: meine Angst vor dem, was kommen konnte, glaubte ihm den Polizisten oder Kripomann, der meiner leichtsinnigen Tat gefährlicher zu werden versprach als ein unrechtmäßiger Besitzer, mit dessen Rückkehr ich doch wohl weniger hätte rechnen müssen.

Gleichzeitig roch ich die Angst dieses Mannes, noch an diesem Abend seinen Vorgesetzten unter die Augen treten zu müssen ohne das, was der Staat an Gewaltmonopol an ihn delegiert hatte, wenigstens ohne den sinnfälligen Teil davon. Ihn erwartete hochnotpeinliche und karriereverzögernde Disziplinarmaßnahmen ohne dieses Ding, das sah ich ihm an.

Was mir nun einige Hoffnung wiedergab, doch noch ungeschoren davonzukommen, mit oder ohne meine Beute, war der auffällige Mangel an Förmlichkeit, mit der er unverblümt panisch nach seinem Arbeitswerkzeug zu fragen und zu suchen begann. Er glaubte uns nicht unser Nein, ihn verblüffte nicht einmal unsere Verblüffung, berechtigt wenigstens bei meiner Begleiterin, über die recht unvorsichtige Rücksichtslosigkeit seiner Suche, er stellte sich nicht vor, hielt es nicht für angezeigt, sich erst einmal zu legitimieren, bat nicht höflich darum, auf unserer Sitzbank nachsehen zu dürfen, sondern begann, unvermittelt unter dem Tisch herum zu suchen, fahrig unsystematisch, als wäre er nie über seine Rechte und Pflichten aufgeklärt worden. Dabei hinderte ihn nur seine eigene unverhohlene Panik daran, die meine auch nur zu bemerken. Als er den händeringenden Wirt nicht zu der Erinnerung bewegen konnte, daß in der Zeit zwischen seiner und unserer Anwesenheit an diesem Tisch noch andere Personen gesessen hatten, wurde er vollends ratlos zwischen der Gewißheit, daß wir seine Dienstpistole nicht an uns genommen hatten, und der nicht minder starken Gewißheit, daß sie hier bei uns sein mußte. Seine alert fixe Zielstrebigkeit wich einer Miene pathischer Dummheit, die mich ergötzt hätte als bloßen Zuschauer dieses Schauspiels. Er hatte vor einer knappen Stunde hier gesessen an unserem Tisch, und kein großer Unbekannter war seither hier gewesen, der Wirt schwor es fest bei allen jugoslawischen Heiligen. Der Kriminale hieß mich ein weiteres vergebliches Mal aufstehen, um mich auf seine verlorene Waffe hin abzuklopfen. Meine Freundin machte keinen Hehl aus ihrer Empörung über sein unvorschriftsmäßiges Vorgehen, forderte energisch seine Legitimation, verbat sich aufsehenerregend eine solche Behandlung, schrie ihn an, sich gefälligst zu erklären. Mein einziger Vorteil bestand darin, daß er nur verstohlen nach dem vielleicht Gestohlenen fahnden und nicht in der herablassenden Gelassenheit seiner allseits gedeckten Machtbefugnis gegen uns auftreten durfte, daß er alles daran setzen mußte, uns zu hindern, ihn aufs nächste Polizeirevier zu begleiten, um seinen Verlust zu melden. Er mußte das Ding finden, ohne sich als Beamter aufspielen und seine Papiere gegen uns ausspielen zu können, er war in einer Zwickmühle, und sein Verhalten verhehlte das nicht.

Meine Freundin verstand überhaupt nicht, warum ich nicht protestierte, sondern widerstandslos meine Personalien aufnehmen ließ, statt auf den Gang zum nahegelegenen Polizeihaus zu bestehen. Ich ging sogar soweit, ihn mit Hausdurchsuchung bei mir drohen zu lassen, ohne mich zu wehren, hatte ich doch nur einen Gedanken: ihn nicht auf den Gedanken zu bringen, der Revolver oder die Pistole, ich kenne mich da nicht aus, könnte sich auch außerhalb meiner Jackentasche in meinem Gewahrsam befinden. Würde er das Ding im Auto finden, wäre ich als Dieb entlarvt, ich durfte ihn nicht auf die Idee bringen, daß wir mit einem Auto waren.

Rechtfertigen hätten wir uns beide nicht können, weder ich mich vor ihm – mit seiner Pistole in meinem Auto – noch er sich ohne den Staatscolt vor seinen Chefs. Je weniger ich mich nun seinen hektischen Visitationen widersetzte, umso sicherer hoffte ich, seinen begründeten Argwohn einschläfern zu können, ich wäre der Untäter, weil ich es logisch sein mußte, sollte das verdammte Ding sich nicht in jene Luft aufgelöst haben, die ständig dicker wurde.

Der Wirt schied in seinem Ermittlungskopf als Verdachtsperson wohl aus, da er seine Aufenthaltsgenehmigung und Gewerbekonzession kaum plausibel für etwas auf Spiel setzen würde, womit er nichts anfangen konnte, was mehr wert gewesen wäre als sein gutgehendes Geschäft, er hatte zu viel zu verlieren. Natürlich konnte der Wirt nicht ausschließen, daß in der Zwischenzeit Gäste unbemerkt zwar nicht hier sich niedergelassen und getafelt, aber auf der Suche nach einem Tisch im unschlüssigen Vorübergehen die vollverwaiste Feuerwaffe entdeckt, ohne großes Risiko mitgenommen und das Lokal wieder verlassen hatten, ohne sich auch nur hingesetzt zu haben.

Unser Mann wurde immer unsicherer, d.h. immer sicherer, daß wir unschuldig waren und unwissend, je weniger Schwierigkeiten ich ihm machte, und er dankte mir das Verständnis, das ich für ihn mimte, durch einen Glauben, der sich mit meinen Personalien und einer Leibesvisite begnügte, die ich bereitwillig über mich ergehen ließ, um seine Zweifel nicht auf ein etwas entfernteres

Versteck zu lenken als meinen Körper. Um überhaupt etwas für sich zu tun, inspizierte er wieder und wieder die sattsam bekannte leere Sitzbank und den ebenso leeren Fußboden unter unserem Tisch, vielleicht schon an dem Rapport feilend, den er seinen Vorgesetzten vorsetzen konnte. Hatte er, vom guten Essen gesättigt, seinen kneifenden Dienstgürtel abgelegt, die Pistolentasche davon abgestreift, aber warum nur, und schließlich den Gürtel ohne Waffe wieder umgeschnallt oder nur das gürtellose Etui aus der Jackentasche geholt, um damit zu spielen oder die Waffe auf ihr Munitionsmagazin hin zu untersuchen, was er gewiß in einer Speisegaststätte ohne triftigen Grund oder Anlaß ohnehin nicht hätte tun dürfen, gleichwie, was sollte er seiner Behörde auftischen? Daß fiktive Gangster ihm in einem imaginären Zweikampf oder Mehrkampf seinen Ballermann entrissen und damit getürmt waren? Aber wenn nun doch noch Stunden später ein ehrlicher Finder sich fände und das Ding im Revier abgäbe mit der Wahrheit ins Protokoll — samt Diskrepanz zu seiner reichlich unglaubwürdigen Version? Das nur allzu verständnisvolle, weil verständliche Entgegenkommen, mit dem ich mich seinem unmöglichen Vorgehen unterwarf, von dem er wohl wissen mußte, daß ich mich ihm erfolgreich hätte entziehen können und daß ich das wußte, nur mein für die Freundin allzu willfährig Botmäßiges mochte ihn davon abgehalten haben, meiner nichts verbergenden Unschuld bis auf die Straße und zum Auto zu folgen. Er war zu vernagelt und auf den Platz fixiert, an dem wir auf seine Pistole ja gestoßen sein mußten, er versprach dem Wirt, etwa in einer Stunde noch einmal vorbeizusehen, ob sie sich inzwischen angefunden hätte. Er begleitete uns aus dem Restaurant mit unsichtbar wackeligen Knien durfte ich das Lokal verlassen, und er, ja, er blickte uns sicher nach, während ich Mühe hatte, meine Freundin unauffällig daran zu hindern, geradewegs auf unseren wartenden Wagen zuzusteuern, was ihn zu unguter Letzt doch noch auf die richtige Spur und mich in verlegene Beweisnot gebracht hätte.

Erst jetzt flüsterte ich ihr im Stenogrammstil hastig alles zu: daß ich das heiße Eisen vorhin im Auto verstaut hatte unter dem Vorwand, Zigaretten holen zu gehen, daß sie sich nichts bitte anmerken lassen und schweigend unbefangen weitergehen sollte, daß wir so tun müßten, als wären wir zu Fuß unterwegs. Wir gingen an unserem Auto vorbei, als gehörte es uns nicht, und ich wußte nicht, ob das Auge des Gesetzes uns noch nachblickte in der halbherzigen Hoffnung, uns auf dem Weg zum Versteck seiner Pistole doch noch bei etwas Aufmerksamkeitserregenden überraschen zu können.

Niemanden hatte er danach gefragt, ob wir oder einer von uns zwischenzeitlich einmal die Gaststätte verlassen hätten oder auch nur aufgestanden wären, um zu Mantel oder Toilette zu gehen; seine Angst hatte seine Kriminallogik lädiert.

Meine Begleiterin strengte sich an, ihre Bestürzung über mein zumutendes Geständnis nicht in eine abrupte Verwandlung ihrer Haltung und geboten gleichmütigen Gangart übergehen zu lassen. Ihre nun selbst geweckte Angst erstickte ihre Wut über meine Torheit für einige Minuten, die ausreichten, uns in kleinen Nebenstraßen zu verlaufen auf einen größeren Umweg, den wir zu unserem Auto machen mußten im Gespräch darüber, was nun wohl werden sollte und weshalb überhaupt, in Gottes Namen, und wohin bloß damit und wozu denn das alles und was ich mir dabei eigentlich gedacht hätte. Sie verstand nicht den Teufel, der mich geritten haben mußte bei dieser ebenso riskanten wie verrückten Groß- und Mannestat, die eines naschsüchtig fernsehüberfütterten Kindes würdig gewesen wäre. So wurden meine Erklärungen keine hieb- und stichfesten Rechtfertigungen, sondern kreuzkriechende Entschuldigungen; ich bat bescheiden um Rat, um zu entwaffnen und zu beschwichtigen, mein Dummerjungenstreichgesicht buhlte um ihren vergebend vergessenden Segen und war schon zufrieden, als nur noch die Rede war von selbsteingebrockt auszulöffelnder Suppe, und ich sollte mich erklären.

Natürlich fehlten mir die einem Erwachsenen angemessenen Motive, aber ich verzichtete auch darauf, mich herauszureden auf einen neurotischen Anfall affektiver Kurzschlüssigkeit und Unzurechenbarkeit, auf archaisch-atavistische Deichbrüche. Ich wollte diese Pistole haben, dieses aggressive Potential aus Eisen, diese verbotene Kraft mir anverleiben, dieses virilistische Totem, diesen alten Machofetisch, dieses Ein-Mann-sieht-rot-Requisit, ich schwafelte vom beruhigend erhebenden Gefühl, eine geheime Überlegenheit in die Tasche zu stecken, diese verteidigungslustige Fähigkeit zu jedem Vergeltungsschlag gegen jede Angst; es gelang mir nicht, sie davon zu überzeugen, daß ich nichts Bestimmtes damit vorhatte, daß der bloße Besitz die Anwendung überflüssig macht wie das Geld den Konsum für den Geizigen, sie blieb dabei, daß das Ding auf keinen Fall ihr in die Wohnung käme. Ich stimmte zu und war einverstanden, da der Vielleicht-Polizist ja meine Anschrift hatte und das Ding mir für jedes Versteck vor ihm zu heiß geworden war. So mußten wir einfach auf die Idee kommen, jedem Risiko zuvorzukommen, daß es mit uns in Verbindung gebracht würde, und es so schnell wie möglich loszuwerden wie eine ansteckende Krankheit mit kurzer Inkubationszeit, aber wie? Allem Angstschweiß wurde dadurch nachträglich aller Sinn geraubt, aber es half nichts, ich sah es ein, wollte es umgehend wegwerfen, irgendwo jetzt gleich in eine Mülltonne stecken: aber wenn es dort doch noch jemandem auffiel, der es bei der Polizei ablieferte?

Wußte ich denn, ob die heutige forensische Wissenschaft nicht inzwischen noch Fingerabdrücke selbst von abgewischten Gegenständen würde abnehmen können, um sie mit meinen zu vergleichen, auf die das Notizbuch des Polizisten zurückkommen würde? Vielleicht konnte ich das Ding schon nicht mehr völlig von mir säubern, vielleicht zeigte es nun schon ständig auf mich wie die Kompaßnadel nach Norden, ich zitterte. Es gab nur einen Ausweg, wir wußten es plötzlich beide, die wir die Checkliste aller Möglichkeiten durchgingen und abgehakt hatten. Ich mußte das Ding im nächsten Polizeirevier abgeben, reumütig, und das Ganze als schlechten Scherz einbekennen und verkaufen, als bedauernswert groben Unfug eingestehen. Nur der peinliche Gang nach Canossa konnte mir um den Preis einer, na ja, Verwarnung die Seelenruhe wiedergeben, wir waren schon auf dem Weg, halb erleichtert schon und noch halb bedrückt ich durch die bevorstehende Unannehmlichkeit.

Ich war noch damit beschäftigt, vor der auszumalenden Reaktion der Wachhabenden dort mich zu fürchten, als mir der Einfall kam, der mir nicht nur mildernde Umstände versprach, sondern volle Rehabilitation schon im Voraus, ohne daß sich inzwischen am Tatbestand das mindeste geändert hatte und ohne daß ich etwas Neues tun mußte. Ich warf das neue Licht, das mir aufging, auf die plötzlich gar nicht vollendete Tatsache und verwandelte mich unter diesem Licht vom Dieb und Widerständler gegen die Staatsgewalt in einen ganz besonders verantwortungsbewußten, ja belohnungs- und belobigungswürdigen Staatsbürger ohne Uniform, ich beschleunigte meine Schritte und konnte meinen Puls

141

wieder verlangsamen und setzte meine Idee in Worte für andere um.

Wer konnte mir denn hier garantieren, daß derjenige, der seinen Revolver zurückforderte, wirklich der berechtigte Besitzer oder Träger war und kein Gangster? Wer kann als Laie schon eine flüchtig vorgezeigte polizeiliche Erkennungsplakette und einen unter die Nase gehaltenen Ausweisstempel von einem wertlosen *Fake* und Falsifikat unterscheiden? Ich wußte nicht, wie die Legitimation eines Kriminalbeamten aussehen mußte, sollte ich ihm daraufhin das gefährliche Ding anvertrauen? Wenn es nun in falsche Hände geriete, wären ich und der rechtmäßige Besitzer doch irgendwo mitschuldig an allem, was die falschen Hände damit anstellten. Und warum sollte ich dem Wirt mehr trauen als dem hereingeschneiten Gast, der das Mordwerkzeug für sich beanspruchte für seine unbekannten Absichten und sich als Beamter ausgab?

War es also nicht ganz besonders richtig und wichtig und umsichtig von mir, den Fund vor allen zu erwartenden vorgeblichen Eigentümern und Rückforderern in Sicherheit zu bringen, um ihn später nach dem Essen, das mir doch wohl konzediert werden würde, dort abzuliefern, wo ich sicherer sein durfte, ihn in wirklich zweifelsfrei guten Händen zu wissen? Ist ein Polizist in einem Polizeirevier nicht mit erheblich höherer Wahrscheinlichkeit ein echter Polizist als einer, der sich in Zivil mitten in einem Eßlokal dafür ausgibt mit einem Legitimat, dessen Glaubwürdigkeit ich nicht prüfen konnte? Auf die Frage, warum ich erst noch in aller Ruhe speiste, statt sofort mit dem Ding auf das Revier zu rennen, würde die Antwort leicht sein: nur so hatte ich doch Gelegenheit, den eventuell unbefugten Eigner der Waffe kennenzulernen und später überführen zu helfen, ich stand schon fein da, mit der Unerschrockenheit eines couragierten Bürgers, der den Freunden und Helfern ein Freund und Helfer war.

Was konnte man mir vorwerfen, als daß ich mich durch mein Warten auf einen Verbrecher selbst in eine Gefahr gebracht hatte, für die nur die Polizei selbst bezahlt wird. Ich stahl eine Polizeipistole: Hatte ich vor einer Minute noch nichts Falscheres und Dümmeres tun können, hätte ich plötzlich nichts Richtigeres und mutig Klügeres tun können, ohne dafür einen einzigen Handschlag mehr getan zu haben. Daß alle Veränderung der Lage durch eine bloße winzige Veränderung der Beleuchtung zustande kam, gab meinem Hang zur Passivität und ihrer Philosophie eine schöne neue Illustration. Ich mußte nichts anderes tun, ich mußte es nur anders sehen, und aus Schwarz wurde Weiß, das gefiel mir.

Mein unversehens verbessertes Gewissen betrat fast beschwingt die Wachstube des einschüchternd bombastischen, festungsartigen Hauptpolizeigebäudes, die Höhle des nun zahnlosen Löwen, und meine Freundin wartete draußen im Auto.

Die schöne, mattschwarzglänzende Waffe im Lederhalfter legte ich offen auf die tresenförmige Barriere und genoß das Gesicht des Diensthabenden, der durch meine vertrauenswürdig knapp-präzisen, parataktisch gebauten Erklärungen sofort mehrere neugierig gewordene Kollegen neben sich hatte, die mich mit konsternierten Fragen nach dem Wann und Wo und Wie meiner erstaunlichen Fundsache bestürmten. Ich antwortete beflissen sachkühl im Vollbewußtsein meiner ehrenhaftesten Motive. Ich ließ durchblicken, daß ich keinen Moment gezweifelt hatte, eine polizeiliche Dienstpistole gefunden und vor Unbefugten vielleicht gerettet zu haben. Die Beamten konnten sich nicht wieder einholen und beruhigen über dieses Unalltägliche:

"Das iss'en Ding!" – Das war es.

Scheinheilig besorgt fragte ich nach, ob denn nun sichergestellt sei, daß der wirklich Befugte wieder an sein Arbeitsgerät käme. "Der wird sich schon melden." Man informierte mich, daß sich aus der eingestanzten Dienstnummer der Waffenträger ermitteln ließe, noch bevor der sich meldete. Man fragte mich noch nach meinem Beruf, der anständig und seriös klang, um nichts Ungehöriges zu wittern, begnügte sich einmal mehr mit der Personalien-Aufnahme und verzichtete auf jedes offizielle Protokoll, woraus ich zu schließen wagte, daß man hier einen Kollegen, mit dem die hier nicht tief im Konkurrenzkampf zu liegen schienen, in keine Pfanne hauen wollte. Wahrscheinlich würden die hier ihm heute Abend noch kopfschüttelnd und frozzelnd das Ding unter der Hand zustecken, statt die Sache ihren Dienstweg gehen zu lassen, der dem Armen die Karriere kosten könnte. Der dürfte viel zu glücklich gewesen sein über den glimpflichen Ausgang seines Mißgeschicks, als daß ich nachträglich Scherereien von ihm zu gewärtigen haben würde. Verflucht wird er mich schon haben, so oder so, und ich konnte nur hoffen, daß diese Kollegen ihn rechtzeitig abfangen würden, bevor er nach den langen Stunden seiner vergeblichen Suche sich anschicken mußte, seinem Boß die unumgängliche Meldung über den unvertuschbaren Fauxpas zu machen, zermürbt und gottergeben. Die Revierbeamten dankten mir mehrmals für mein vorbildliches Verhalten.

Ich bin nicht erstaunt und enttäuscht, nie wieder etwas von der leidig komischen Sache gehört zu haben, aber ich fürchte, daß ich, sollte ich die Hilfe der Kriminalpolizei einmal in Anspruch nehmen müssen, wenigstens von diesem einen Freund und Helfer nicht mehr erwarten darf als das beim Bummelstreik eines Beamten für mein Leben Allernötigste, also wenig mehr als nichts.

Schubladeninhaber

Langweilt sie ihn? Sie sieht ihn sich langweilen. Sie sieht: Er sieht sie ihn langweilen. Er sorgt für den Lebensunterhalt, sie hat für die Unterhaltung zu sorgen. Sie sieht: Er sieht sie sich dabei unterhalten, ihn nicht zu unterhalten. Dabei will er ja gar keine Geschichten hören, lange Geschichten machen ihm die Zeit noch länger, er will nur Stichworte aufgreifen dürfen, er kann sie doch nicht mit seinen alten Geschichten anöden, ohne daß sie durch eine Parole abgerufen worden sind, ohne daß sie erwartet werden, er langweilt sich, er fühlt, daß er bestraft werden soll für sein ewiges demütiges Warten auf Stichworte. Sie wagt keine anderen Waffen zu benutzen, ihr Schweigen wird tief unter dem Gewicht seiner Gründe, die es verschweigt, sie trotzt ihm, sie geizt mit sich, sie gibt nichts her, damit er nichts geben kann, sie hindert sein überreiches Herz daran, sich wie ein Füllhorn über sie auszuschütten, er kann sich nicht übergeben, was ist bloß in sie gefahren? Sieht sie denn nicht, daß sie sich lächerlich macht, daß seine Langeweile ihr sogar gefährlich werden kann? Nein, sie sitzt da, in ihrem Kreuzworträtsel, unbelehrbar, und will keinen Rat, keine französische

144

Schriftstellerin mit acht Buchstaben von ihm, erste Buchstaben „Sarr“, sie tut so, als käme sie ohne ihn zurecht, vor allem, als könne er jemanden entbehren, der nicht ohne ihn existieren kann. Später wird er ein halbfertiges Kreuzworträtsel vorfinden, das nach Rat schreit, dessen leere Kästchen er hätte füllen können, auf ein Wort von ihr hin. Aber sie hat diese kleinliche Form von Rache gewählt, es ist ihre Art, Feindseligkeit zu verbreiten, sie kämpft nicht mit offenem Visier, hinterhältig wie sie alle, sie findet Zuflucht in dieser kleinen Verweigerung, wie er sagt, sie erwartet nicht einmal einen Wutausbruch von ihm, den er ihr mannhaft versagen könnte, nicht einmal diese Genugtuung wirft ihr Schweigen ab, sein eigenes Schweigen kommt nicht dagegen an, es ist nur eine billige Kopie davon, es erreicht nicht den Glanz und die Größe des Originals. Er spielt die zweite Geige im Orchester des Verstummens, ihm bleibt nur die Befriedigung, über andere Waffen zu verfügen. Sie weiß, daß sie erbärmlich ist, wie sie ihn da in seiner Schwäche sitzen läßt, sie weiß, daß er nicht allein herauskommt aus der nasskalten Grube. Aber soll sie deshalb Gewissensbisse haben, Mitleid ist ein Leiden am Leiden anderer, ein Leiden aus zweiter Hand, und sie weiß, daß sie nicht leiden will und deshalb Angst haben soll. Was passiert, wenn er sein Mitleid mit ihrem schäbigen Trotz aufgibt, seine langmütigen Bedenken aufgibt, dieses Mitleid einfach beiseitezuschieben, sein Arsenal durchzuforsten nach seinen so viel überlegeneren Waffen, die er sich noch schämt vorzuführen, weil man keine Atombomben gegen unartige Kinder einsetzt, aber wie lange ist sie durch diese Hemmung noch geschützt! Wenn er aufhört, auf seine Verschämtheit stolz zu sein, und hart zuschlägt, ihr seine Zuneigung entzieht, seine Geschichten, den Glauben an ihre Stichworte, sie in die Kälte hinausschickt, dorthin, wo noch weniger ist als er, wo sie sich nie hingetraut hat, wo sie nur rohe Ungeheuer vermutet, keine Treibhauswesen wie sie mit den zarten Nerven und den platzbaren Venen unter der durchsichtigen Haut. Aber er weiß ja nicht alles. Sie genießt es, daß er sich nur in Sicherheit wiegen kann, solange sie nicht alles gesagt hat. Eine Überlegenheit, die mit ihren zurückgehaltenen Geheimnissen steht und fallen würde, drückt sie nicht, sie läßt ihn sich aufplustern, sein Pfauenrad ist nur so schön wie sie verschwiegen ist. Sie wiegt sich in Unsicherheit, gut; sie hat Angst, ihr Schweigen zu überziehen, abgemacht; sie kann nicht beliebig weit

145

gehen mit ihrem Stehenbleiben, zugegeben; sie muß sich in Trab bringen, in einigen noch köstlichen Minuten, sie gibt sich darüber keinen Illusionen hin, eine Taktik angesichts einer Strategie ist nur befristet effektiv, aber sie glaubt zu wissen, daß kein Kraut gewachsen sein wird gegen das, was sie in Petto hält für die Stunde X, wenn alle Karten ausgereizt werden, wenn man endlich wissen will, wie viele Reservekanister der andere bei sich führt. Bis dahin muß sie ständig auf der Hut sein, ein falsches Wort und sie stürzt, ein mißtrauischer Blick trifft sie, schnell zurückgenommen von viel zu großen Worten, in denen sich keine Wirklichkeit mehr fängt. Und nach einiger Zeit wieder dieser prüfende Blick, ob sie etwas gemerkt hat, ob die Gefahr vorüber ist, ob er sich wieder in Ruhe seiner Sprache überlassen darf, die wie ein viel zu großes Kleid um ihn liegt, wie eine römische Toga, die er in immer neuen Falten nervös um sich wirft, auf der Suche nach einem modischen Chic, der ihn endgültig kleidet, den er nie mehr abzulegen braucht, der keine Mode mehr ist, der ihm wie angegossen sitzt und kein Zupfen und Nesteln mehr braucht, eine Natürlichkeit, die keine Kunst mehr braucht, jene kalte Vollendung einer lebenden Statue, die alle Kritik im Voraus überholt hat, jeden abschätzenden Blick, der eine unruhige Haltlosigkeit entlarven möchte, woran sich alle die Zähne ausbeißen, die kostbare Gediegenheit von Platin und kristallinem Wasser, ohne alles trübe Quellen und Schleichen. Sie braucht ihre ganze Kraft, um den Überblick zu bewahren, ihn in Schach zu halten, nach Möglichkeit allen Angriffen zuvorkommen, sie im Keim zu ersticken, ehe er Mut und Frechheit gewinnt, ihn sofort wieder in seine Schranken zu verweisen, ihn kuschen zu lassen in der Ecke, die sie für ihn reservieren muß, weil sie ihn braucht, weil das so schön ist, auf der Lauer zu liegen und auf alles schüchterne Vorfühlen, jeden ängstlichen und doch gierigen Schritt nach vorn sich mit einem dumpfen Sprung zu setzen, bis kein Gras dort mehr wächst, immer wieder dieses kleine gierige Zentrum voll Dunkelheit zu spüren, von dem alle Listen ausgehen, ihn in sich zurückzujagen, oder besser noch, ihn herauszuzerren, herauszuflöten und sich dann von hinten heranzuschleichen und ihm auf die Schulter zu tippen und dann das entsetzte Zurückspringen zu genießen, wenn der Rückzugsweg abgeschnitten ist, wenn es gestellt ist, das scheue Wild, mit seinen tausend wehrlosen Weichteilen, die weit aufgerissenen Augen, das schöne verwundbare Fleisch, das in der Erde versinken möchte, das sich nicht mehr unsichtbar machen kann, ganz ausgeliefert den Blicken, dem Gelächter, dem furchtbaren Schweigen der Henker, den geheimnisvollen Zeichen, die sie einander geben, wenn sie sich zunicken und etwas beschlossen haben, über Himmel und Hölle, diese köstlichen Sekunden der schweigenden Macht über der schweigenden Hilflosigkeit. Sie gibt ihm doch Auslauf, kann er sich nicht frei bewegen, er muß doch von ihren Augen nicht erst ablesen, ob er darf, was sie nicht verbietet, die Leine ist doch wirklich lang genug, mit viel Vorgabe, er muß sich in Sicherheit wiegen dürfen, beim geringsten Aufflackern in seinen Augen gibt sie sofort nach, nein, nicht sofort, aber sobald sie merkt, daß er prüfen will, verstohlen prüfen will, ob und wieweit sie ihn hindern wird, etwas zu tun, was er vielleicht gar nicht wollte, wäre da nicht dieses Mißtrauen, beschlag- und vereinnahmt zu werden, sie ist auf der Hut. Sobald man ihnen zeigt, wie viel einem an ihnen gelegen ist, greifen sie sofort nach, wollen wissen, wie weit sie gehen können, diese schamhafte Gier reizt sie, will er nun zu wenig oder so viel, daß man dann an die Gewährung unerfüllbare Bedingungen knüpfen kann, ohne fürchten zu müssen, daß sein Interesse erkaltet, was für sie demütigend wäre, oder daß sein Frühwarnsystem Alarm schlägt und zum Rückzug bläst, also nur solche Bedingungen, die ihm gerade noch den Aufwand lohnend erscheinen lassen müßten, sich an ihre Kostbarkeiten heranzuschleichen, wieviel wird er ihr opfern, sie hält ihm genug vor die Nase, seine Augen entsichern sich, wieviel gibt er dieses Mal preis, wird er für sie stehlen, morden, brandschatzen, oder nur ein Buch schreiben, Gedichte oder so etwas? Ein Gedicht von Rimbaud? Sie sind ja so empfindlich, so übererregbar ... Glauben Wunders, was sich über sie alles denken läßt ... Als hätte sie nichts anderes zu tun, als sich dauernd mit ihnen zu beschäftigen ... Sind ständig auf die kleinen Wellen bedacht, die sie in anderen erregen, erregen könnten, vielleicht schon erregt haben ... Diese Ausstrahlungen ... Wie wichtig sie sich nehmen ... Wehe, sie sagte ihnen die Wahrheit, die doch so einfach ist in ihrem Fall, würfe ihnen ihre ganze Lächerlichkeit vor die Füße, die kindischen Ängste, die kleine furchtsame Scham, die sie mit großartigen Gesten polstern, die falsche Bescheidenheit, der falsche Hochmut, die falsche Demut, alles vergiftet von dieser Angst vor dem Bilde, das sie in anderen Augen annehmen könnten, das auf sie zurückfällt, vor dem sie

147

nicht ausweichen können, vor diesem endgültigen Urteil, das sie nicht abzuweisen wagen, weil sie sich selbst dem Gericht ausgesetzt haben, wollüstig auf die Verurteilung lauern, alles in der gierigen, neugierigen Hoffnung, begnadigt zu werden von der allgewaltigen Güte, der dunkel aufsteigenden Barmherzigkeit jener fernen strahlenden Wesen, die sie beunruhigen, die sie fürchten, wegen der Macht, die sie ihnen eingeräumt haben ... Wie gut sie doch alles versteht, wie sehr sie das alles belustigt und langweilt in gleichem Atemzug ... Er hat mit Absicht nicht seinen Sonntagsanzug an, der ihn zu linkischer Umständlichkeit zwingen würde, zu etwas, das er mehr fürchtet als alles, zum peinlichen Geständnis einer Naivität, die die Welt nicht kennt, das Leben, das er sich wie eine lässige Angorakatze vorstellt, von allen Seiten immer dieselbe Anmut und absichtslose Flüssigkeit, die unter dem Schicksal hinwegtaucht, die den zähen Kern umspielen soll wie die Planeten die Sonne vertrauenerweckend umkreisen, alles gespeist aus diesem starken, geheimnisvollen Motor, diesem Zentralfeuer, das die Motten betört umflattern, in das sie geblendet stürzen, voll willensschwacher Sehnsucht ... Jeder von ihnen fordert ihre ganze Aufmerksamkeit, das ist die einzige Spielregel, der heilige Ritus, den sie nie verletzen darf, wenn sie sich nicht mitschuldig an ihrem Mitleid machen will ... Sie sind so kostbare Blumen im Garten der Menschen, wie aus gesponnenem Glas ... Er spricht um mich herum, er hält mir seine Köder entgegen, Mallarmé, immer auf der Lauer, ob ich mir eine Blöße gebe, ob ich zuschnappe, und dann zerrt er die Weichteile ans helle Tageslicht, die Schnecke aus ihrem Haus, die bei ihm Schutz suchen soll, er bietet schon seine Dienste an, er hält sich noch für ganz am Anfang der Weisheit, aber sein glühender Wille wird alle Nuancierungen mit derselben Goldflamme überstreichen, die Goldflamme Rimbauds, er ist in seinem Element, die Worte schießen aus ihm heraus, er deckt mich ganz mit seinen Lesefrüchten zu, um mir die Besinnung zu rauben, *er* ist Rimbaud, der göttliche Jüngling der Höllensaison, seine Hölle sind finanzielle Nöte, die Furcht, verstanden zu werden, und ganz weit hinten der geheime Dynamo, diese betriebsame, erfinderische Scham, ein kleines putziges Loch in der überfüllten Welt, die ihn so abstößt, seinen Zartsinn beleidigt, das ganze spinnwebenfeine System von Vorlieben und Abneigungen dauernd in rhythmische Achsenschwingungen versetzt, die das Drehlager

148

ausschleifen, immer wieder alles in uralte Verwirrung stürzen ...
"Sie wissen doch, was Baudelaire antwortete, als man ihn fragte,
wohin er am liebsten möchte ..." Sie schüttelt den Kopf, war das
richtig, hält er sie jetzt für dumm, nein, er lächelt nachsichtig, er
hat schon die nächsten Worte auf der Zunge, ganz genießerisch
hält er sie noch hinter den Zähnen zurück, jetzt kann er sich nicht
mehr zurückhalten ... " Dieser Satz ist so berühmt wie köstlich ..
Und vor allem, er ist wahr ..." Noch einen Augenblick und seine
Wollust hat ihren Gipfel erreicht, noch einige Sekunden und Verlegenheit würde sich ganz ausbreiten, das Gift der Psychologie,
aber nein, er öffnet seinen sanften Mund, er lächelt entschuldigend,
er gehört zu Baudelaire, er tötet den Irrtum und die Banalität, er-
richtet das Reich des Wunderbaren auf, er öffnet vor ihr seine
Welt, die uns dem Alltag entreißen kann, durch ihn soll sie lernen,
das Leben von seiner Rückseite zu sehen, von seiner ungeheuerli-
chen, grandiosen Kehrseite für die Augen der Eingeweihten ...
"Baudelaire sagte: Wohin anders als anderswohin? Auf jeden Fall
anderswo. Wenn es nur nicht in dieser Welt ist ..." Er lächelt, er ist
drüben, wo sibyllinische Worte wachsen, im Schattenland der Großen dieser Welt, der tragischen Halbgötter, er will sie retten, und
sie lächelt zurück ... Nicht zu abgeklärt, als hörte sie gar keine neu-
en Stimmen ... Nur nicht auf ähnliche Fälle jetzt anspielen, alles in
seiner Ungeheuerlichkeit stehen lassen, protzig und ewig ... "Aber
nein, wenn ich Ihnen doch sage, daß ich das nie gehört habe ..."
Jetzt etwas Unverfängliches sagen, ihm zu verstehen geben, daß sie
zu schwach für ein solches Leben ist, eine Frau, das jahrhunderte-
alte Trauma ... So will er sie haben ... Er beugt sich vertraulich vor,
er gesteht, daß auch er, die Schwächeanfälle, die Rückfälle, die
großen Müdigkeiten der Seele, wenn nur die Idee ungetrübt bleibt,
das wahre Leben, das Jenseits unserer Tage ... Falsch, ganz falsch
... Sie hat zu schnell Feuer gefangen, gleich wird er stutzig werden,
er blickt müde auf die Zigarette, sie darf sich nicht zu schnell hin-
reißen lassen, der Gedanke ist zu schwierig ... Sie muß alles mißverstehen oder sich hartnäckig sträuben ... Es fällt ihr viel zu leicht,
alles hinter sich zu lassen, Vater und Mutter, die ganze schlecht
gewordene Vergangenheit, die Tabus, die Gewohnheiten, die Vor-
urteile ... Als wäre das alles nichts ... Er hat sich tief zurückgezogen, er blickt verächtlich auf seine Schuhspitzen, sie darf noch
nicht reif sein für das andere Leben ... Vielleicht hat er in dem Be-

mühen, sich ihr verständlich zu machen, sie über die ungeheure Zumutung hinweggetäuscht ... Sein Blick belebt sich wieder, sie mußte es ja mißverstehen, sie denkt vielleicht, es brauchte nichts weiter als zu kündigen und die Koffer zu packen und das Glück zu suchen, zu zweit, an einem Strand in blauen Fernen ... Er schaut sie wieder wärmer an, sie sind ja so zutraulich, so ohne Argwohn, er muß es erklären, es eilt ja nicht... Er darf nicht locker lassen, bis sie es auch wirklich verstanden hat ... ganz von vorn anfangen, bei Adam und Eva ... eins nach dem ändern, ganz geduldig ... dieser ganze Plunder, an dem sie hängt ... aber dieses hier, nicht wahr, das geht doch noch, das läßt sich doch noch waschen ... Stück für Stück ... der lange Marsch durch all ihre Intuitionen ... hab keine Angst, Du bekommst sofort etwas dafür zurück, etwas viel Schöneres, sieh mal ... es entsteht keine Lücke, keine Zugluft, wenn er wieder etwas wegspült durch seine vielen Abflußlöcher ... er hebt alles auf, entwertet es Fetzen für Fetzen ... er hebt das Niedere auf, das sie in den Himmel hebt, er räuchert ihre Schleichwege und Rattenlöcher aus, er findet alles ... er behebt alle Schäden und bewahrt das Beschädigte auf, in Spiritus ... das hast Du mit Dir herumgeschleppt ... ein Lehrobjekt gegen alle Versuchungen zum Rückfall ... er stellt Erhebungen an über das, wogegen er sich ... und Einspruch ... erheben will... sieht sie denn nicht, daß sie sich nur einen Bruch mit der Welt hebt, wenn sie ... er sitzt am längeren Hebel ... was sie da im Laufe der Jahre aufgehoben hat und für bare Münze hält ... vielleicht ... er verwahrt sich und sie dagegen ... er nimmt die Interessen der Wahrheit wahr ... er nimmt die in Sicherheitsgewahrsam ... was bildet er sich eigentlich ein ... warum kauert sie sich da in den Nischen ... warum sieht sie zu, wie er auf allem herumtrampelt ... seine Dialektik ... wenn sie ihn hier sucht, bei sich, ist er schon da hinten, bei seinen Schätzen, und wer dort nach ihm greift, hält seinen leeren Mantel in den Händen, er ist längst wieder hier, bei ihr ... unfaßbar da, durch und durch greifbare Abwesenheit... wofür hält er sich denn ... wenn sie das einmal bei ihm versuchen würde ... was da alles zum Vorschein käme ... was sagt er da ... warum spricht er so leise ... diese Injektionen, unter beruhigenden Worten ... "Ein Arbeiter spricht Sie nie als Person an. Nur in Ihrer Eigenschaft als Angehöriger der Klasse der Nichtarbeiter. Als Bürger versuchen Sie, im Arbeiter den Menschen anzusprechen. Wie der Bürger im Bürger das universale

Individuum achtet. Das ist falsch. Der Marxismus verbietet es uns, im Arbeiter etwas anderes als das Exemplar der Arbeiterklasse zu sehen. Sehen Sie das Paradox? Wir sollen auf das regredieren, was der Arbeiter tut : Klassenexemplare statt Einzelschicksale ansprechen. Andererseits soll der Arbeiter aus dieser Lage gerade sich befreien. Aber wie nützen wir seiner Befreiung, wenn wir ihm in seine Regressionen folgen? Verstehen Sie die Dialektik?" ... Wofür hält er sich eigentlich ... er glaubt sich außer jeder Gefahr, stochert überall in ihr herum, er glaubt schon auf alle Deckung verzichten zu können ... alles wäre nicht so schlimm, aber daß er bereits jetzt auf alle Vorsicht verzichtet ... sie ist ein leichter Fall, vor ihr braucht sich keiner in Acht zu nehmen, sie läßt sich überrennen, dankbar für jeden hingeworfenen Brocken, kuschelt sie sich an jeden ... Wut steigt in ihr auf ... wie er darauf baut, daß sie sich hinter dem öffnen aller Tore versteckt ... diese Arroganz ... diese Unfähigkeit, nicht nachzuschlagen, wenn der andere einen Schritt zurückweicht, aus Angst, aus Großherzigkeit ... sie rüttelt sich aus ihrer Betäubung wach ... was ist denn mit ihr ... eine Erregung packt sie ... ein Schwindel ... diese pure Möglichkeit ... eine Geste nur, und er wird zusammenfahren ... diesen ganzen Kram schleunigst zusammenraffen, um einen Abgang winseln, der ihn nicht das Gesicht verlieren läßt ... Hals über Kopf der Rückzug, alles liegenlassen, der Boden wird zu heiß, die Alarmanlagen schrillen ... was kann ihr denn dabei passieren ... warum zögert sie ... aber kann sie sich ihre Wut denn leisten ... diese kalte Zugluft, wenn er sich zurückzieht, sich in einem eisigen Blick zu fangen sucht, seine Rache ... sie wagt es nicht ... aber ihre Wut wohin damit, er wird immer ungenierter, er macht sich lustig über ihre Furcht, ihn zu bestrafen ... sie braucht einen Grund, diesen Zorn nicht ausbrechen zu lassen, der sie härter träfe als ihn, vielleicht, die bloße Möglichkeit genügt, das Risiko ... Sie muß sich ins Unrecht setzen, rasch, ehe er etwas merkt, eine Verletzung, ihn verwunden, er ist so nah, es ist kinderleicht jetzt, eine Kränkung, die heimzahlt... und sie gleichzeitig so schuldbewußt macht, daß sie ihre Wut nicht mehr spürt ... was könnte sie jetzt falsch machen, ohne einen Vergeltungsschlag gewärtigen zu müssen ... gerade nur so falsch, daß es Schuld und Strafe zugleich ist ... Weißer Teer, ich ziehe ... ich rauche dich morgens ... ich rauche dich mittags und abends ... ich rauche dich nachts ... ich rauche und rauche ... das ist es... sie hat es gefunden

151

... er mag keine Frauen, die rauchen ... Womanager ... Nikoteenager ... inhalierte Haltung ... sie zigarettet sich über ihre Wut hinweg ... über seine Wut ... zieht schneller, raucht tiefer, ihr einen, ihr andern ... der Tod ist ein Meister des Tabaks ... brustsaugeborgen ... Tabakfellatio ... mit 14 aus Ulk, mit 40 Ulcus ... Korkmammalien ... 20 Brustwarzen zu fünf Euro ... "Der Mensch ist frei, und würde er Kette rauchen" ... seine Worte ... sie ist wieder sanft ... kein Stolz, der sie daran hindert, sanft zu sein ... das Gleichgewicht des Schreckens ... die Oberfläche ist neu geglättet ... kein haarfeiner Riß mehr, spiegelglatte Wand, alles hat sich geschlossen, narbenloses Weiß ... bruchlos, nirgends kann das Gas entweichen ... der faulige Sud ... das süßriechende Magma, die Eiterblasen wieder tief unten in den gehärteten Silos ... man darf aufatmen, die Sirenen entwarnen ... vor dem Morgengrauen ist kein neuer Vorstoß zu befürchten ... er wird sie heiraten ... sie ihn nicht.

EUKALOS   (Pseudoplatonischer Frühdialog (um 400 v. Chr.)

... Oh, siehst du denn nicht das trunkene Auge unseres Freundes Eukalos? Du bemerktest ihn nicht, da ihr, vertieft in eure Suche nach der verlorenen Weisheit, nichts als den Reden lauschtet, die heuer so schön hergingen und hin. Ich schäme mich nicht, ihn wohlgefällig betrachtet zu haben, da eben Alkibiades sprach und mich nicht zu fesseln, gar zu überzeugen wußte von den harmlos holden Belanglosigkeiten, die ihn die Liebe dünket, die seiner Herrschaft nicht nach dem Throne trachtet. Ich aber sah dieweil auf den Eukalos in seiner Begeisterung, die ihn kaum auf seinem Sitze festhielt; so voll schien er mir einer schönen Ungeduld, die weniger dem Redner gelten mochte als einer nahen Ferne, in die kein anderer der Anwesenden sah. Siehst du ihn nicht auch in eben diesem bewegten Zustand, aber schweigend, dem heute so viele erlauchte Geister, denen der Leib kaum noch zu Willen ist, mit Worten zu Geiste rückten, wenn ich so sagen darf?

Fürwahr, lieber Parmenides, wohl erkenne ich erst jetzt den Eukalos in unserer verstreuten Mitte. Und, bei den Göttinnen, dein leibliches Auge hat, da du dem Alkibiades kein Ohr liehest, wahrgesehen, als es den Eukalos teilhaben sah an dem Gegenstand unserer geistiger Augen. Auch mein Blick, da der Wettkampf der Köpfe mich abgemüdet, ruht erfrischt auf dem herrlichen Jüngling, den allerdings der innere Blick auf ein noch Abwesendes und Wunderbares verklärt, auf das Urbild einer weiblichen Idee, wie zu vermuten steht, denn abgesondert hält er sich von den Genossen seines Geschlechtes und seines geringen Alters. Wir wollen ihn behutsam ansprechen, Parmenides, bevor seine Ungeduld, die ihn bald zu holderen Mündern als den unseren entführt, die letzten Hände zum Abschied geschüttelt hat, sanft aber unwiderstehlich vom Eros bewegt, weg von uns und unseren Reden, die wir seinem Gotte weihten und die er sich nur aufgepflichtet fühlen mag.

Auch ich, lieber Platon, könnte gar kein schöneres Ende unserer Gespräche mir wünschen, als heute Abend noch Worte wechseln zu können mit einem entrückten Opfer des heiligen Eros, dem unser Symposion huldigte. Nun wohl, begrüßen wir ihn, bevor er denn im Schönen zeugen mag.

Parmenides und Platon grüßen dich, mein lieber Eukalos! Wir alten Männer, die immer Zeit haben, weil wir nicht ewig leben, sehen dich in heiliger Unrast, ohne dich von wichtigeren Geschäften abdrängen zu wollen. Dürfen wir, bevor du deiner Jugend entlassen seiest, wissen, wie dich die Reden alter müßiger Männer heute angekommen sind, insonderheit aber die große Rede der herrlichen Diotima über den Eros, die uns vom Gotte selbst beseelt schien, den sie feierte?

Guten Abend, verehrter Parmenides, gute Nacht, verehrter Platon! — In der Tat ist euch nicht die Eile entgangen, die zu unaufschiebbaren Orten und Zeiten mich ungestüm fortreißt, ohne daß der Mutwille mich euch gegenüber, den Lehrern meiner Lehrer, unehrerbietig machen soll.

Ziemlich gesprochen, lieber Eukalos, und nicht gedenken wir deine anmutige Ehrerbietung, der du kostbare Zeit opferst, zu mißbrauchen. Doch eine einzige Frage gestatte uns schwachen Alten, bevor wir die Zeit segnen, die wir dir rauben. Grolle nur nicht, aber Eines hat uns milde erstaunt, und dieses Erstaunen macht ja den Philosophen. —

Wir ahnen dich im Banne des Gottes, über den Diotima und Sokrates heute so unsterbliche Worte der Ehrung und Wahrheit fanden. Wie kommt es dann, daß du uns die ganze Zeit über wie zerstreut und abwesend anmutest, da doch deine eigenste Sache zur Sprache kam, wie wir glauben dürfen?

Und sollte die Rede des Sokrates dir keine Bewunderung abverlangt haben wie uns allen? — Warum hat der Gott, in dessen eifersüchtigem Griff wir dich nicht ohne Grund wähnen, dir aber dann keine Gegenrede eingegeben, wenn er sich gröblich und schmachvoll mißdeutet sah von Unkundigen? Warum hat er nicht durch deinen Mund die Irrtümer, die Beleidigungen beseitigt, von denen wir kaum glauben können, daß sie dem Sokrates oder der Diotima unterlaufen sein sollten.

Wenig Wahres bleibt euch verborgen, verehrte Meister. Wie wollte, wie könnte ich den Eros in meinen Augen und Gliedern leugnen? Ich liebe ...

Was aber, Eukalos, ist es, das du liebst mehr als anderes, das die Seele dir vorführt? Wir fragen, was es ist, und nicht etwa, wer es ist.

Die Liebe, dünkt mich, ist es, wie ihr richtig geraten habt.

Wie, du liebtest die Liebe? Diese also selbst wäre der Gegenstand deiner höchsten Vorliebe und geringsten Abneigung?

So will es mir scheinen, hochverehrte Männer.

Deine Liebe also wäre ihr einziger und eigener Gegenstand?

So klingt es wunderlich. Das meine ich und doch wieder nicht ganz so.

Wie also dann, viellieber Eukalos? Wenn nicht du es bist, der liebt und den du liebst, sondern die Liebe selbst, und diese nicht liebt, im Schönsten zu zeugen, dessen Abklatsch die Liebe der Weiber ist, sondern sich selbst, nun, wo bist in dieser Bestimmung dann du selbst und das, um dessen Willen du uns bald in Stich lassen wirst? —

Oh, wie ihr mich zwingt, Närrisches zu sagen, wo ich ganz anderes denke: Ihr sprecht zu mir, und ich sage nicht, was ich denke, weil ich sage, was ich gar nicht denke. Nicht meine Liebe natürlich ist es, die ich von Herzen liebe, sondern, daß die Mädchen mich lieben und die Frauen, mich selbst und daß ich mich in sie verliebe und in ihren Hang nach mir und meiner Liebe zu

154

ihnen. Aber wieder verwirre ich mich ganz und muß euch herzlich bitten, mir herauszuhelfen aus der selbstgelegten Falle, verehrter Platon und verehrter Parmenides, ihr Meister.

Nein, nein, ganz wohl gesprochen, lieber Eukalos, ganz schicklich gut! Deine wohlgesetzte Rede zum Lobe der Liebe und wie wir dich in die Enge getrieben, oder wie du meinst, daß wir dich aufs Glatteis führen wollten, — all das hat uns sehr gefallen, mir und dem greisen Eleaten, und nicht erdreisten wir uns, besser wissen zu wollen, was du sagen wolltest, als du selbst. Nun, da du uns verraten hast, wer wen liebt, wenn du in der Weiber Schönheit zu zeugen liebst, sage uns doch auch noch, was sie selbst ist, ihrem Wesen nach, die Liebe, was da hingeht und her, wie du selbst so treffend zu sagen wußtest, zwischen dir und den schönen Wesen, die dich jetzund erwarten mögen?

In nicht geringe Verlegenheit versetzt mich diese Frage, die ich gern den Philosophen überließe, wüßte ich nicht von meinen Lehrern, euren Schülern, daß die Weisen andere Sorgen haben, dieweil sie nicht mehr lieben. So auf den Kopf zu gefragt, möchte ich meinen, sie sei das größte unter den schönen Gefühlen. Doch sicher bin ich nicht, eine Torheit vermieden zu haben.

Bescheidenheit ziert die ungestüme Jugend, und wir ehren deine ehrfürchtigen Bedenken vor der eigenen Unbefangenheit wohl, die ins philosophisch Schwarze trifft. Denn die Liebe zu einem einzigen Wesen ist ja doch etwas wohl Einfaches. Oder anders?

Wie könnte ich sonst an der Liebe teilhaben als einfacher Mensch.

Da du nun meinst, die Liebe sei ein Gefühl, das größte sogar, und das sagtest du doch, was aber ist dann so etwas wie ein Gefühl?

Wenn ich gefragt werde, so weiß ich nichts zu sagen, als verschlösse Eros selbst mir den Mund, und doch fühle ich wohl, daß ich verliebt bin in die Schönheit eines Weibes, das ...

Also ist es dir, wir wollen dich nicht mißverstehen, einfacher zu sagen, was die Liebe ist, als uns zu sagen, was das ist, das sie ist, nämlich ein Gefühl? Wenn du jemandem etwas erklären willst, suchst du dann Worte, die schwerer zu begreifen sind, als was du erklären willst, oder einfachere?

Einfachere, möchte ich denken.

Da du nicht weißt, was ein Gefühl ist, wohl aber zu sagen weißt, was die Liebe ist, nämlich ein Gefühl: Was ist da einfacher?

Die Liebe, so will mir scheinen.

Suche denn also weiter, denn eher schien es uns eben doch, daß ein Gefühl eine besondere Art von Liebe sei als umgekehrt, oder wie meinst du?

Eben so ergab es sich.

Was also ist die Liebe eher als ein Gefühl?

Ich wüßte es nicht zu sagen, auch unter Peitschenhieben nicht.

Also weißt du nicht, was du tust und was du leidest, was du hast und wen du liebst; und wo und wann und wie du bist, wenn du liebst ?

Oh, ihr Weisen, ich gestehe, mitnichten, ja.

Also haben deine Lehrer dir nicht die Rede des Sokrates vorgetragen, wo Platon sagt, die Liebe sei die Sehnsucht, im Schönen zu zeugen, wenn man eine Idee von Schönheit habe?

Ich kenne die Rede, wer kennt sie nicht in Athen? Auswendig kann ich sie hersagen, wie die Erzieher es fordern.

Wir verstehen dich nicht, Eukalos. Hast du uns die Meinung des Sokrates nicht mitgeteilt, wie du sie kennst, weil du ein anderes als Sokrates für das Wesen der Liebe hältst, ohne das sie nicht wäre, was sie ist?

Sprich nur frei, wir zürnen dir nicht und hinterbreiten es nicht dir zum Schaden deinen Erziehern. Gesteh es frei: Sagst du nur deshalb nicht, was du für das Wesen der Liebe hältst, weil Platon etwas anderes dafür hält, der Lehrer des Sokrates ?

Ich bin verliebt, das weiß ich gewisser als manches andere; aber was sie ist, die Liebe, das läßt sich niemals sagen.

Also haben Diotima und all die anderen, die damals sprachen, gelogen, da sie doch nicht schwiegen über das, was sich nicht sagen läßt, wie du sagst, sondern jeder etwas anderes darüber sprach, Sokrates aber am wahrsten, wie wir glauben, die du Lügner nennst, da wir vor allen ihn auszeichneten, der am besten log?

Nein, nein, o Platon, wenn die Logik gebietet, daß solches in meiner Rede war, halte dafür, daß ich jetzt Abbitte tue. Dann wisse, daß nur der Irrtum über die Gesetze der Natur und des richtigen Denkens mich verleiten konnte, so furchtbare Torheiten laut werden zu lassen. Wie du mich hast erschrecken lassen, der ich den unvorsichtigen Gebrauch meiner Naseweisheiten jetzt heilsam erkennen kann an den ungewollten Schlüssen, die der Weise tunlich daraus ziehen muß.

Schön, lieber Eukalos, nicht stellen wir dir unbillige Fallen, denen wir selbst zum Opfer fallen, indem wir den Witz unseres Alters gegen deine Jugend ausspielen.

Aber trachtend nach der Weiber Schönheit und Gunst, für die ich mich wahr und gut und stark und angenehm mache, weiß ich nichts weiter vom Wesen des Eros und genieße seine Gnade doch und dessen ungeachtet oder gerade deshalb, denn was fragt der Eros nach seinem Wesen, das den Weisen gehört, den Lieblingen der Sophia, dieweil der Eros sie nicht mehr erhört mit ihren Runzeln und schwachen Beinen. Und nichts scheint doch mir zu mangeln, euch aber der Eros selbst, der mich blind macht für seine Idee. Wenn ihr gestattet, so hätte ich lieber den Eros ohne sein Wesen als sein Wesen ohne den Eros selbst, wenn einer wählen dürfte.

Aber nicht verlangen wir doch Unmögliches von dir, wenn wir dich zuzustimmen heißen, daß ein blinder Dräng dich leitet, im Schönen zu zeugen, wenn Eros dich blendet für unsere Weisheiten.

Das nun wohl nicht, und alles drängt mich, nichts anderes über Eros zu denken, als ihr sagt und Sokrates und Diotima und all die anderen. Aber weiß ich denn, daß ihr nicht sogleich, wenn ich zustimme, mich über die Frage verlegen machen werdet, was denn das Schöne in seinem Wesen sei, in das zu zeugen es blind mich treibt? Ahne ich doch, daß ihr im Schönen eure Idee glänzen laßt, die selbst nicht schön ist, durch die also verschönten Leiber hindurch glänzen lasst die weniger schöne Idee des Schönen selbst. Was aber die Idee ist, die *mir* nicht sagt, was ein jegliches notwendig ist, das nicht ohne sie sein kann, darüber würdet ihr mich verwirren nach euerer Art, so daß ich verstumme, um Eros nicht zu ergrimmen durch üble Nachrede.

O Eukalos, wie sollte einer denn den Eros in Grimm bringen, wenn er wahrhaftig ausspricht, was jener wirklich ist und nicht über ihn lügt?

Müßte der Unfesselbare nicht erfreut sein, von seinen Erwählten erkannt und nach seinem Verdienst gewürdigt zu sein, nicht geschmäht durch jene, die ihn für anderes nehmen, als er ist?

157

So weihen wir jedem Gott einen eigenen Altar je nach seinem Wesen und nicht einen für alle oder jedem den Altar des anderen. Fürchtest du nicht Grimm und Eifersucht deines Lieblingsgottes, dessen Liebling du bist, wenn du sein Wesen von Mars borgst, ohne es zu merken?

Wie könnte ich die Pfeile des Eros mit den Pfeilen des Mars verwechseln? Ist Eros denn böse, daß er seine Lieblinge durch Gaukelei ins Verderben zieht und sich für einen ganz anderen Gott ausgibt? Lächeln die anderen Götter nicht auch, sogar der grimme Mars und die heilige Nüchternheit, wenn sie ihn ziehen sehen über die Wolken mit goldenem Flügelschlag? Ist sein Wesen nicht ein anderer Gott als er selbst? Sein Wesen, das ihr mich suchen laßt, ist das nicht nur der Gedanke, den die anderen Götter sich über ihn machen, lächelnd oder mißgünstig, wenn er daherkommt, Blüten zu streuen über die graue Moira, dieweil die Sehne seines Bogens nicht aus den Spindeln der Parzen gewickelt ist?

Gemach nun, junger Eukalos, du Verächter der unsterblichen Ideen, die den Dämonen blinder Verwechslung wehren, an der das süße Lächeln zuschanden wird in den fluchwägenden Mienen der Unsterblichen, denn der Eros ist sterblich, nicht aber sein Wesen.

Und wenn der Gott, dessen Blick mich beschützt, mir nun andere Worte zugeflüstert hätte über sein heimliches Wesen? Meint ihr nicht, daß Eros sein eigenes Wesen besser kennt als der häßliche Sokrates in seiner Besonnenheit, die die Sinne ganz kalt läßt?

Gerne prüfen wir mit der Vernunft unseres Alters, ob der Gott selbst dich über sich belehrte oder seine Widersacher dich täuschten.

Nun wohl. Sagtet ihr nicht gemäß dem Sokrates, die Liebe wolle im Schönen zeugen?

Richtig gibst du wieder, was der Gott dem Sokrates zuerst entdeckte und dann auch uns durch die geistige Hebammenkunst.

Wie aber nun, wenn ich mit anderen Gedanken über den Gott von ihm selbst schwanger ginge als der immer entbindende Sokrates, der nie zeugte? Müßte nicht einer der beiden vom falschen Gotte genarrt sein?

Notwendig.

Wäre die Liebe noch, was sie notwendig ist, wenn sie Häßliches zeugte oder im Schönen nicht zeugen wollte?

Schwerlich.

Ich also spräche von anderem als dem Eros, wollte ich zweifeln, daß er die Menschen im Schönen zu zeugen bewegt?

Nicht anders zeigt es sich.

Unmöglich macht ihr es mir alsodann, das Geheimnis des Eros anders zu lüften als der bewusst nichtswissende Sokrates.

Wie das, lieber Eukalos?

Ei, nun freilich, ihr Meister der Gedanken! Wenn ich über den Eros oder über irgendetwas anderes etwas anderes sage als andere, dann sagt ihr, daß ich nichts anderes sage als andere, sondern über etwas anderes spreche als den Eros. Wenn zwei etwas Verschiedenes über das Gleiche sagen, dann muß der eine von beiden über etwas Verschiedenes sprechen, sagt ihr. Jeder sagt immer das Gleiche über etwas anderes, aber er kann nicht etwas anderes über das Gleiche sagen wie der andere.

Sagst du nicht jetzt etwas anderes, als du selbst sagst?

Oh nein. Sagt der eine, was die Liebe ist, wie der Eros oder ein täuschender Gott es ihm entdeckt, so müßte ein anderer doch eben dasselbe sagen oder beide sprächen nicht mehr über das Nämliche, wollte nicht jeder mit sich selbst streiten?

Wie das ? — Noch sehen wir nicht, was du zu sehen vorgibst.

Ihr wollt nicht sehen, daß ihr es längst seht, sehe ich. Jeder läßt den Gegenstand des Gesprächs verschwinden, bevor ein anderer etwas anderes darüber sagen kann. Sage ich etwas anderes als ihr, dann rede ich eben über etwas ganz anderes, sagt ihr. Denn streite ich das Wesen ab, das ihr dem Eros gebt, so ist er nicht mehr, was er ist, und ich habe nicht mehr den Eros vor mir, sondern alles andere. So ist nie etwas zu bestreiten, und nie sprechen wir Verschiedenes über das Gleiche, und besser ist es, ihr Herren, jeder behalte schweigend für sich, was ihn der Eros dünkt, und huldige ihm stumm? So auch mit allem, was es sonst gibt auf der Welt?

Wer das Wesen des Eros bestreitet, läßt den Eros verschwinden?

So ist es. Nicht einmal möglich scheint es mir, über Eros zu sagen, was er nur beiläufig ist und bisweilen, aber nicht immer und ewig, wild nämlich oder mild oder Sexos oder schöngekleidet oder komisch für den Geist oder Zufälliges mehr, ohne das er nicht aufhören würde, der Gott zu sein, der er ist. Denn solches über ihn sagen zu können, müßten wir erst wissen, was er eigentlich ist im Unterschied zu den anderen Göttern und den Menschen. Das aber ist ohne Sinn und verboten, ohne ihn zu zerstören im Streit über sein Wesen. Spreche ich dem Eros ab, was ihn euch zum Eros erst macht, dann leugne ich, daß es ihn gibt, wie er ist. Solches aber habt ihr selbst stets Frevel und fluchwürdig geschimpft und wolltet mich nun versuchen. Ihr seht aber, daß ich des Gorgias nicht vergaß, der lehrte, man könne nichts wissen, wenn aber doch, es nicht anderen mitteilen. Und nun entlaßt mich dem Gotte, daß mein Zaudern ihn nicht erzürne: Er wird es euch nicht verzeihen. Zum Gruße, ihr Weisen, die ihr den Eros vernichtet, um sein unsterbliches Bild zu schaffen.

Fort ist der Trunkene und mit ihm der Eros: Das ist eine Jugend!

Noch zu jung, fürchte ich, lieber Platon, ist jener für den Idealismus. Machen wir uns auf, es ist spät, liegen wir zu Tisch beim jungen Aristoteles, der auf ein Gespräch über die Idee des Pferdes wartet.

Noch heute werde ich einen neuen Dialog schreiben gegen Wirrköpfe, wie Eukalos mich einer deucht.

Seinen eigenen 'Gorgias' soll er haben.

+ + +

Überspannt & verschroben

Ich hab mich nicht verhört,
ihr habt mich verhört,
unerhörte Liebhaber,
ihr hört mich an
meinem Schweigen.

Hier endlich, am Urlaubsort,
bist du ein anderer Mensch
als ich
Sonderangebot unter Luxusausgaben.
Wir lassen uns gehen:
du mich und ich dich.
Pflaster unterm Strand, und der Nachbar
wischt sich den Arsch vom Gesäß
und verlangt mehr als er gibt,
und mehr als es gibt,
nackt in brauner Uniform
unter frischgeficktem Himmel.

Lerne fliegen –
geh in die Luft.
Bleibe dir treu und scheu
den Seitensprung mit der Welt.
Trag deine Bürde wie das Kamel
seine Höcker und schieße
übers Ziel hinaus
in dein Startloch zurück.

Ein Mensch bricht aus
oder sein Fieber.
Mein Schiff läuft aus
wie Wasser, ich laufe über
wie die Milch zum Feind,
und mein Leben läuft
mir den Rang ab.

Der Wolfgang der Dinge
ist der Lauf der Hinterwelt
und nicht mein Fall.
Dein guter Ruf
ist einer um Hilfe,
du Spielraumpfleger und Alchemist
des goldenen Zeitalters,
schlag dir den Kopf aus dem Kopf.

Auf den Zähnen der Zeit Haare
so grau wie Theorie. Vertraut Gott
auf dein Gottvertrauen?
Es besagt nichts,
daß alles heute besprochen wird,
Aussprachen sind Ausreden.
Laß mich ausreden und
dich dir gesagt sein, stelle dich
zur Rede und in Abrede.
Absprachen sind Absagen,
Zuspruch ist keine Zusage
und Widerrede kein Widerspruch.
Red keinen Sinn
in Sagenhaftanstalten.
Weitersagen:
Weiterreden!

Nimm Anteil
und nicht deinen Anteil.
Frag dem Kalb nicht die Kuh ab.
Womit füll ich die Leere
um dich herum,
den Rachen des Weltraums
schüttst du nicht zu, du Loch,
das ich dir in den Bauch frage.
Ich verfalle
nur auf dich. Kopf hoch,
Kopf ab! Gegenwart,
oh, wart auf Gegner.
Du bist gegen mich

gelehnt, ich hänge an dir
herunter, und wenn wir fallen,
fällt einer auf
den anderen:
Der Weg ist weg.
Ich geb euch die Hand und tu so,
als sei mir an ihr gelegen, damit ihr mir
nicht auch noch den kleinen Finger nehmt.
Verschenk deine Haut,
um dein Hemd zu retten.

Ich schicke mich morgens zur Arbeit
in alles und bleibe im Bett.
Hinter allen Larven die Angst,
die Maske abzulegen
vor dem zweiten Gesicht.
Think this thing.

Ich Geldscheintoter
hab alles wahrgegeben
und falschgenommen.
Jede Halle eine Falle des Chicsaals.
Wird denn unsterblich,
wer nicht mehr tötet?
Ich leg mich nicht mit euch an
ein und denselben Euter, ich gehe
an dir zum Grunde
mit dem Rücken zur Wandlung.
Hast du endlich genug
an mir und von dir?
Enteigne nicht Gott, denn
hast du mehr Tage vor dir als gestern?
Ich verstehe alles
und mich auf gar nichts.
Dein Herrz rast
gegen das Brett vorm Kopf.
Mein Herz klopft
an die Tür, hinter der du onanierst.
Am Anfang das Gefängnis

des Anfangs, und deine Arme
sind meine Beine.
Ich habe Niederlassungen in dir,
die gar nicht gut gehen,
und Platzangst in Frauenzimmern.
Ich will hoch hinaus, ich streck mich
nach der Bettdecke und habe dich,
weil nicht mehr lieb,
und den Kopf davon voll,
dich mir aus dem Kopf zu schlagen.
Was dir nützt,
das benutzt dich.
Volltransistorisierte Gefühle.

Ein Glücklicher hat immer
Schweinerei gehabt,
und der Zurückgebliebene,
der dich erschießt,
ist dein Hinterbliebener.
Mein Herz bricht
mich übers Knie, mein Spitzname
ist dein Stumpfname.
Nimm dir nicht mein Leben und schieß
deine Welt aus meiner heraus.
Aber handeln, um nicht zu umarmen?
Mein Gang aus dem Haus
ist das Haus, das mich bewohnt.
Befaul dich der Feigheiterkeit
und trage alles
in Schulheftigkeit ein, scher dich
zu den Schafen, escape to the landscape:
Alles nur Ansichtssachschaden
für die Ausweisheit der Polizei.
Die Zeit hat keine
und vertreibt sich nie.
Der Regenschauer
sieht nur Regen, und
was unbestraft blieb,
war nicht gut.

Neue Geschichte alter Geschichten

Die europäische Literatur beginnt für viele Leute mit *Homers* „Odyssee" und „Ilias", also mit den Kämpfen zwischen unsterblichen Göttern und heroischen Menschen, zu denen wir uns nicht mehr zählen wollen und dürfen. Wenige lesen das gerade deshalb noch, viele eben deshalb nicht mehr. Seit das bürgerliche Leben keine feudalen Helden mehr kennt, ist ihm der Geschmack an den edlen Recken vergangen. Feiglinge lieben Geschichten, die von noch größeren Angsthasen handeln und die eigene Kleinmütigkeit nicht verspotten oder verurteilen. Berufliche Konkurrenzkämpfe kennen nur noch Produktionsschlachten, keine Kriegerehre und ritterlichen Zweikämpfe mehr. Wer lieber in Kilometern rechnet als in Hexametern redet, findet diese Heldenepen nun so langweilig wie das spätere Nibelungenlied um den Proleten Siegfried und das böse Rheingold. Die gesamte versifizierte Literatur adeliger Hofgesellschaften wird vom modernen Prosa-Leser beherzt übersprungen, ihm fehlt alle Kultur und Dressur, um deren Delikatesse goutieren zu können. Als Boileau vom Sonnenkönig gefragt wurde, welcher Literat das Grand Siècle überdauern werde, nannte er ganz zu Recht den Komödianten *Molière* und nicht die klassischen Tragöden Corneille und Racine, aber dieser Molière rangiert heute schon als etwas einfältiger Possenreißer.

Die europäische Literatur, soweit sie Zukunftspotential hatte, begann erst um 1750, am Ende des Barock, und endete schon, will man Heinz Schlaffer glauben, mit dem 2. Weltkrieg: 200 Jahre Lesefutter vom Feinsten. Das Trivialgenre wanderte aus in die Schundliteratur der Kriminalromane voll Blut und Dramen. Die *„literarische Literatur"*, Prosa der Welt contra Poesie der Herzen, begann etwa mit *Diderots* „Jacques der Fatalist und sein Herr". In deutscher Sprache entstanden zu jener Zeit die pastoralen „Idyllen" des feinen Schweizers *Salomon Geßner*, vom Frankreich Rousseaus gefeiert als eine einzige Absage an das sesshaft moderne Europa, in der ganzen Breite vom feudalen Ackerbau bis zur industriellen Produktion, eine Sehnsucht zurück zu bukolischen Schäferstündchen müßiger Hirtennomaden. *Voltaires* „Candide",

165

der gegen den „Pangloss" Leibniz in der schlechtesten aller möglichen Welten „seinen Garten bestellen" wollte, war wohl keine der
besten aller Phantasiewelten. Den besten Anschluß an leichtfüßig
undeutsche Rokoko-Eleganz schaffte *Chr. M. Wieland*, der es mit
seinem „Agathon" und „Aristipp" laut Walter Benjamin nur zu so
etwas wie einem Feuilletonredakteur für die Antike brachte. Die
„Weimarer Dioskuren" *Goethe und Schiller* bleiben im Urteil der
Gebildeten ebenso unübertroffen wie ungelesen. „Faust" gilt nur
noch als ein Umweltsünder schlimmster Provenienz, als übler Ma-
cher, Natur- und Frauenschänder und als gewissenloser Abenteu-
rer, der dafür auch noch in den Himmel kommt. Deutsche Hexame-
ter in „Reineke Fuchs" wie in „Hermann und Dorothea" sind samt
deutschem Griechenkult inzwischen als ein einziges Missverständ-
nis entlarvt. Kunstneurotiker Tasso, Freiheitskämpfer Egmont und
die „verteufelt humane" Iphigenie – glutvolle Worte, die viele nur
noch kalt lassen. Goethes Romane von den „Wahlverwandtschaften" (zwischenmenschliche Chemie ist alles) bis hin zum „Wilhelm
Meister" (Abrichtung des Wut-Künstlers zum Spießbürger) hatte
Arno Schmidt recht schlecht konstruiert und allzu bieder befunden.
Der „Werther" war dem unbestechlichen Fontane die eher fragwürdige Geschichte eines feigen Freundesverräters. Die „Farben-
lehre" (Farben als trübe Mischung aus Nacht und Licht), auf die
Naturfreund Goethe stolzer war als auf den Naturschänder „Faust",
sind trotz Schopenhauers und Hegels Lob bloß noch poetische
Ästhetik statt ernste Konkurrenz zu Newton. Der „Moraltrompeter"
Schiller imponiert eher rhetorisch im Essay als am Theater, als
Historiker denn als Trauerspieler. Zwischen dem frühen „Fiesco"
und der späten „Braut von Messina" fällt Kabale und Liebe um
Wallenstein, Carlos und Tell inzwischen ins Leere. Die klassische
„Kunstperiode" von Weimar zerfiel in Romantiker und Realisten,
starb aber kaum an sozio-historischer Irrelevanz. Das Beste aus der
Ruinen-Romantik steht in jeder Anthologie romantischer Lyrik.
„Heinrich von Ofterdingen" des *Novalis* sehnt sich nach der blauen
Blume mystischen Edelkitsches, aber *Eichendorffs* „Taugenichts"
taugt von romantischen Romanen noch am meisten. *Adalbert Stif-
ters* „Der Nachsommer" (1857), einer der größten deutschen Romane, verherrlicht eine biedermeierliche Utopie des *sanften Gesetzes*, ein Gegenstück zum allzu wüsten „Simplicissimus" von
Grimmelshausen aus dem Dreißigjährigen Krieg. Der „Gespenster-

166

Hoffmann " überzeugt weiter, postmoderner noch als bei Thomas Mann, im grotesken Kampf zwischen Künstler Kreisler und Bürger-„Kater Murr". *Heinrich v. Kleists* preußischer Gefühlsabsolutismus wird zwar von unseren gefühlsarmen Lesern wieder hoch gehandelt, wirkt aber doch recht „bipolar" und als manisches Antidepressivum eher wenig geeignet: Wenn Penthesilea ihren Achill zum Fressen gern hat, wird ihr ganz kannibalisch wohl, übertrifft aber nicht die „Familie Schroffenstein". *Jean Paul* war wohl immer nur ein Autor für Autoren; dieses Wechselbad aus Satiren, Sentenzen und Idyllen ist allen zu anstrengend. Und *Hölderlins* elaborierte Kreuzungen aus Dionysos und dem Gekreuzigten kapiert kaum noch ein Ungelehrter.

Bei *Gottfried Keller* geriet die Romantik zu realistisch und der Realismus allzu romantisch. Vom Hugenotten *Theodor Fontane*, pläsierliche Mixtur aus Paris und Berlin, blieben nicht die Gedichte, wie er hoffte, sondern die späten Plaudereien des „Stechlin", der „Mathilde Möhring" und der zauberhaften Briefe. *Charles Dickens* überlebt wohl eher in seinen tollen „Pickwickiern" als in „Oliver Twist" oder der totverfilmten „Weihnachtsgeschichte". Wer stellt heute noch die dumme „Madame Bovary" über „Die Erziehung des Herzens" und *Stendhals* „Rot und Schwarz" über „Das Leben des Henri Brulard"? Wer liest *Balzacs* pseudorealistische Romane noch anders als pubertäre Knabenträume? Was *Dostojewskijs* verquälte Kellerloch-Grübeleien betrifft, schlägt die sanfte Christusfigur des adligen „Idioten" schon den Nihilisten aus „Schuld und Sühne". Anna Kareninas Ehebruch gähnt inzwischen wie der von Emma Bovary, *Leo Tolstois* langer „Krieg und Frieden" läßt sich fast nur noch in bunten Verfilmungen durchstehen. *Turgenjew*, das ist Klarheit ohne Verklärung, aber auch Realismus ohne Poesie. Von *Georg Büchner* werden nun leider nur noch „Woyzeck" und „Lenz" gelesen, nicht aber „Dantons Tod" oder „Leonce und Lena". Das „Lob der Torheit" (1509) von *Erasmus* ist ein Lob seiner satirischen Klugheit, aber wenn schon Humor, dann doch lieber *Hebbels* „Tagebücher" als *Hebels* „Schatzkästlein des Rheinischen Hausfreundes". In *Heinrich Heine* sah Karl Kraus nur das Feuilleton, das Locken auf Glatzen drehe, in die Literatur einbrechen und zog Matthias *Claudius* vor. *Knut Hamsuns* „Landstreicher" rehabilitierten kraftvoll die vormodernen Nomaden. *Hemingways* ganze Kerle, die schweigsam nur beweisen wollen,

dass sie nicht „gay" sind, schweigen wieder, und wer verliert noch
seine Zeit damit, dass er das verlorene Kinderparadies des Groß-
muttersöhnchens und „swishy snobs" *Marcel Proust* mitsucht?
Bert Brechts überberühmte Theaterstücke waren schon zu seinen
Lebzeiten veraltet, aber einige seiner Gedichte überlebten. *Robert
Musils* „Mann ohne Eigenschaften" eignet sich als amüsante Kul-
tursatire, deren gedanklicher Gehalt aber doch, Adorno hat es zu
Recht gerügt, zu neopositivistisch beschränkt ist. *Thomas Manns*
„Zauberberg" (1924) und *Hermann Hesses* „Glasperlenspiel (1943)
sind reizendste Eskapismen : Romane als weltanschaulich süffige
Plaudereien wie *Aldous Huxleys* „Kontrapunkt des Lebens" (1928).
Th. Manns „Doktor Faustus" wirkt mythen-ideologisch überfrach-
tet; der deutsche Teufelspakt gebar ja nicht gerade Schönbergs
Zwölftonmusik, die alle eher kalt ließ als ihnen nun höllisch einzu-
heizen. Und das unverkannte Genie der Bürgersatire will auf die
Wonnen bürgerlicher Gewöhnlichkeit nicht verzichten. Von *Hesse*
bleibt vielleicht noch der frühe „Peter Camenzind", doch „Unterm
Rad" ist längst so historisch wie *Musils* „Törleß". Weithin unter-
schätzt als bloße Gartenlaube sind aber *Heinrich Seidels* heitere
Prosa-Idyllen um „Leberecht Hühnchen".

Der „Anton Reiser" von *Karl Philipp Moritz*, die *„Lebensbeschreibung" Maimons* und *Bräkers* : Proletarische Autobiographien, die vom bürgerlichen Feuilleton gern verharmlost werden.
Im Übrigen: Shakespeare ist tot, es lebe Hamlet, Madame Bovary
ist tot, es leben Flauberts Briefe, „Die Falschmünzer" sind tot, es
leben *André Gides* Tagebücher, *Ernst Jüngers* Romane sind tot, es
leben seine ambivalenten Tagebücher ...

+ + +

Literaturverzeichnis : Auswahl nonfiktionaler Kurzprosa

ADORNO, Theodor : "Minima moralia"
ALAIN (Emile Chartier) :
"Die Kunst sich und andere zu erkennen", "Das Glück ist hochherzig", "Die Pflicht, glücklich zu sein"
AMIEL, Henri Fr. : "Intimes Tagebuch"
ANDERS, Günther: "Ketzereien",
     „Philosophische Stenogramme"
BENJAMIN, Walter : "Einbahnstraße"
BENYOETZ, Elazar : "Filigranit", "Einsätze",
  "Eingeholt", "Worthaltung", "Vielleicht - Vielschwer"
BIERCE, Ambrose : "Aus dem Wörterbuch des Teufels"
BLUMENBERG, Hans : "Lebensthemen" (Nachlass)
BLOCH, Ernst : "Spuren"
BOSWELL, James : "Tagebücher"
BRECHT, Berthold : "Me-ti – Buch der Wendungen"
BROCK, Erich : "Des Lebens Linien"
BRUDZINSKY, W. : "Katzenjammer", "Die rote Katz"
CAMUS, Albert : "Tagebuch 1935-1959"
CANETTI, Elias : "Die Provinz des Menschen" –
 Aufzeichnungen 1942-1993, "Das Geheimherz der Uhr",
 "Die Fliegenpein", "Nachträge aus Hampstead"
CERONETTI, Guido: "Das Schweigen des Körpers",
     „Teegedanken"
CHARGAFF, Erwin : "Bemerkungen"
CHESTERTON, Gilbert Keith : "Ketzer" , "Orthodoxie"
CIORAN, E. M. : "Vom Nachteil, geboren zu sein",
"Zersplitterte Gewißheiten", "Der zersplitterte Fluch",
"Syllogismen der Bitterkeit", "Die verfehlte Schöpfung",
"Lehre vom Zerfall", "Von Tränen und Heiligen",
"Geviertteilt", "Das Buch der Täuschungen"
CONSTANT, Benjamin : „Tagebücher"
DEDECIUS, Karl (Hg.) : "Bedenke, bevor du denkst"
DODERER, Heimito von : "Repertorium – Begreifbuch
    von höheren und niederen Lebens-Sachen"

EBNER-ESCHENBACH, Marie von : "Aphorismen"
EMERSON, Ralph Waldo : "Die Tagebücher"
FIEGUTH, Gerhard Wolf (Hg.) : "Deutsche Aphorismen"
FRANZÖSISCHE MORALISTEN : Montesquieu,
Larochefoucauld, Vauvenargues, Chamfort, Galiani,
Joubert, Jouffroy, Rivarol
FRISCH, Max : "Stich-Worte" (Hg. Uwe Johnson)
GOETHE, J. Wolfgang : "Maximen und Reflexionen"
GOMEZ DAVILA : "Scholien zu einem inbegriffenen
                Text" , "Auf verlorenem Posten"
GRACIAN, Balthasar : "Handorakel und Kunst der
                Weltklugheit" (1647)
GRACQ, Julien : "Der große Weg. Tagebuch eines Wan-
derers" , "Lesend schreiben" , "Witterungen" ["Lettrines"]
GROSS, Johannes : "Notizbuch", „Neues Notizbuch",
"Tacheles gesprochen, Notizen 1990-1995", "Nachrichten
aus der Berliner Republik, Notizen 1995-1999"
GÜNTHER, Joachim : "Findlinge" (1975)
HANDKE, Peter : "Das Gewicht der Welt",
"Die Geschichte des Bleistifts" ,
"Am Felsfenster morgens" (Notizen 1982-1987)
HEBBEL, Friedrich : "Tagebücher"
HILDESHEIMER, Wolfgang : "Nachlese" (1987)
HOFMANNSTHAL, H. von : "Buch der Freunde" (1921),
                "Aufzeichnungen aus dem Nachlass"
HOHL, Ludwig : "Die Notizen oder Von der unvoreiligen
Versöhnung", "Von den hereinbrechenden Rändern",
"Nuancen und Details" , "Varia"
HORKHEIMER, Max : „Dämmerung",
                „Notizen 1949 - 1972"
HORSTMANN, Ulrich : "Infernodrom" , "Einfallstor"
JABES, Edmond : "Es nimmt seinen Lauf",
           "Vom Buch zum Buch"
JÜNGER, Ernst : "Das abenteuerliche Herz",
"Autor und Autorschaft",
"Siebzig verweht" (Tagebücher Bd. I - V, 1979 - 1997)
KAFKA, Franz : "Beschreibung eines Kampfes",
"Hochzeitsvorbereitungen auf dem Lande",
"Tagebücher 1910-1923", „Zürauer Aphorismen"

KESSEL, Martin : "Gegengabe" (1960)
KRAFT, Werner : "Sätze und Ansätze",
"Eine Handvoll Wahrheit", "Wahrheitsfetzen"
KRAUS, Karl : "Sprüche u. Widersprüche.
Pro domo et mundo. Nachts"
KUDSZUS, Hans : "Jaworte, Neinworte",
        „Das Denken bei sich"
KUNERT, Günther:
"Die Botschaft des Hotelzimmers an den Gast"
LA BRUYERE, Jean de : "Charaktere"
LAROCHEFOUCAULD : "Maximen und Reflexionen"
LAUB, Gabriel : "Denken verdirbt den Charakter"
LEC, Stanislaw Jerzy : "Unfrisierte Gedanken"
LEOPARDI, Giacomo : "Das Gedankenbuch" (Zibaldone)
LICHTENBERG, Georg Christoph : "Sudelbücher"
MARC AUREL : "Selbstbetrachtungen"
MARCUSE, Ludwig : "Argumente und Rezepte"
MONTAIGNE, Michel de : "Essais" (1580)
MONTESQUIEU, Baron de : "Meine Gedanken"
MONTHERLANT, Henri de : "Tagebücher 1930-1944"
MORGENSTERN, Christian : "Stufen" (1918)
MUSIL, Robert : "Tagebücher, Aphorismen,
        Essays und Reden"
NIETZSCHE, Fr. : "Menschliches, Allzumenschliches",
 "Morgenröte", "Die fröhliche Wissenschaft",
"Jenseits von Gut und Böse"
NIZON, Paul : "Über den Tag und durch die Jahre",
"Im Bauch des Wals. Capriccios", "Die Innenseite des
 Mantels", "Die Erstausgaben der Gefühle. Journal",
"Das Drehbuch der Liebe", "Die gleitenden Plätze"
NOVALIS (Hardenberg, Friedrich von) : "Blüthenstaub"
PASCAL, Blaise : "Gedanken"
PAUL, Jean : "Ideen-Gewimmel",
        „Bemerkungen über den Menschen"
PESSOA, Fernando : "Buch der Unruhe"
PAVESE, Cesare : "Das Handwerk des Lebens"
PETAN, Zarko : "Mit leerem Kopf nickt es sich leichter",
PLUTARCH : "Moralia"
RENARD, Jules : "Ideen, in Tinte getaucht" (1887-1910)

RITTER, Henning : „Notizhefte" (2010)
RÜHMKORF, Peter : "TABU I" (Tagebücher 1989-1991)
RUMPF, Michael : „Haarrisse", „Nebentöne",
          „Widerklänge", „Schnittstellen"
SCHLEGEL, Fr. : Lyceum- und Athenaeum-Fragmente
SCHNITZLER, A. : "Buch der Sprüche und Bedenken",
        "Der Geist im Wort und der Geist in der Tat"
SCHNURRE, Wolfdietrich : "Der Schattenphotograph"
SCHOPENHAUER : "Aphorismen zur Lebensweisheit"
SCHOEPS, Hans-Joachim : "Ungeflügelte Worte"
SCHMIDT, Lothar (Hg.) : "Schlagfertige Definitionen"
SCHWEPPENHÄUSER, Hermann : "Verbotene Frucht"
SENECA, Lucius A. : "Briefe an Lucilius"
SEUME, Johann G. : "Apokryphen"
SHAW, George Bernard : "Lektüre für Minuten"
SPICKER, Friedemann (Hg.) :
"Aphorismen der Weltliteratur", „Deutsche Aphorismen"
STRAUSS, Botho : "Die Fehler des Kopisten",
"Beginnlosigkeit", "Der Untenstehende auf Zehenspitzen"
TANGE, Ernst Günter : "Der boshafte Zitatenschatz"
TUCHOLSKY, Kurt : "Schnipsel"
VALERY, Paul : "Windstriche" , "Cahiers I - VI"
WALSER, Martin : "Meßmers Gedanken" ,
        „Meßmers Reisen", „Meßmers Momente"
WEBER, Karl J. : "Demokritos, der lachende Philosoph"
WEIL, Simone : "Schwerkraft und Gnade"
WENSE, Jürgen von der : "Epidot"
WIESNER, Heinrich : "Die Kehrseite der Medaille"
WILDE, Oscar : "Extravagante Gedanken" (Chrestomatie)
WITTGENSTEIN, Ludwig : "Vermischte Bemerkungen"

+ + +

Literarische Basisbibliothek für Anfänger

Angelus Silesius : Der cherubinische Wandersmann
S. Geßner : Idyllen (1756)
Gottfried E. Lessing : Minna von Barnhelm
S. Maimon : Lebensbeschreibung (1792)
Chr. M. Wieland : Clelia und Sinibald / Aristipp
Goethe : Tasso / Hermann und Dorothea / Reineke Fuchs
J. P. Eckermann : Gespräche mit Goethe
Friedrich Schiller : Fiesco / Maria Stuart / Essays
Jean Paul : Wuz / Selberlebensbeschreibung /
        Quintus Fixlein
Friedrich Hölderlin : Hyperion
Friedrich de la Motte-Fouqué : Undine
J. von Eichendorff : Aus dem Leben eines Taugenichts
Brüder Grimm / L. Bechstein / W. Hauff : Märchen
Adalbert Stifter : Der Nachsommer
Jeremias Gotthelf : Die Käserei in der Vehfreude /
        Das Erdbeermareili
Wilhelm Raabe : Abu Telfan
Theodor Fontane : Der Stechlin / Briefe
Heinrich Seidel : Leberecht Hühnchen
Gerhart Hauptmann : Anna / Im Wirbel der Berufung
Thomas Mann : Die Buddenbrooks / Der Zauberberg
Hermann Hesse : Peter Camenzind / Das Glasperlenspiel
Robert Musil : Der Mann ohne Eigenschaften
Arno Schmidt : Erzählungen / Die Gelehrtenrepublik
Hans-Erich Nossack : Das Mal / Tagebücher
Günther Eich : Maulwürfe
Hermann Lenz : Der Wanderer
Martin Walser : Ehen in Philippsburg / Jenseits der Liebe
Peter Handke : Wunschloses Unglück
Dante : Die Göttliche Komödie
Thomas Morus : Utopia
Shakespeare : Was ihr wollt / Richard III. / Der Sturm
Molière : Der Menschenfeind
John Milton : Lycidas

James Boswell : Das Leben des Samuel Johnson
J. Rousseau : Träumereien eines einsamen Spaziergängers
Stendhal (d.i. Henri Beyle) : Armance
Honoré de Balzac : Verlorene Illusionen
Gustave Flaubert : Bouvard und Pécuchet
Charles Dickens : Große Erwartungen
Joris K. Huymans : Gegen den Strich
August Strindberg : Totentanz
Henrik Ibsen : Gespenster
Fjodor Dostojewskij : Die Dämonen
Iwan Gontscharow : Oblomow
Anton Chechow : Erzählungen
Gilbert K. Chesterton : Die Rückkehr des Don Quichote
James Joyce : Ulysses
Marcel Proust : Auf der Suche nach der verlorenen Zeit
William Faulkner : Die Freistatt
Ernest Hemingway : Fiesta
Saul Bellow : Herzogs Vermächtnis
John Updike : Rabbit in Ruhe
Italo Svevo : Zeno Cosini
Henri de Montherlant : Theaterstücke
Samuel Beckett : Molloy / Endspiel
Jean-Paul Sartre : Der Ekel / Kean / Die Wörter
Jean Genet : Die Zofen
Isaak B. Singer : Erzählungen

60 PLUS : Literarische Alterswerke *(vorwiegend Romane)*

(in Klammern das Alter des Autors beim Erscheinen des Werkes)

Miguel de Cervantes : Don Quichote de la Mancha (68)
Denis Diderot : Jacques der Fatalist und sein Herr (60)
CM. Wieland : Aristipp und einige seiner Zeitgenossen (67)
J. W. Goethe : Wilhelm Meisters Wanderjahre (80)
Jean Paul (Richter) : Der Komet (62)

Chateaubriand : Memoiren von jenseits des Grabes (80)
Rousseau : Träumereien des einsamen Spaziergängers (66)
William Wordsworth : Präludium (2. Auflage: 80)
Gottfried Keller : Das Sinngedicht (62)
Theodor Storm : Der Schimmelreiter (71)
Wilhelm Raabe : Stopfkuchen (60), Altershausen (81)
Hermann Melville : Billy Budd (72)
Theodor Fontane : Effi Briest (76), Der Stechlin (79)
Th. Mann : Joseph der Ernährer (67), Doktor Faustus (72)
Heinrich Mann : Henri Quatre (67)
Hermann Hesse : Das Glasperlenspiel (66)
Gerh. Hauptmann: Till Eulenspiegel (66), Die Atriden (84)
Henry James : Die Gesandten (60), Der Elfenbeinturm (73)
Knut Hamsun : Nach Jahr und Tag (74),
          Der Ring schließt sich (77)
Anatole France : Die Blütezeit des Lebens (79)
Jean-Paul Sartre : Der Idiot der Familie („vrai roman" : 67)
Simone de Beauvoir : Die Zeremonie des Abschieds (73)
Ferdinand Céline : Von einem Schloss zum anderen (63)
Henri de Montherlant : Das Chaos und die Nacht (67),
          Die Knaben (73)
Claude Simon : Georgica (68), Die Akazie (76)
Ivy Compton-Burnett : Mutter und Sohn (71),
          Ein Gott und seine Gaben (79)
Nathalie Sarraute : sagen die Dummköpfe (74),
          Kindheit (81)
Julien Green : Die Sterne des Südens (89), Dixie (94)
Marguerite Yourcenar : Ein dunkler Mensch (79)
Ernst Jünger : Die Zwille (78), Eumeswil (82)
H: von Doderer : Die Merowinger (66), Roman Nr. 7 (71)
Alfred Döblin : Hamlet (78)
Isaak B. Singer : Leidenschaften (73),
          Ein Tag des Glücks (86)
Arno Schmidt : Abend mit Goldrand (61)
Jorge Luis Borges : Spiegel und Maske (70 - 82)
Hermann Lenz : Der Wanderer (73)
Philip Roth : Jedermann (73)

Von Ideen zu Idyllen

Nur zwei europäische Traditionen haben ganze zweitausend Jahre bis zur Neuzeit überdauert : die christliche Kirche und die Literaturgattung der bukolischen Idylle. Das wird viele Zeitgenossen überraschen, denen die Welt sich viel zu schnell oder gar nicht schnell genug ändert. Und beide *Pastoralen* weideten ihre Lämmer.

Die Idylle ist seit etwa einem Jahrhundert die unpopulärste aller Kunstgattungen und Lebensideale geworden. Spätestens seit der industriellen Revolution und den zwei Weltkriegen wagt man nur noch von „giftigen" oder „verlogenen" Idyllen zu sprechen, als wären sie für aufgeklärte Zeitgenossen zu märchenhaft unrealistisch. Aber gerade das unaufgeklärte Zeitalter der Aufklärung hatte das Idyll rehabilitiert und reaktiviert als ästhetisches *und* sozialutopisches Widerstandspotential gegen die Häßlichkeiten der neuzeitlichen Welt. Die Hirtenidylle vom Griechen Theokrit und Römer Vergil bis zum Schweizer Geßner und deutschen Jean Paul ist keine schönfärberische Ideologie, sondern selber kritische Aufklärung, solange die Gesellschaft kein arkadisches Paradies von müßigen Nomaden (der Beine und des Geistes) ist, sondern eher ein Sklavenhaus sesshafter Besitzbürger, ein *stählernes Gehäuse* (Weber).

Alles, was zu sehen und zu hören ist, sei bloßer Schein und nicht zum Nennwert zu nehmen. Hinter allen Erscheinungen stecke in Wirklichkeit und in Wahrheit nur Wasser (Thales), Luft (Anaximenes), Feuer (Heraklit), Liebe und Haß (Empedokles), Grenzenloses (Anaximander), Vernunft (Anaxagoras) oder Atomgewühl (Demokrit). Göttliche Naturgesetze und nicht menschliche Satzungen lenken vernünftiges Leben. Intelligenten Logos im All sah der Ur-Aphoristiker Heraklit als erster walten.

Plato suchte der Vergänglichkeit und Zerstreuung zu entgehen durch Aufschauen zu ewigen Ideen, die keine fixen Ideen sind, sondern logische Denkgesetze und mathematische Naturgesetze. Sein Meisterschüler *Aristoteles* pries das göttliche Leben der reinen Theoretiker, die nur eigener autonomer "Entelechie" folgen.

Epiktet sah in seiner Macht nicht die Welt, sondern nur seine Meinungen über sie. Der Sklave *Epiktet*, Kaiser *Marc Aurel* und Nero-Berater *Seneca* lehrten stoische Autarkie, unerschütterliche

Ataraxie und affektlose Apathie. Anders als die Stoiker lebte *Epikur* fern der Öffentlichkeit im Verborgenen seines "Gartens der Freunde". Der Kyniker *Diogenes* suchte Freiheit in gebildeter Bedürfnislosigkeit außerhalb von Staat und Gesellschaft.

*Pyrrho*nische Skepsis war sich ohne Verzweiflung nicht einmal eines generellen Zweifels sicher und enthielt sich gern des Urteils.

Das christliche Mittelalter stellte abseits der Geschichte das gelehrte Klosterleben in Mönchsorden frei, die im Euro-Latein über den „intellectus agens" disputierten und scholastische Summen schrieben. *Ens et unum et verum et bonum convertuntur – Gratia naturam non tollit, sed perfecit (Thomas v. Aquin).* Und mystische Kontemplation gedieh besser in der Weltabgeschiedenheit heiliggesprochener Armut.

Danach richtete *Spinoza* in stiller Klausur seinen „amor Dei intellectualis" auf die Mutter Natur, aus der alle Geschöpfe kommen und in die sie wieder zurück wollen.

Descartes' Ego ist ein Cogito mit der "provisorischen Moral", lieber sich selbst als die Welt zu ändern. Sein Konkurrent *Leibniz* sah in jedem monadischen Individuum einen perspektivischen Weltspiegel und alle Monaden durch den Schöpfer infinitesimal harmonisch aufeinander abgestimmt.

Kant, der bedeutendste Aufklärer, lebte als ewiger Junggeselle ohne Frau und Kind und Reisen. Sein kleines empirisches Ich kompensierte das Arbeiterkind durch die „transzendentale Subjektivität", die sich ihre Welt schafft, in die sie eingesperrt bleibt.

Fichtes "reine Einbildungskraft", die er Vernunft nannte, distanziert durch "absolute Abstraktion" alle objektiven Fakten und steht frei über sich selbst und über allem in der Welt, frei auch über allgemeingültigen Gesetzen. Sie sei frei von und zu allem.

Hegel pries den Geist als Selbstaufhebungsmotor aller fixen Standpunkte und kam erst zur Ruhe in der ab-soluten Versöhnungsidylle von Kunst, Religion und Philosophie.

Schelling verband Kunst als "Organon der Philosophie" mit dem "unvordenklichen Seyn" der Mutter Natur und dem göttlich Absoluten des "Subjekt-Objekts".

Schopenhauer verneinte den allgemeinen Weltwillen durch Ehe- und Kinderlosigkeit, wollte die Dinge "lieber sehen als seyn" und pries die Einsamkeit der Bildungsmuße in der "Meeresstille des Gemüths", das sich mit der Studierstube eine "feuerfeste Kammer in der Hölle" des irdischen Daseins baut.

Nietzsches hagestolzer "Übermensch" liest am liebsten Stifters "Nachsommer", Lichtenbergs wie Chamforts Aphorismen und Eckermanns „Gespräche mit Goethe".

Husserls Phänomenologie kommt zur Sache nur durch kontemplative "Wesensschau" und klammert die Realität ein, um die reinen Essentials der Sachen selbst zu begreifen. *Heidegger* suchte "reine Physis" statt menschliche Thesis und die Sache ohne jede Mache. Sein Denken dankt fürs vorrangige Seinsschicksal hinter allen sozialen Geschicklichkeiten der neuzeitlichen Zustands-, Gegenstands- und Widerstandswelt.

Jaspers "Existenz" will alles Wißbare wissen und metaphysische Chiffren lesen.

Bloch hoffte auf die U-topie als *locus amoenus* arkadischer Wunschlandschaften, die dann aber von roten Sozialutopien heillos verwüstet wurden.

Auch *Adorno* zog praxisscheues Reflektieren dem "pausbäckigen Produzieren" vor und sicherte den "Vorrang der Realobjekte" durch aphoristische "Gehirnakrobatik".

Alles, was nicht allgemeingültige Logik und Physik ist, war nur unsägliche Poetik und private Mystik für Ludwig *Wittgenstein*.

Ist "analytische Philosophie" psychoanalytische Deutung?

Die konfliktarme Denkerklause ist eine triebsublimierende Zone.

"Es gibt drei Dinge, welche uns in die Lage bringen, über uns selbst hinaus wachsen zu können: die Einsamkeit, die großen Bücher, das heißt der gedruckte Geist, die gedruckten Herzen großer Menschen; und die Natur." (*Peter Altenberg*)

Welcher Mensch weiß sich wertvoller als sein unverwertbares Wissen? Es kommt nicht darauf an, die kosmische Ordnung von menschlicher Subjektivität abzuleiten und auf sie zurückzuführen, sondern diese zu verstehen als primäre Weise, jene verständig aufzunehmen und aufmerksam zu betrachten. Menschliche Werke und Satzungen sind nie zu verstehen und stets zu verbessern, die göttliche Schöpfung hingegen ist nur zu verstehen und nicht zu verbessern. Der Schöpfer ist das einzige Wesen, das nichts mehr zu lernen und alles zu lehren hat. Die Geschichte ist der geordnete

Ablauf seiner verborgenen Selbstenthüllungen und offenbaren Selbstverkleidungen in der Schöpfung.

Die geistige Struktur der kosmologischen Ordnung besteht aus logischen Denkgesetzen und mathematischen Naturgesetzen. Solche statischen Kristallgesetze, die der bewegten Weltvielfalt zu Grunde liegen, werden vom modernen Denken meist verstanden als verdinglichte Selbstentfremdungsformen, die es politpraktisch zu „verflüssigen" gelte, statt nur autoritätsgebunden angestaunt zu werden. Aber diesen Gesetzen anti-autoritär zu begegnen, ist eine Form vertrotzter Ignoranz, der wie dumme Kieselsteine im Kopf herumliegen. – Subjektivität ist die menschliche Form, Objektivität zu erreichen und zu erleben und Gedanken in Gefühle einzubetten, um *Stellungnahmen* zu den *Gegebenheiten* zu begründen. Der Glanz dieser Gesetze veredelt das empfängliche Gemüt, das nicht mehr wert ist als sein objektiver Tatsachengehalt, das in Gedanken zu ruhiger Gewißheit kommende Denken. Die Antwort und das Erlernte ist oft wichtiger als die Frage und das Lernen.

Schlimm ist es nicht, seinen Kopf mit abfragbarem Lexikonwissen anzufüllen, sondern diese Inhalte nicht originell aufeinander beziehen zu können. Die Unfähigkeit zu synthetischen Kombinationsleistungen an Materialien wird gewöhnlich auf die vermeintliche Wertlosigkeit dieser Wissensstoffe zu Unrecht übertragen. Je breiter die geordnete lexikalische Stoffbasis des Hirns, desto größer aber das Konfigurationspotential für originäre Akte.

Wer nun Gottes Schöpfung lieber verehren als verändern will, muß sich die Frage gefallen lassen, ob die schöpferische Fähigkeit des Menschen, eigene Welten in die Welt zu setzen, nicht ebenfalls integral zu dieser göttlichen Schöpfung gehört. Ist es nicht Teil der menschlichen Natur, Gottes schöne Natur für eigene Zwecke zu nutzen, um sein "Mangelwesen" als "physiologische Frühgeburt" durch einen "Sozial-Uterus" zu kompensieren und auch gelegentlich überzukompensieren, weil der Mensch von Natur aus die tierische Instinktsicherheit entbehre und aus der natürlichen Not eine kulturelle Tugend machen müsse? Das ist wohl richtig, doch es fragt sich, ob es denn nur Kulturen der *Naturbeherrschung* gibt und nicht auch gültige Kulturen der *Naturentsprechung*? Die ersteren tun so, als seien die letzteren überhaupt keine Kulturen, da deren barbarisches Denken nur ein faules Abdanken sei vor

179

zerstörerischen Naturgewalten. Aber eine Natur, die nicht als Schöpfung verstanden wird, ist nur als Vorwand mißbraucht, diesen "Gott der Väter" zu beschimpfen und sein lehrreiches Gesetz zu verraten. Daß die Naturbeherrschung dialektisch immanente Grenzen hat, ist im *Kismet* längst verständig vorweggenommen. Das arkadische Gnadengeschenk ist zu begründen als ein notwendiges Korrektiv menschenverheizender Sozialutopien an dem adamitischen Wesen vorbei und über Leichenberge hinweg. Hier liegt die philosophische Legitimation der kulturidyllischen Sublimationsakte.

Karl Löwith sah die kosmische Natur nicht eingebettet in soziohistorische Zusammenhänge, sondern umgekehrt, und Augustins Prädestinationslehre sah die Vorsehung stets aller menschlichen Vorsicht und Absicht vorweg.

Der adlige *Montaigne* zog sich wie später Larochefoucauld aus politischen Karrieren und gesellschaftlichem Treiben zurück in den einsamen „Bibliotheksturm" der gelassenen Muße. Die *vita contemplativa* ist der *vita activa* so überlegen wie das Naturgesetz der Sozialsatzung und wie Gottes Wort der menschlichen Literatur.

Am Ende ist die kontemplative Forschungs- und Bildungsidylle genau jene praktische Sozialutopie selbst, von der sie historisch meist nur begraben wird. Es gibt das Idyll der Kultur, aber keine Kultur der Idylle mehr, denn heute muß alles rentabel oder wenigstens pragmatisch sein. – Naturidyllen gibt es vielleicht nur noch als Kulturlandschaftsreservate, doch Kulturidyllen sollten zur zweiten Natur werden. "Kulturidylle" ist ein Pleonasmus, denn jede Kultur, so anti-idyllisch ihre Themen und Inhalte auch sein mögen, ist idyllisch schon dadurch, daß sie die Wirklichkeit nur über reaktionsverzögernd symbolische Repräsentanzen und Wandlungen erreicht und verspürt.

Auch und gerade die Versuche, ihre idyllischen Räume vor den harten Fakten der Geschichte nicht zu verschließen, bleiben stets idyllische Versuche, die reißende Zeit in beruhigte Räume einzuschließen. Mancher empfindet als Gefängnis, was doch als Refugium vor Praxisprioritäten gedacht ist. Manche leiden unter dem idyllisch beschränkten Charakter der Kultur, der aber ja durch ihre symbolischen Ausdrucksformen selbst bedingt ist und durch avantgardistisches Zerbrechen dieser Formen auch nicht aufzuheben ist. Selbst Theatertragödien lassen den unmittelbaren Schrecken nicht direkt, sondern nur transformiert auf die Bühne. Kultur, die die Schranke zerbrechen will, die sie von dem „prallen Leben" der Gesellschaft trennt, übernimmt nur dessen Barbarei; sie ist eine idyllische Form, anti-idyllischen Themen gerecht zu werden, ohne deren Terror zu erliegen. Und der vielverhandelte "linguistic turn" der Geisteswissenschaften ist erst einmal ein idyllic turn. Leute schreiben, *statt* zu schießen und nicht nur, *bevor* sie schießen. Kultur läßt Theorien sterben und keine Menschen; tendenziell ersetzt sie Rache an der Sache durch die SpRache.

Unter dem Vorwand, seinen Kopf nicht "mit totem Wissensballast beschweren" zu wollen, hat der Zeitgenosse nicht mehr im Kopf, als nur das Lernen zu lernen, und natürlich ist ein allgemeingültiges Wissen tot, dem ich mein Leben nicht leihe, aber nur dieser Ballast ist es, der das Leben erleichtern kann. Euklid gab einmal Geometrieunterricht, und als ein Schüler ihn fragte, was er von solchem Wissen denn habe, bat Euklid einen Dritten: "Gib dem jungen Mann eine Münze, denn er möchte von den Wissenschaften einen Nutzen haben."

Wissen ist nicht nur in Enzyklopädien auszulagern, sondern auch im Geiste zu erinnern und zu verinnern. Wer sich erheben will zu dem, was ihm erst einmal zu hoch ist, muß sich in eine schwierige, schwerwiegende und (ge)wichtige Materie hineinknien, bis er seinen Stoff in- und auswendig kennt, "by heart and by head". Das Denken ist wichtig, aber es will endlich zur Ruhe kommen in richtigen Gedanken, und der bewegliche Gedankenfluß muß gerinnen zu den geistesblitzenden Eiskristallen fester Gesetze und tragender Strukturen. Was ist ein Ende ohne Vollendetes?

Das Nachdenken denkt Sachverhalten nach und schreibt ihnen ihr Wesen nicht vor. Subjektive Gewißheiten setzen objektives Wissen voraus, auch wenn alles, was naturwissenschaftlich nicht objektivierbar ist, deshalb nicht schon in den Seelencontainer bloßer Subjektivität abwandert. Was Physiker schon zur bloßen *Poesie des Herzens* rechnen, kann immer noch harte Tatsache sein, die zur *Prosa der Welt* zählt.

Nur Langweiler finden Bildungs- und Forschungsidyllen bloß langweilig. Warmes Leben sucht den Anblick heller Sterne. Whitehead, Russells Mitarbeiter, sah die europäische Philosophiegeschichte als „Fußnote zu Plato" und fügte selbst eine hinzu. Ideen von Objekten sind Objekte *zweiter* Ordnung. Allgemeingültige Wesenheiten, unwandelbare Gesetze aller Veränderungen, werden von menschlichen Denkfunktionen nicht erzeugt, sondern nur als Objekte erfaßt. Kultur ist weitgehend schriftliche Fixierung geistiger Fixsterne über allem Handel und Wandel, und Lebensläufe sind dann brillante Gedankengänge durch verwinkelte Gedankengebäude, an denen Denken sich erbaut. Säkularisierung machte Vorn aus Oben und Hinten aus Unten, seit Zukunftsprojekte die Denkobjekte ersetzten. Was über mir ist, sei mir nicht über, sondern stehe aus und bevor: Herstellung verdrängt die Vorstellung der Dinge, seit Nachdenken nicht mehr nur nachvollzieht, was der Schöpfer uns „vormacht", ohne uns „anzuführen". Was ist noch „anzufangen" mit etwas, das schon voll-endet ist?

In Wahrheit kommt jeder zu spät zum Verbessern und zu früh zum Verstehen nur dann nicht, wo es sich um Werke von Menschenhand handelt. Niemand muß sich dumm machen lassen von dem Gefühl, aus Gottes Schöpfung nicht klug zu werden. Geistige Akte gewinnen Sinn und Bedeutung aus nicht selbstgemachten Objekten, deren geistiger Gehalt auf den Aktvollzug zurückstrahlt. Der Mensch ist, was er ißt, und es gibt auch geistige Nahrung. Ein komplexer Sachverhalt, den ich verdaue, geht in mich über und macht mich selbst komplexer und mir keine Komplexe. Eine brillante Beweisführung, die ich mir ganz zu eigen mache, macht auch meinen Geist glänzender, und jeder entwickelt den Geist, den er im Kosmos erkennen kann. Bin ich von historischer Praxis nur in Spiel-Räumen suspendiert, und ist der Mensch wirklich nur dort ganz Mensch, wo er spielt? „Schach ist für den Verstand zuviel Spiel, und als Spiel verlangt er zuviel Verstand", schrieb Moses Mendelssohn. „Es sind immer die Geistreichsten, welche die besten Spiele erfinden, und die Dümmsten, welche sie am besten spielen", wußte Leibniz. – Kurzum: Wer seinen Verstand an Minderwertigkeiten übt und verschwendet, macht ihn selber minderwertig, und nur höchste Zwecke wären gerade gut genug für ihn. Die menschlichste Bestimmung liegt weniger darin, Übermenschliches zu leisten, als Über- und Außermenschliches zu verstehen und zu verehren. „Öfter haben die Klugen die Tapferen besiegt als umgekehrt." (Gracian: „Handorakel der Weltklugheit", Kap. 220)

Ideen sind keine Erstarrungen, die in den Lebenslauf wieder nutzvoll einzuschmelzen wären, wie praktizierende Existenzphilosophen weismachen wollen, aber vielleicht sahen frühere Denker die Welt richtiger im Lichte transzendenter Bestimmungen, in die sie sich selbstüberschreitend kontemplativ hineinentfremdeten, um an deren Substanz teilzuhaben. Das geistige Auge sollte die gierige Hand weniger bedienen und mehr wahrnehmen als nur eigene oder fremde Interessen und Gelegenheiten. Der Geist kommt niemals zu sich unter dem Druck der Lebensnot im Dienste der Zweckbindungen, und Überlegungen sind den Unternehmenden allemal überlegen. Der bildungsdurstige Mensch macht sich zu einer qualifizierten Leere, Wissenslücken wollen wie leere Stunden ausgefüllt und wie Wünsche erfüllt werden.

„Im Himmel liegen die Urbilder bereit, damit jeder, der guten Willens ist, sie sehe und sein eigenes Selbst danach gründe", schreibt Plato: „Ihr selbst seid es, die sich den Dämon erwählen ... Die Tugend ist herrenlos." Die philosophische Idylle der Griechen war durch Sklavenarbeit befleckt, von der sich nur Sophisten frei hielten – von Plato gerügt. Lutheraner Hegel, der den Menschen nicht in den paradiesischen „Park der Tiere" zurückwünscht, haßt jene "prätentiöse Unschuld, Frömmigkeit und Leerheit" „zahmer" Idyllen: „Denn eine in dieser Weise beschränkte Lebensart setzt auch einen Mangel der Entwicklung des Geistes voraus ... Der Mensch darf nicht in solcher idyllischen Geistesarmut hinleben, er muß arbeiten." („Ästhetik", Frankfurt 1955, Band l, S. 255) Hegel kann sich „geistige Bedürfnisse und höhere Zwecke" nur vorstellen im Rahmen bürgerlichen Erwerbsfleißes. Doch Luhmanns „Komplexitätsreduktion" wäre ein gemeinsames Merkmal von Idyll *und* Kultur. (Die Etymologie des „Idylls" ist ungeklärt. „Eidyllion", die selbständige Kürze des Einzelbildchens, gilt als Diminutiv von „Eidos", der platonisch regulativen Idee.)

Die Aufklärung maß die soziale Realität am idyllischen Ideal – und ließ sie satirisch durchfallen. Zarte Idyllen waren immer harte Gesellschaftssatiren.

INHALT

Industrialismus und Freiheit...............................7
Philosophie des ZEN-Buddhismus...................17
Stanislav Grof : "Topographie des Unbewussten".................32
Maimons Weg von der Aufklärung zum Idealismus...............38
Literarischer und philosophischer Stil.......................41
Schiller : Sentenzen zwischen Kant und Goethe....................46
Prekäre Proletarität.............................67
Kurzgeschichte der deutschsprachigen Literatur..................85
Ich denke, also bin ich ausgedacht...................89
Autorität des alten Autors...........................94
Erzählen zählt und zahlt............................100
Unbekanntes Leben eines Bekannten.........................103
Der Androide.............................130
Findet, so werdet ihr gesucht.........................134
Schubladeninhaber...........................144
EUKALOS.........................152
Überspannt & verschroben.........................161
Neue Geschichte alter Geschichten.........................165
Aufzeichnungen - Notizen – Reflexionen.........................169
Literarische Basisbibliothek für Anfänger.........................173
60 PLUS : Literarische Alterswerke.........................174
Von Ideen zu Idyllen.........................176